*Untersuchungen
zur deutschen
Literaturgeschichte
Band 81*

Bettina Hey'l

Der Briefwechsel zwischen Goethe und Zelter

Lebenskunst und literarisches Projekt

Max Niemeyer Verlag
Tübingen 1996

Abbildungen S. 37 u. 86: Stiftung Weimarer Klassik.

Die Deutsche Bibliothek – CIP-Einheitsaufnahme

Hey'l, Bettina:
Der Briefwechsel zwischen Goethe und Zelter : Lebenskunst und literarisches Projekt / Bettina Hey'l. – Tübingen : Niemeyer, 1996
(Untersuchungen zur deutschen Literaturgeschichte ; Bd. 81)
NE: GT

ISBN 3-484-32081-8   ISSN 0083-4564

© Max Niemeyer Verlag GmbH & Co. KG, Tübingen 1996
Das Werk einschließlich aller seiner Teile ist urheberrechtlich geschützt. Jede Verwertung außerhalb der engen Grenzen des Urheberrechtsgesetzes ist ohne Zustimmung des Verlages unzulässig und strafbar. Das gilt insbesondere für Vervielfältigungen, Übersetzungen, Mikroverfilmungen und die Einspeicherung und Verarbeitung in elektronischen Systemen. Printed in Germany.
Druck: Weihert-Druck GmbH, Darmstadt
Einband: Hugo Nädele, Nehren

Inhalt

Einleitung 1
Probleme der Editions- und Rezeptionsgeschichte 7
Die Symbolik eines Goethe-Briefes im Kontext 25
Zelters Humor als Pendant zu Goethes Symbolik 45
Altersfreundschaft, Altersbriefwechsel 63
Ein autobiographischer Dialog 87
Der Briefwechsel — ein Projekt 111
Die Sprache der Natur und der Kunst.
Zur Anthropologie des Briefwechsels 135

Siglen 161
Literatur 163

Meinen alten Freunden

Einleitung

Mitte der zwanziger Jahre des vorigen Jahrhunderts beschlossen Goethe und Zelter unter dem Eindruck ihrer längst und immer neu bewährten Freundschaft und des stattlichen Konvolutes, zu dem ihr gemeinsamer Briefwechsel angewachsen war, seine posthume Veröffentlichung. Als der Nachwelt 1833 bis 1834 dieser Briefwechsel in Buchform vorgelegt wurde, konnte sie die Motive für seine Publikation kaum nachvollziehen. Die Freundschaft zwischen Goethe und Zelter bedeutete ihr nicht viel; und die Korrespondenz wurde in weit geringerem Maße wahrgenommen, als man es von einer vom Dichter selbst so akribisch vorbereiteten Publikation hätte erwarten können.

Die wichtigsten biographischen Aufschlüsse und prägnante Selbstaussagen Goethes hatten Philologen dem Briefwechsel schon bald entnommen und an anderen Orten gesichert. Zurück blieben schwer verkäufliche Bände, die fast nur noch von lokalhistorisch oder biographisch interessierten Laien gelesen wurden. Während die beiden parallel zum Zelterbriefwechsel konzipierten Projekte — Goethes Briefwechsel mit Schiller und seine Gespräche mit Eckermann — mit einiger Verspätung um so größere Popularität erreichten, blieb der umfangreichere und vielseitigere Text weitgehend unbeachtet. Die Korrespondenz mit Zelter, so meinte man, konnte weder durch die Persönlichkeit von Goethes Briefpartner oder die Relevanz der behandelten Themen (wie es bei Schiller der Fall war) noch durch eine konsequente literarische Stilisierung und Harmonisierung (wie sie Eckermann vorgenommen hatte) für sich gewinnen.

Hundertundsechzig Jahre nach der Erstausgabe können die Vorstellungen von historischer Dokumentation, bedeutender Persönlichkeit, inhaltlicher Gewichtigkeit und kunstvoller Form, mit denen dieser Briefwechsel lange Zeit beschrieben und meist kritisiert wurde, nicht mehr gelten. Die aktuellen Forschungen zur Autobiographie und Anthropologie um 1800[1] stellen eine erneute Lektüre der Korrespondenz unter ein günstigeres Vorzeichen. Die Aufmerksamkeit kann sich heute dem Eigenrecht literarischer Selbstdarstellung zuwenden, die nun nicht mehr von »Größe«, »geistiger Bedeutung« oder »dichterischer Schönheit« abhängt. Diese Eigenschaften, so stellt es sich rückblickend dar, wurden mehr von poetischen oder kritischen Textsorten auf Briefe und Briefwechsel übertragen, als daß sie diesen genuin zu eigen gewesen wären, wenn sie nicht überhaupt einer ideologischen Sicht zu verdanken waren.

Vor allem die neuesten Untersuchungen zur Anthropologie um 1800 ersetzen obsolete Wertungen durch gangbare Wege zu ergiebigeren Einsichten. Statt sich Briefen nur im dokumentarischen, inhaltlichen oder ästhetischen Interesse zu nähern, wird man nun mit mehr Gewinn die Frage nach der körperlich-geistigen Existenz des Menschen und ihrer Formulierung in Texten jener Zeit stellen. Es geht um die prekäre Zwischenstellung des Menschen zwischen seiner Natur (oder dem, was er dafür hält) und dem Anderen dieser Natur, ob man es nun als Seele, als Geist, als Kunst bezeichnen will. In der Anthropologie um 1800 ist der Mensch zugleich Gegenstand, Zweck und Methode der Erkenntnis. Eine genaue Unterscheidung von Wissenschaft, Dichtung und biographischer Dokumentation wird daher in bezug auf diese Literatur nicht weit führen.

Dies gilt auch für den Briefwechsel zwischen Goethe und Zelter: Hier herrscht ein waches Bewußtsein davon, daß jeder Brief nicht nur zur Kommunikation zweier Privatpersonen beiträgt, sondern auch zur Erkenntnis dessen, was *der* Mensch ist. Mit den Jahren sehen die Freunde ihre Korrespondenz immer mehr im Kontext biographischer und anthropologischer Literatur. Wird der Briefwechsel aber als dialogische Autobiographik angesehen, kann er nicht länger wie ein Text von ausschließlich anekdotischem oder dokumentarischem Interesse oder wie ein mißglücktes Nachspiel der klassischen Periode behandelt werden. Die oft überraschenden Verbindungen zwischen der Elitekultur von Weimar-Jena und dem Berlin des ersten Jahrhundertdrittels werden mit Bewußtsein gesucht und gepflegt. Zelters spätaufklärerisches Denken im romantischen Umfeld und seine pragmatischen Leistungen in der Hauptstadt der preußischen

---

[1] Als Beispiele seien hier nur genannt: Helmut Pfotenhauer, Literarische Anthropologie. Selbstbiographien und ihre Geschichte – am Leitfaden des Leibes, Stuttgart 1987; Hans-Jürgen Schings (Hg.), Der ganze Mensch. Anthropologie und Literatur im 18. Jahrhundert, Stuttgart 1994.

Reformen müssen ernstgenommen werden; auch in den Auseinandersetzungen und Reflexen dieser auf den ersten Blick vielleicht eigentümlichen Freundschaft konturierte sich Goethes gegenklassische Wendung. In Zelter fand er den idealen Partner für die Formulierung jenes Autobiographischen, das sein Spätwerk auf eine für damaliges Denken unerhörte Weise dominiert. Während die Zeitgenossen um 1830 und viele weitere Generationen von Lesern im Briefwechsel der beiden Alten vor allem das Veraltete wahrnahmen und in ihrem Gespräch bloß Äußerungen von allenfalls privatem Interesse sahen, läßt sich heute die Bindung dieses Textes an die Tradition autobiographisch-anthropologischer Literatur zusammen mit der selbstbewußten und zuweilen streitbaren Unzeitgemäßheit der Autoren als eigene Qualität der Korrespondenz beschreiben. Die im Briefwechsel immer dringlicher gestellte Frage nach der Möglichkeit, disparateste Lebenszeugnisse zum *Leben* zu reintegrieren, macht ihn zu einem neuartigen Experiment, das weit ins 19. Jahrhundert hineinweist.

Sind erst einmal die Vorbehalte, Mißverständnisse und Widerstände sowie die eher seltene Zustimmung, die der Briefwechsel bislang erfahren hat, benannt (sie werden im ersten Kapitel rekapituliert), kann die Untersuchung sehr schnell zur Darstellung des engen Zusammenhangs zwischen Briefform und Biographie übergehen. Das zweite und dritte Kapitel werden am Beispiel von Goethes symbolischer und Zelters humoristischer Schreibweise vorführen, wie tief Literarisches und Ästhetisches im pragmatischen Kontext innerhalb und außerhalb des Briefwechsels verankert ist. Die drei folgenden Kapitel kehren die Argumentation um und zeichnen fortschreitende Prozesse der Literarisierung nach: wie aus einer biographisch und historisch prägnanten Situation ein Bewußtsein von der Konsistenz des Briefwechsels entsteht, wobei er zunehmend zur Metapher des Lebens erhoben wird; wie der schriftliche Dialog Reflexionen entfaltet, in denen Autobiographisches immer mehr zur Autobiographik wird; und drittens, wie mit dem Beschluß der Veröffentlichung eine Arbeit projektiver und retrospektiver Verstrebungen einsetzt, mit denen die zufälligen Dokumente zum Buch gemacht werden.

Alle genannten literarischen und pragmatischen Vorgänge sind Auseinandersetzungen mit dem Tod und seinem Vorboten, dem Alter. Das hat damit zu tun, daß die Korrespondenz einen über dreißigjährigen Zeitraum umfaßt, der auf beiden Seiten viele und schwere Verluste bringt – Goethe muß sich mit dem Tod Schillers,

Christianes, Carl Augusts, seines Sohnes auseinandersetzen; Zelter mit dem seiner zweiten Frau, dreier Söhne, zweier Töchter, zweier Schwestern und vieler anderen. Weiter hat es damit zu tun, daß die Freunde am Beginn des Briefwechsels fünfzig und einundvierzig, an seinem Ende zweiundachtzig und dreiundsiebzig Jahre alt sind, das Ende des eigenen Lebens also näher kommt und mehr als einmal schon sehr nahe tritt. Der Tod ist aber nicht etwa nur ein zentrales Thema des Briefwechsels; als existentielle Grenze verweist er die Menschen, die ihn am eigenen Leibe und in nächster Umgebung erfahren, auf ihre Natur. Und wirklich sind diese Briefe mehr als Abhandlungen über den Tod: Dokumente einer Praxis, in der sich die Verfasser zu ihrer eigenen Natur ins Verhältnis setzen. Der im Briefwechsel physisch greifbare Sinn der freundschaftlichen Verbindungen und sprachlichen Verknüpfungen erscheint als Bannmittel gegen die drohende biologische Auflösung des Todes.

Das letzte Kapitel treibt daher die durchgehende Verschränkung von Literatur und Anthropologie noch einmal weiter, indem es in den Briefen Reflexionen über die Sprache als körperlich-geistiges Humanum nachzeichnet und den Briefwechsel selbst als soziales Verhalten vorführt, in dem Sprache Kunst und Wissenschaft an die Natur des Menschen zurückbinden soll. Noch Goethes letzter Brief an Zelter bekundet das beiderseitige Interesse an »alten ewigen Naturmaximen, wornach der Mensch dem Menschen durch Sprache verständlich wird.«[2]

Schon längst sehen die beiden Korrespondenten ihren Briefwechsel im Kontext anthropologischer Literatur. Am 28. Juni 1828 schreibt Goethe an Zelter: »Wodurch bestätigt sich denn zuletzt der Charakter, als daß er sich in der Tagesbewegung, im Hin- und Wiederwirken bildet! Wer untersteht sich, den Wert der Zufälligkeiten, der Anstöße, der Nachklänge zu bestimmen! Genug, wer sich untersteht zu schätzen, was der Mensch ist, der müßte in Anschlag bringen, was er war und wie er's geworden ist« (H 435f.). Schroff weist Goethe in diesem Brief an Zelter die »allgemeine Unverschämtheit« der Saint-Simonisten zurück, weil sie generalisierend, abstrahierend vom Menschen reden, und hält dagegen ein Erfahrungswissen, von dem der Leser des Briefes sich unwillkürlich bewußt macht, daß es

---

[2] Die Briefe von 1799 bis 1827 sind nach der Münchner Ausgabe, Bd.20.1, hg. von Hans-Günter Ottenberg und Edith Zehm, München 1992 (Seitenzahlen in Klammern), die von 1828 bis 1832 nach der Ausgabe von Max Hecker, Bd.3, Leipzig 1918 (H) zitiert. Hier: H 566.

gerade von einem Brief oder einem Briefwechsel vermittelt werden kann; »Tagesbewegung«, »Hin- und Wiederwirken«, »Zufälligkeiten«, »Anstöße«, »Nachklänge« und »Wahlverwandtschaften«, das alles hat im Briefwechsel zwischen Goethe und Zelter seinen Platz. Je mehr er von der Individualität zweier Menschen erzählt, desto mehr sagt er über *den* Menschen aus. Zur Veröffentlichung der Korrespondenz würden sich Goethe und Zelter wohl kaum entschlossen haben, wenn sie in ihren zahllosen privaten Gesprächen nicht das Substrat eines anthropologischen Projektes erkannt hätten.

Am 12. November 1821 schrieb Adele Schopenhauer in ihr Tagebuch: »Mir wird unbeschreiblich wohl, wenn ich um mich sehe und die beiden Freunde Goethe und Zelter gewahre.«[3] Heute, nach so langer Zeit, werden sich Leser des Briefwechsels aus den Seiten des Buches ein ganz ähnliches Bild machen und Adele Schopenhauer gerne Glauben schenken. Am Anfang der Arbeit an dieser Untersuchung stand ebenfalls der starke Eindruck von der Lebendigkeit und dem besonderen Charme dieser Korrespondenz und die Frage, welche literarischen Qualitäten es sind, die den längst Gestorbenen zu einer solchen Lebendigkeit verhelfen. Es ist die Goethe brennend interessierende Frage nach der erfolgreichen Umformulierung des Biologischen ins Biographische, die anthropologische Frage nach dem, was sich von der Natur des Menschen in Worten überliefern läßt. Goethe und Zelter sind dieser Frage gemeinsam jahrzehntelang nachgegangen; ihr Briefwechsel – das wird hier vorausgesetzt – zeugt davon, daß sie es nicht vergeblich getan haben.

---

[3] Goethes Gespräche. Eine Sammlung zeitgenössischer Berichte aus seinem Umgang auf Grund der Ausgabe und des Nachlasses von Flodoard Freiherrn von Biedermann ergänzt und herausgegeben von Wolfgang Herwig, Zürich und Stuttgart 1965, Bd.III,1, S.343.

Probleme der Editions- und Rezeptionsgeschichte

Am 17. Dezember 1830 schreibt Zelter an Goethe und kommt einmal mehr auf ihren gemeinsamen Briefwechsel zu sprechen. Mit Blick auf seine posthume Veröffentlichung, die zu diesem Zeitpunkt schon seit längerem geplant und sorgfältig vorbereitet wird, bemerkt Zelter:

> Auch will ich gestehen, was mir Spaßhaftes dabei einfällt: denn als ich den Lessingschen Briefwechsel mit Freund Nicolai gelesen habe, konnte ich die Neigung kaum überwinden, nur Lessings Briefe zu lesen, und so dürfte es auch mir ergehn. Wenigstens haben meine Briefe das Verdienst, die Deinigen veranlaßt zu haben, was mir kein schlechter Trost ist. (H 354f.)

Zelters Voraussage erfüllte sich — zumindest wenn es Fachleute und nicht interessierte Laien waren, die den Briefwechsel lasen. Seit dem Erscheinen der sechs umfangreichen Bände in den Jahren 1833 und 1834[1] erregte fast ausschließlich jenes Drittel, das Goethe zuzuschreiben ist, die Aufmerksamkeit der Philologie. Sie machte den Briefwechsel schon bald zu einem Steinbruch, aus dem gewichtige Zitate zum Beleg von biographischer Situation, Werkgeschichte, Weltanschauung und Stil des späten Goethe herangeschleppt wurden. Die Formel »Goethe an Zelter« mit Datumsangabe bezeichnete im Laufe des 19. und 20. Jahrhunderts immer mehr eine Fülle treffender, aphoristisch abgerundeter Selbstaussagen des großen Dichters, immer weniger eine unmittelbare Beschäftigung mit der Quelle, der sie entnommen waren. Auf den Umfang und die Qualität dieser Quelle ist nur noch aus der Häufigkeit ihrer Angabe zu schließen: »Goethe an Zelter« steht für eine ebenso unverzichtbare wie reduktive Verwendung des Buches, das als solches kaum noch Erwähnung

---

[1] Briefwechsel zwischen Goethe und Zelter in den Jahren 1796–1832, hg. von Friedrich Wilhelm Riemer, Berlin (Duncker und Humblot) 1833/34. Der eigentliche Briefwechsel setzt erst 1799 ein; die irreführende Jahreszahl im Titel ergibt sich daraus, daß Riemer Briefe aus dem Umfeld Goethes und Zelters veröffentlicht, die ihre Bekanntschaft seit 1796 vorbereiten halfen.

findet.² Die knappe Zitierweise verrät selten etwas über die Wahl des Adressaten, seine Bedeutung für den Absender oder gar über die Stellung der jeweiligen Äußerung in einem ausgedehnten Dialog, sie sagt nichts über Goethes Begeisterung für den Autor Zelter, nichts schließlich über die Konsequenz und Akribie, mit der er den Briefwechsel für die Veröffentlichung vorbereitete.³ Als ein eigenes Buch war also der Briefwechsel schon während seines Entstehens gedacht. Stellte Goethe sich selber bereits ins Licht biographischer Forschung, nahm er in eitler Selbstüberschätzung späteren Literarhistorikern die Arbeit der Dokumentation aus der Hand? Oder sah er gar in dem Briefwechsel ein literarisches Werk mit zwei Autoren? Welche Absicht sich auch immer mit der vollständigen Publikation verband, Goethe-Forscher – Editoren wie Interpreten – haben lange Zeit an ihr vorbeigesehen. Während bis in jüngste Zeit populäre Auswahlausgaben immerhin einen Eindruck von der Originalität des Briefwechsels vermittelten⁴ und offenbar immer ihr Publikum fanden, tat sich die Germanistik außerordentlich schwer mit dieser Korrespondenz. Die Weimarer Briefausgabe reihte, ihrem Prinzip folgend, die Briefe an Zelter chronologisch zwischen die anderen Goethes ein und ließ den Anteil des Komponisten am Briefwechsel fort.⁵ So verfuhren auch die Verlage, die wenigstens eine Auswahl aus Goethes Briefen präsentieren wollten (die Artemis-Gedenkausgabe etwa),⁶ und noch die aktuelle Frankfurter Ausgabe.⁷ Aufschlußreich ist, daß der Schiller-Briefwechsel in der

---

2 Auf den formelhaft-reduktiven Gebrauch der Zitierweise »Goethe an Zelter« mit Datum macht Walter Victor in seiner Festansprache aufmerksam: W.V., Carl Friedrich Zelter und seine Freundschaft mit Goethe, Berlin 1960, S.10.
3 Vgl. dazu die Dokumentation von Momme Mommsen, Die Entstehung von Goethes Werken, Bd.1, Berlin 1958, S.444–470.
4 Naturgemäß präsentieren sie besonders gehaltvolle und schöne Briefe. Eine darüber hinausgehende dezidierte Wertung äußert sich in Gerhard Frickes Zusammenstellung (Nürnberg 1949) darin, daß Goethe zwei Drittel des Platzes eingeräumt werden, wodurch sein Anteil am Briefwechsel erheblich überrepräsentiert ist. In neuerer Zeit sind bei Artemis und bei Reclam Auswahlausgaben erschienen, hg. von Werner Pfister, Zürich 1987 und Hans-Günter Ottenberg, Leipzig 1987. Generell sind Vor- und Nachworte dieser Ausgaben in Auswahl der gegebene Ort für zustimmende Charakterisierungen des Verhältnisses und eine Würdigung von Zelters Qualitäten als Autor.
5 WA, IV. Abt., Bde.14–50, Weimar 1893–1912.
6 GA Bd.19, 21 und 22, Zürich 1949–55.
7 Frankfurter Ausgabe, 2. Abt., Briefe, Tagebücher und Gespräche, hg. von Karl Eibl, Horst Fleig, Wilhelm Große, Christoph Michel, Norbert Oellers,

Frankfurter wie auch schon in der Gedenkausgabe mit eigenen Bänden vertreten ist, diese Ehre aber der Korrespondenz mit Zelter vorenthalten wird, obwohl sie doch von Goethe so gut wie die mit Schiller zur Publikation bestimmt war. Die implizite Wertung, die aus einem solchen Verfahren spricht, macht sich die Hamburger Ausgabe freilich nicht zu eigen, da sie immerhin in den zwei Bänden *Briefe an Goethe* und im Kommentarteil Zelter so wie Schiller angemessen präsentiert.[8] Aber erst die zur Zeit entstehende Münchner Ausgabe[9] nimmt eine grundlegende Neubewertung vor. Sowohl dem Schillerschen als auch dem Zelterschen Briefwechsel widmet sie eigene Bände, wodurch nicht nur die von Goethe intendierte Geschlossenheit und Vollständigkeit der Buchform eingehalten wird, sondern zugleich eine Neugewichtung im Rahmen des Gesamtwerks vollzogen ist. Hier gilt ein Werkbegriff, der Poetisches, Kritisches, Amtliches, Wissenschaftliches und Autobiographisches in gleicher Weise umfaßt, ihre nicht nur chronologische Nachbarschaft betont und Goethes Partner mitsprechen läßt. Das Prinzip dieser Ausgabe ist nicht der positivistischen Übernahme des Goethe-Nachlasses in der Disparatheit, in der er nun einmal vorliegt, auch nicht postmoderner Kombinatorik verpflichtet, sondern einem historisch angemesseneren Verständnis literarischer Produktion, die die Grenzen von Gattungen, Diskursen und monologischer Autorschaft wiederholt und bewußt überschreitet.

Die Edition des Zelter-Briefwechsels im Rahmen der Münchner Ausgabe bringt aber nicht nur im Blick auf die Gesamtausgaben Neues; denn auch um die Einzelveröffentlichungen war es bislang schlecht bestellt. Erst siebzig Jahre nach der von Friedrich Wilhelm Riemer betreuten Erstausgabe brachte Ludwig Geiger 1902/04 bei Reclam wieder den gesamten Briefwechsel heraus,[10] bezog sich dabei aber größtenteils auf den Druck von 1833/34 und zog nur ausnahmsweise die Handschriften heran. Erst Max Hecker legte sie durchwegs seiner 1913 bis 1918 bei Insel erschienenen Ausgabe zu-

---

Hartmut Reinhardt, Dorothea Schäfer-Weiss und Rose Unterberger, Frankfurt a.M. 1991ff.
[8] Eine allgemeine Charakterisierung des Briefwechsels findet sich in Bd.2 der Hamburger Briefausgabe, München ³1984, S.628–632.
[9] Bd.20.1, hg. von Hans-Günter Ottenberg und Edith Zehm, München 1992. Der zweite Teilband mit Kommentar ist in Arbeit.
[10] Briefwechsel zwischen Goethe und Zelter, hg. von Ludwig Geiger, Leipzig 1902–1904.

grunde.[11] Ihm gelang eine Edition auf hohem textphilologischem Niveau; beim Vergleich mit den Autographen erweisen sich aber die Kriterien der durchwegs vereinheitlichenden und modernisierenden Redaktion als diskutierbar;[12] und vor der immensen Aufgabe der Kommentierung kapitulierte der Herausgeber.[13] Siebzig Jahre nach der Heckerschen bemüht sich nun die Münchner Ausgabe wieder um eine aktuelle, durch die Autographen gesicherte Textredaktion. Sie ist – über 150 Jahre nach der Erstausgabe – die erste überhaupt, die einen Kommentar der gesamten Korrespondenz erstellt.[14]

Gemessen an dem Gewicht, das Goethe selbst ihm beimaß, führt der Briefwechsel mit Zelter in der Editionsgeschichte bis in jüngste Zeit ein eher abseitiges Dasein. Dies kann nicht allein an der Mühsal liegen, die mit der Textedition und Kommentierung von nahezu 900 Briefen verbunden ist. Es liegt auch und vor allem an dem ungenauen Begriff, den man von einem Briefwechsel, und an der schlechten Meinung, die man sich von Zelter und von Goethes Freundschaft mit diesem Mann gebildet hat. Die Rezeptionsgeschichte des Briefwechsels zeigt, daß hier ein gattungstheoretisches und ein persönliches Präjudiz zusammentrafen und sich so vereint nachteilig auf seine Aufnahme und Verbreitung auswirkten. Die Folgen sind bis in die Gegenwart zu spüren: Eine aktuelle »praxisorientierte« Goethe-Bibliographie, die immerhin 3000 Titel verzeichnet, erwähnt diese erstrangige Quelle mit keinem Wort.[15]

Was den Briefwechsel als eigene Textsorte betrifft, so steht viel dagegen, ihm literarische Dignität oder eine Art von Werkcharakter zuzusprechen. Die Vielfalt der Anlässe, Themen und Tonlagen, deren Folge ganz zufällig ist, widersetzt sich einer sei es auch im nachhinein statuierten ästhetischen Ordnung. Dies gilt für jeden privaten Briefwechsel und für diesen einen erst recht. So liegt es nahe, ihn nur auszugsweise zu veröffentlichen, nur einen der beiden Sprecher

---

[11] Briefwechsel zwischen Goethe und Zelter, hg. von Max Hecker, Leipzig 1913–1918.
[12] Vgl. Peter Boerner, Goethes Briefwechsel mit Zelter, in: Jahrbuch des Wissenschaftskollegs Berlin 1986/87, S.27–29, S.29.
[13] Die Angabe »In vier Bänden« auf dem Titelblatt deutet noch auf das ursprüngliche Vorhaben hin.
[14] Eine weitere Ausgabe des Briefwechsels, ebenfalls mit Stellenkommentar, wird derzeit von Peter Boerner vorbereitet, der sich als erster für eine diplomatische Textfassung entschieden hat.
[15] Goethe-Bibliographie. Literatur zum dichterischen Werk. Zusammengestellt von Helmut G. Hermann, Stuttgart 1991.

zu Wort kommen zu lassen,[16] einem einzelnen Brief eher noch als dem ganzen Konvolut den Status eines literarischen Werkes zuzusprechen.[17] Der Primat des Biographischen, der bei der Betrachtung von privaten Briefwechseln gewiß zu respektieren ist, ordnet sich das tendentiell Literarische an den Texten so weit unter,[18] daß nur im Hinblick auf das Dokumentarische, nicht etwa wegen der Eigenart der Form Vollständigkeit wünschenswert erscheint. Dieser Eindruck wird durch das eigenwillig asymmetrische Verhältnis der Briefpartner noch verstärkt. Zu unterschiedlich sind der Dichterfürst Goethe und der Handwerker Zelter, als daß man — wie noch im Briefwechsel zwischen Schiller und Goethe — eine zumindest tendentielle Einheitlichkeit des Textes erkennen könnte. Dialogische Autorschaft scheint nicht zur Synthese zu führen. Noch durch den Charakter dieser Freundschaft ist das ästhetische Empfinden vieler Leser gestört.[19]

Kontingenz der Form und Asymmetrie des Verhältnisses also wecken das meist nicht reflektierte Unbehagen, das vieler Kritik, Vermeidung, Auswahl zugrundeliegt. Wer zustimmt, meint dagegen selten das Ganze, sondern schöne Stellen oder menschliche Züge,

---

[16] »Das scheint kaum einer Rechtfertigung zu bedürfen — der überragenden, übrigens am ersten und meisten von Zelter selber anerkannten, Größe Goethes wegen«; dies die unbekümmerte Begründung bei Rudolf Hermann, Die Bedeutung der Bibel in Goethes Briefen an Zelter, Berlin 1948, S. VIII. Auch die Dissertation von Bodo Morawe ist in diesem Sinne »einseitig«: B.M., Goethes Briefe in den Jahren 1805–1814, Diss. Kiel 1965.

[17] Immer wieder wendet sich die Briefforschung gegen die Trennung der Anteile zweier Partner an einem Briefwechsel und die Herauslösung des einzelnen Briefes aus seinem Kontext. Vgl. etwa Albert Wellek, Zur Phänomenologie des Briefes, in: Die Sammlung 15(1960), S.339–355, S.342. Meist bleibt es bei der methodischen Bemerkung. Nach wie vor ist die Briefforschung nur ausnahmsweise Briefwechselforschung. Dies belegt auch der neue Forschungsbericht von Günter Nickisch, Der Brief, Stuttgart 1992.

[18] Völlig unbefriedigend, was Peter Bürgel dem Brief an literarisch-ästhetischer Qualität zugesteht: »Zwar mögen sich im sprachlichen Stil bestimmter Briefautoren dichterische Elemente (Metaphern, Symbole, Rhythmus...) entdecken lassen, doch handelt es sich hierbei stets um Akzidentielles, das am Wesen des allgemeinen Briefs nichts ändert«; P.B., Der Privatbrief. Entwurf eines heuristischen Modells, in: DVjS 50(1976), S.281–297, S.290.

[19] Während der Gleichberechtigung Goethes und Schillers die Form des Briefwechsels wohl ansteht und Eckermann mit der Gesprächsform großes Geschick im Umgang mit dem Überlegenen bewies, schlägt der Briefwechsel zwischen Goethe und Zelter den für den Leser unbequemen Mittelweg zwischen diesen beiden viel erfolgreicheren Texten aus dem »Triptychon« der großen Lebensdokumente Goethes ein. Vgl. den Kommentar zur HA, Briefe, Bd.2, S.628.

läßt sich also von Fall zu Fall vom Ästhetischen oder Psychologischen einzelner Abschnitte gewinnen.

Um diesem Text als Ganzem und als Buch sui generis[20] näher zu kommen, müßte man dagegen die Fragen noch einmal stellen: Was ist ein Briefwechsel? Was ist eine Freundschaft? Und man müßte sie von Schritt zu Schritt und stets zugleich stellen, in der Hoffnung, daß sich vom Literaturtheoretischen das Anthropologische und von diesem jenes erhellt. Denn mehr oder weniger explizite Vorstellungen davon, was ein Briefwechsel und was eine Freundschaft zu sein haben — zumindest solche mit Goethe —, beherrschen die Rezeption des Buches und stehen seiner vielschichtig zustimmenden Aufnahme immer wieder im Wege.

Noch nicht so sehr bei den Lesern der Erstausgabe von 1833/34. Sie ordneten entweder einzelne Briefe unterschiedlichen thematischen Komplexen zu (Musik, Literatur, Bildende Kunst, Schauspiel), wobei die Briefform selbst unerörtert blieb.[21] Oder das Publikum zeigte sich — vor allem in Berlin — vorrangig an Personen und Verhältnissen interessiert, die ihm aus eigener Anschauung oder vom Hörensagen bekannt waren. Die Lektüre kam dann schnell zur Abstimmung der gesellschaftlichen und kulturellen Horizonte der Autoren und der Leser und sah ebenfalls von einer Bewertung unter wie immer literarischen Gesichtspunkten ab. Ob nun die Empörung über begangene Indiskretionen im Vordergrund stand[22] oder die

---

[20] Durch Goethes Entscheidung für die Publikation seiner Briefwechsel mit Schiller und mit Zelter seien beide »als Werk sui generis« ausgewiesen: Alfred Zastrau, Brief/Briefwechsel, in: A.Z. (Hg.), Goethe-Handbuch. Goethe, seine Welt und seine Zeit in Werk und Wirkung, Bd.1, Stuttgart 1961, Sp.1428–1433, Sp.1432.
[21] Vgl. die Rezensionen des Briefwechsels von J.F.G. Edler von Mosel, in: Jahrbücher der Literatur, Bd.74 (Apr/Mai/Juni 1836), S.102–138, und der Foreign Quarterly Review 32(1836), S.328–360.
[22] Von der Unruhe, die die Publikation vor allem in Berlin ausgelöst hat, berichtet die Rezension Karl Immermanns im *Freimüthigen* vom 9.8.1834. Vgl. Werner Deetjen, Immermann über den Briefwechsel zwischen Goethe und Zelter, in: GoetheJb 2(1915), S.246–249. Heftige Kritik an der Person Zelters übte Karl Borromäus von Milltitz in seiner Rezension (Allg. Musikal. Zeitung, Berlin, 9.7.1934, Sp.458). Gewisse Vorbehalte gegenüber Zelter auch in der sonst freundlichen Besprechung von Ludwig Rellstab (Vossische Zeitung, Berlin, 21.12.1833). Vgl. auch die Korrespondenz Doris Zelters mit Friedrich von Müller nach Erscheinen der ersten Bände in: Max Hecker, Zelters Tod. Ungedruckte Briefe, in: Jahrbuch der Sammlung Kippenberg 7(1927/28), S.104–172.

Sympathie für die Briefschreiber[23] – es ging um reale Personen mehr als um einen Text.

Dies ändert sich aber schon mit Georg Gottfried Gervinus, der 1836 eine Deutung von Goethes Persönlichkeit auf der Grundlage seiner bis dahin publik gemachten Korrespondenz versucht.[24] Aus dem Skandal um die öffentliche Bloßstellung noch lebender Personen und bestehender Verhältnisse wird ein deutliches Verdikt über einen psychologischen und mehr noch literarischen Fehlgriff. Zelter ist ein unwürdiger Briefpartner, die berichteten Ereignisse, die geäußerten Meinungen sind banal. Dies wäre allein kein Grund für Kritik, aber Gervinus erkennt hinter Goethes Entscheidung für die Veröffentlichung der Briefe – zu Recht – den Ehrgeiz, ursprünglich zufälligen Dokumenten literarischen Status, öffentliches Interesse, symbolische Bedeutung zu verleihen. Genau diese Prädikate spricht Gervinus dem Briefwechsel rundweg ab. Das Urteil ist vernichtend: »Die ganze Correspondenz und das ganze Verhältniß ist von sehr untergeordnetem Werthe.«[25]

Nach dem Erscheinen des Goethe/Schillerschen Briefwechsels 1829 empfanden schon Christian Dietrich Grabbe und Ludwig Börne einen peinlichen Widerspruch zwischen dem Selbstbewußtsein des Herausgebers und der minutiösen Offenlegung vermeintlich nur privater Details. Ihrem Unverständnis gaben sie in drastischen Worten Ausdruck.[26] So ist es nun auch bei Gervinus in bezug auf den Zelter-Briefwechsel, wobei sich die Ablehnung noch zusätzlich auf das Ungleichgewicht der Briefpartner richtet. Gervinus weist dem Briefwechsel einen bezeichnenden Ort in seiner künstlerischen Biographie Goethes zu. Er führt den jungen Dichter gegen den alten Autobiographen ins Feld. Goethe begeht in dem Maße, in dem er sich zum

---

[23] Sie prägt das ausführliche Vorwort Riemers zur Erstausgabe und die Besprechungen von F.G. Kühne in den *Jahrbüchern für wissenschaftliche Kritik* Nr. 118–120, Juni 1835.
[24] G.G. Gervinus, Ueber den Göthischen Briefwechsel, Leipzig 1836.
[25] Eda., S.151. Als Fußnote zum Text versteckt sich der lapidare Satz nicht etwa, sondern fällt erst recht ins Auge. Vgl. auch Karl August Varnhagen von Enses Tagebuch-Eintrag vom 25.7.1851, der den Eindruck erneuter Lektüre schildert und zu dem Fazit gelangt: »Das ganze Verhältnis ist für Goethen ein Mißverhältnis«, in: Karl Robert Mandelkow (Hg.), Goethe im Urteil seiner Kritiker, Bd.2, München 1977, S.355.
[26] Grabbe in seiner Rezension von 1830, Börne in einer Tagebuchveröffentlichung von 1832, vgl. Mandelkow, Goethe im Urteil, Bd.2, S.462–475 bzw. S.502–513.

Alltäglichen und zum Dialog mit dem durchschnittlichen Altersgenossen herabläßt, Verrat an den selbstgesetzten Maßstäben seines Frühwerks. Der späte Goethe diskreditiert sich in den Augen seines jüngeren Kritikers durch eine autobiographische Manie, durch eine ebenso zwanghafte wie unzulässige Verkoppelung beliebiger Lebenswelt und manierierter Symbolisierung. Künstlerisches Versiegen und Versagen und eine hypertrophe Briefkultur bedingen sich gegenseitig:

> Die Lust zu ausführlicherer Briefstellerei kam Göthen erst mit der Abnahme seiner produktiven Kraft und zugleich mit der Neigung, sich und sein Treiben dem Publikum mehr und mehr zu entrücken und dieses, je mehr zwar die Verehrung gegen ihn wuchs, desto mehr zu mystifizieren. Seine spätesten Werke und unter seinen Briefen, um nicht mehr zu sagen, die spätesten an Zelter sind in dieser Hinsicht mit nichts zu vergleichen, als mit den Memoiren von St. Helena.[27]

Gervinus reagiert verärgert auf das Mißverhältnis zwischen Kontingenz und Sinngebung im autobiographisch geprägten Spätwerk, auf »die ganz ins Lächerliche entwickelte Bedeutsamkeit, mit der er [Goethe] auf Tagebücher und Notizen die höchsten Stücke hält, mit der er jede elendeste Sache mit pathetischer Weisheitsmiene betrachtet.« Und wieder liefert der Zelter-Briefwechsel das geeignete Beispiel.[28] Kritisiert wird nicht zuletzt die zunehmende Privatisierung literarischer Produktion und Kommunikation, insofern sie mit einem Rückzug aus der Gegenwart und deutlichen Vorbehalten gegen die Epoche einhergeht. Spätestens mit diesem Vorwurf ist hinter der gereizten Diktion der Gervinus-Schrift ein mit aller Emotionalität erlebter und nun − nach dem Tod Goethes − auch ausgetragener Generationenkonflikt zu erkennen:

> Die ewig neue Welt bedarf nicht der aufgezogenen Zugbrücke, hinter der sich das Alter verschanzen mag, sie will sich stets verjüngen mit Erneuerung des Dagewesenen [...], und wenn Göthe je einen Begriff gehabt hätte von einem gemeinsamen Fortschritte, von einem langsamen aber sicheren Gedeihen der Menge, von einem Bildungstriebe und einer instinctmäßigen Weisheit der Masse, die über die Einsicht des einzelnen ist, so hätte er sich nicht gegen den Wechsel der Welt, selbst nicht so schroff gegen scheinbare Rückschritte gestemmt.[29]

---

[27] Gervinus, Ueber den Göthischen Briefwechsel, S.4.
[28] Eda., S.141.
[29] Eda., S.148. Gervinus paraphrasiert aus dem Zusammenhang gerissen einen Brief Goethes an Zelter vom 29.1.1830, in dem er anläßlich einer Differenz

Von dem ausgeprägten »Bildungstriebe und einer instinctmäßigen Weisheit« Zelters hatte Gervinus keinen Eindruck bekommen, auch nicht von seinem »gemeinsamen Fortschritte« mit Goethe, die durchaus auch ein Zeugnis bürgerlicher Emanzipation darstellen. Die harsche Bewertung verschleiert bei Gervinus jedoch scharfsinnige Beobachtungen, an die sich heute anknüpfen läßt, wenn man zu einem besseren Verständnis von Goethes später Briefkultur gelangen will. Was aus der Sicht der Schrift von 1836 eine Herabminderung der Kunst durch das Allzumenschliche darstellt, erscheint aus heutiger Perspektive als Entwurf einer überraschend modernen Literaturauffassung. Der Zelter-Briefwechsel ist nicht nur symptomatisch für eine radikal autobiographische Orientierung des gesamten Spätwerks,[30] er beschäftigt sich auch mit banalen Gegenständen, mit Alltäglichem, er bewegt sich in einem der öffentlichen Meinung zunächst entzogenen und im nachhinein doch aufgedrängten Raum, er beharrt auf Unzeitgemäßheit, er pflegt ein Medium, das keinen poetischen Anspruch erhebt, und entfaltet einen Dialog mit einem Partner, dem weder als Künstler noch als Kritiker Maßstäbe klassischer Ästhetik zur Verfügung stehen. Die selbstbewußte Inszenierung dieser Schwundform des Literarischen äußert sich in der großen Sorgfalt, mit der Goethe die posthume Herausgabe des Briefwechsels in ungekürzter und redaktionell kaum gereinigter Form vorbereitet. Eine Publikation in Auswahl (etwa der vielgerühmten Reisebriefe Zelters)[31] oder nach gründlicher Überarbeitung wird vielleicht vorübergehend erwogen; doch Goethe beschließt in vollem Bewußtsein von der Eigentümlichkeit des Textes die integrale Veröffentlichung: »Es ist ein wunderliches Dokument, das an wahrem Gehalt und barockem Wesen wohl kaum seines Gleichen finden möchte«, schreibt Goethe am 3. Juni 1826 an Zelter (926); und am 26. August desselben Jahres: »Noch habe ich kein Wort gefunden das man zurücknehmen sollte, vielmehr nehmen wir uns in uns'rer tagtäglichen Beschränktheit gar liebenswürdig aus« (946).

---

   mit dem Publizisten Samuel Heinrich Spiker schreibt: »Ich habe freilich gut meine Zugbrücken aufziehen, auch schiebe ich meine Fortifikationen immer weiter hinaus« (H 250).
[30] Für Gervinus war der Briefwechsel so bezeichnend für dieses Spätwerk, daß er die ihn betreffenden Passagen aus der früheren Schrift unverändert in seine Literaturgeschichte von 1842 übernahm. Deren Verbreitung in immer neuen Auflagen hat der Rezeption des Briefwechsels zweifellos geschadet.
[31] Vgl. Goethes Briefe vom 23.3.1820, 9.1.1827, 9.6.1827 und 1.2.1831.

Die Kritik der Jungdeutschen an Goethes Briefwechselprojekten wird wohl nur verständlich, wenn man sich das Unerhörte vergegenwärtigt, das mit dem rückhaltlosen Bekenntnis zum »Barocken«, zur »tagtäglichen Beschränktheit« und der Entscheidung für die vollständige Veröffentlichung in die Geschichte gedruckter Privatbriefe eingeführt wird. Herder hatte sich im 56. *Brief zu Beförderung der Humanität* »eine Auswahl treffender Stellen aus den wahren Briefen merkwürdiger und großer Männer« gewünscht.[32] Goethe dagegen setzte den inzwischen zur literarischen Konvention gewordenen Vorzug der größeren Authentizität, den seine »wahren Briefe« haben mochten, durch den völligen Verzicht auf jede »Auswahl treffender Stellen« wieder aufs Spiel. Die Vollständigkeit der veröffentlichten Briefwechsel mit Schiller und Zelter trübte das erwünschte Bild »merkwürdiger und großer Männer« erheblich oder machte doch zumindest eine Neuformulierung des Begriffs menschlicher Größe erforderlich.[33] Wer sich darauf nicht einließ, mußte die Briefwechsel vor allem als eine Provokation des erhabenen Dichterbildes und eines klassizistischen Kunstbegriffs auffassen. Gervinus nahm daher mit Zorn wahr, was den heutigen Leser erstaunt und befriedigt, nämlich daß Goethe sich für die Literaturfähigkeit allseits erfahrener Heteronomie entschieden hat. Je höher er diesen Briefwechsel einschätzt, desto moderner und radikaler erscheint Goethes Bereitschaft, das Ungeschönte, Unzensierte und Zufällige als virtuell literarisch zu betrachten. Im Zelter-Projekt zeigt sich dabei eine wesentlich diffizilere und präkerere Neigung zur Selbststilisierung, als sie allgemein dem alten Goethe zugesprochen wird und besonders durch Eckermanns monumentalisierende Darstellung unterstützt und popularisiert wurde.

Kein Verrat an großer poetischer Form also, sondern tagtägliches Formulieren, Reflektieren und in Form Bringen von unvermittelter Erfahrung in regellosen Reihungen und Graduierungen bestimmen die Literarität des Briefwechsels. Was an diesen Dokumenten zum

---

[32] Johann Gottfried Herder, Briefe zu Beförderung der Humanität, hg. von Hans Dietrich Irmscher, Frankfurt a.M. 1991, S.293.

[33] Der Rezensent, der »die unmittelbare Entäusserung ausgezeichneter Individualitäten« als »wichtigste und anziehendste Seite des Briefwechsels [mit Zelter]« bezeichnet hatte, bewegte sich einerseits auf den Spuren Herders, hatte aber offensichtlich in bezug auf Goethe und Zelter ein wesentlich toleranteres Verständnis von »ausgezeichneter Individualität« als Gervinus und viele spätere Leser. C.G. Gersdorf, Repertorium der gesammten deutschen Literatur, Leipzig 1834, S.151.

Werk tendiert, zur Buchform, ist also zunächst als Funktion des Anthropologischen zu sehen, dem jedoch so nachzuspüren ist, daß es nicht gleich zum Gegenbegriff des Literarischen gemacht wird. Nun ist von Anfang an, durchaus auch in klugen und einfühlsamen Worten,[34] das »Menschliche« in diesen Briefen gepriesen worden. Es spricht sich so schön und tief, wenn von Goethe, so »derb« und »bieder«,[35] wenn von Zelter die Rede geht, aus. Doch das Menschliche scheint in seiner fraglosen Vollkommenheit geradezu das Gegenteil von Kunst zu sein, so als artikuliere sich diese Freundschaft nicht in einem unerhörten Register gekonnter Schriftlichkeit. Die erstaunlich breite Palette von Genres und Tonlagen, über die beide Briefpartner gebieten, ist jedenfalls nicht gemeint, wenn das spätere 19. Jahrhundert auf Goethe zunehmend ideologisch die Formel vom »Kunstwerk des Lebens« anwendet. Die Lebenszeugnisse, und unter ihnen besonders auch der Briefwechsel mit Zelter, finden zahlreiche Liebhaber. Aber was muß nicht erst alles ausgeblendet oder entschuldigend abgetan werden, bevor, etwa bei David Friedrich Strauß, aus den Dokumenten von Goethes Biographie »das Kunstwerk seines wohlgeführten, bewegten und reichen, und durchaus in harmonischer Einheit zusammengehaltenen Lebens«[36] ersteht. War es bei Gervinus der rigide Kunstbegriff, so ist es nun eine a priori gesetzte Totalität des Dichter-Lebens, die den Briefpartnern die Möglichkeit nimmt, sich eigene Formen zu schaffen. Bei Friedrich Gundolf schließlich bringt der Hinweis auf ein alles absorbierendes »Goethetum« die Eigenwilligkeit brieflicher Kommunikation – auch mit Zelter – zum Schweigen, »denn auch der zufälligste Goethe unterscheidet sich von dem geformtesten nicht durch den geringeren Grad der Echtheit, des Goethetums.«[37]

Zelter und andere Briefpartner sind nur noch zufällige Katalysatoren für die machtvoll sich manifestierende Existenz Goethe. Der Briefwechsel, betrachtet man beide Autoren, muß unter der Prämisse des »Goethetums« als Wettlauf zwischen Hase und Igel erscheinen: Der Berliner ist der Hase, der »Einsiedler« im Weimarer »Kloster-

---

[34] Ich erinnere noch einmal an die schöne Rezension von Kühne, vgl. FN 23.
[35] Seit Riemers Vorwort die fast stereotyp auf Zelter angewendeten Epitheta. Vgl. auch Robert Eitner, Karl Friedrich Zelter, in: Allgemeine deutsche Biographie, Bd.45, S.46–52, S.48.
[36] D.F. Strauß, Der alte und der neue Glaube (1872), zit.n. Mandelkow, Goethe im Urteil, Bd.3, S.13.
[37] F. Gundolf, Goethe, Berlin ^{5}1918, S.12.

garten« der Igel;[38] das leuchtet ein. Der unlautere Wettbewerb aber wird von einer Goethe-Ideologie betrieben, die schon immer eine Büste des Dichterfürsten am Ziel postiert hat.

Was aber ist gewonnen, wenn man keinen Wettlauf veranstaltet, auf das »Goethetum« verzichtet, ein »Zeltertum« gar nicht erst statuiert, sondern Zelter als Autor seiner Briefe ernst nimmt? Dann profilieren sich Brief und Briefwechsel als Textsorten mit einer Fülle von bisher kaum wahrgenommenen pragmatischen und ästhetischen Funktionen. Und dies um so mehr, als es in diesem Fall tatsächlich Beschränktheiten und Wucherungen gibt, Vorurteile und Mißverständnisse, Abhängigkeiten und Überforderungen, Manierismen und Albernheiten – damit sind nur die negativ getönten Merkmale genannt. Schönere und klügere Briefwechsel als der Zeltersche sind für das Verständnis der Textsorte weniger erhellend. Der Vergleich mit dem Schillerschen liegt da nahe. Gewiß ist es literaturwissenschaftlich legitim und erwünscht, den Briefwechsel zwischen Schiller und Goethe als Substrat zu betrachten, aus dem biographische, werkgeschichtliche, theoretische oder philosophische Diskurse extrahiert, Psychologie oder Typologie der Autoren entwickelt werden.[39] Was ein Brief oder gar ein Briefwechsel ist, erfährt man darum noch nicht oder nur am Rande. Als vielleicht extremes Beispiel läßt sich Georg Lukács anführen, der 1934 unter der Überschrift »Der Briefwechsel zwischen Schiller und Goethe« eine philosophie- und ästhetikgeschichtliche Abhandlung veröffentlichte, deren Inhalte völlig von der Form und vielfach von der Funktion des Textes absehen, aus dem sie bezogen sind.[40]

Zwei Jahre später, 1936, legte Walter Benjamin seine aphoristisch kommentierte Anthologie *Deutsche Menschen. Eine Folge von Briefen*[41] vor. Der philosophische Zuschnitt der Präsentation führt diesmal zur Durchdringung der Briefform hin. Benjamin zieht in

---

[38] Vgl. Goethes Briefe vom 3.2.1831 (H 379) und vom 1.6.1831 (H 415). Zu den entgegengesetzten Temperamenten der Briefpartner vgl. auch die Briefe vom 29.1.1831 (H 375) und vom 14.12.1830 (H 353).

[39] Eine philologische Auseinandersetzung mit dem Briefwechsel in den genannten Hinsichten spiegelt der von Wilfried Barner, Eberhard Lämmert und Norbert Oellers herausgegebene Band »"Unser Commercium". Schillers und Goethes Literaturpolitik«, Stuttgart 1984, wider.

[40] G. Lukács, Der Briefwechsel zwischen Goethe und Schiller, in: G.L., Kunst und objektive Wahrheit, Leipzig 1977, S.261–302.

[41] Zuerst im Vita Nova-Verlag, Luzern, unter dem Pseudonym Detlef Holz herausgebracht.

kluger Auswahl und an exponierter Stelle Goethe und Zelter, Zelter vor allem, heran, um seine Intentionen zu verdeutlichen. Das knappe Vorwort zitiert jenen berühmten Brief vom Sommer 1825, in dem Goethe angesichts der rapiden Beschleunigung von Verkehr, Kommunikation und Information Zelter dazu auffordert, »an der Gesinnung [zu] halten, in der wir herankamen; wir werden, mit vielleicht noch Wenigen, die Letzten seyn einer Epoche, die so bald nicht wiederkehrt.«[42] Der Briefwechsel, nicht also als schönes Dokument des Ewig-Menschlichen, sondern als bedachtsam gewählte Affirmation des Anthropologischen in seiner historischen Bedingtheit. Nach diesem Zitat ist bei Benjamin – deutlich vom Haupttext abgehoben – Zelters Brief an Kanzler von Müller vom 31. März 1832 abgedruckt. Wieder ein Brief über das Briefeschreiben, über den eigenen, den Goethe-Zelterschen Briefwechsel, nun nach seinem Abbruch durch Goethes Tod. Noch deutlicher als im ersten Zitat ist die Briefkultur hier als Ausdruck der individuellen conditio, ja, constrictio humana ausgewiesen, denn Zelter kann sich ein Leben ohne diesen Briefwechsel nicht mehr vorstellen: »Wie er dahinging vor mir, so rück' ich Ihm [!] nun täglich näher und werd' Ihn einholen, den holden Frieden zu verewigen, der so viel Jahre nach einander den Raum von sechsunddreyssig Meilen zwischen uns erheitert und belebt hat.«[43] Doch nicht nur die physische Entfernung, so kann Benjamin mit dem gewählten Beispiel deutlich machen, auch die psychologische und intellektuelle überwindet das vitale Interesse des Schreibenden. Denn Zelter wirbt um von Müllers Verständnis, insofern ihm »das niemals gestörte Verhältnis zweyer im Wesen stets einigen, wenn auch dem Inhalte nach weit von einander entfernten Vertrauten bekannt ist.«[44]

Benjamin unterstreicht die exponierte Stellung des Zelter-Briefes am Anfang des Buches und die Hochschätzung seines Verfassers als eines exemplarischen Autors, indem er die Regel der Anthologie für ihn und nur für ihn bricht und einen zweiten Brief in vollem Wortlaut abdruckt. Zur Einleitung formuliert Benjamin in einem Satz das Beste, was je über den Briefwechsel gesagt worden ist:

Vollends aus dem bekannten Raum der deutschen Bildungswelt ragt die Freundschaft heraus, in welcher zwei Greise in einem geradezu chinesischen

---

[42] Zit.n. Benjamin, Deutsche Menschen, Frankfurt a.M. 1962, S.8.
[43] Eda., S.9.
[44] Eda.

Bewußtsein von der Würde des Alters und seiner Wünschbarkeit die Neige ihrer Lebenstage einander mit den erstaunlichen Trinksprüchen zubringen, die wir in Goethes Briefwechsel mit Zelter besitzen und von denen der folgende der vollkommenste sein dürfte.[45]

Man vergleiche nur die Feinfühligkeit dieser Charakterisierung mit dem Ressentiment, das Gervinus genau hundert Jahre zuvor gegen das hinter Zugbrücken verschanzte Alter Goethes[46] entwickelte. Gervinus lag alles daran, mit dem 19. Jahrhundert Schritt zu halten. Benjamin dagegen, der seine Anthologie 1936 unter einem Pseudonym in der Schweiz herausbrachte, führte »Eine Folge von Briefen« gegen Hitler-Deutschland ins Feld. Gerade das Private und Individuelle dieser Texte und Beziehungen und allen voran die Freundschaft der ungleichen Greise sollten für ihn repräsentieren, was *Deutsche Menschen* sind.

Zelters Brief an Goethe vom 16. Oktober 1827 – ihn hat Benjamin als »vollkommen« für seine Sammlung ausgewählt – ist allerdings erstaunlich. Was sonst als Asymmetrie des Verhältnisses und als Zusammenhanglosigkeit der Anlässe und Themen den Leser des Briefwechsels irritieren könnte, ist hier auf hohem Niveau reflektiert und in eine zugleich transparente und innige Sprache gebracht. Unter anderem heißt es da: »Von Jugend auf habe mich hingezogen, hingezwungen gefühlt zu denen die mehr, die das Beste wissen und mutig, ja lustig mich bekämpft und ertragen, was mir an ihnen missfiel – ich wusste wohl was ich wollte, wenn ich auch nicht weiss, was ich erfuhr. Du warst der Einzige, der mich trug und trägt, ich könnte von mir selber lassen, nur nicht von Dir.«[47] Eine Ungleichheit und Abhängigkeit, die sich in solchen Worten auszusprechen weiß, kann beim Leser kein Unbehagen wecken, ob er sich nun mit der Psychologie der Freundschaft oder mit der literarischen Form des Briefes befaßt. Von einer solchen Reflexion aus – und sie steht im Briefwechsel durchaus nicht vereinzelt da – müssen auch diejenigen Briefe in anderem Licht erscheinen, die, vom Schreibenden unbemerkt, den Abstand zwischen den Korrespondenten, Überforderung, Mißverstehen oder Naivität dokumentieren. Als Briefe sind sie noch immer geglückt durch ihre Intention auf besseres Wissen, auf besseres Leben, durch die unbestreitbare intellektuelle und soziale

---

[45] Eda., S.80.
[46] Gervinus, Ueber den Göthischen Briefwechsel, S.148.
[47] Benjamin, Deutsche Menschen, S.81.

Leistung, die aus dem intensiven Austausch zwischen einem Hochgebildeten, Begünstigten und einem durch Herkunft, Erziehung und Lebensumstände vielfach Begrenzten spricht. Zelters Doppelberuf als Maurer und Musiker hatte zuerst Goethes Neugier, dann seine Sympathie geweckt. Und schon in seinem ersten Brief an Zelter hieß es: »Es ist das Schöne einer tätigen Teilnahme daß sie wieder hervorbringend ist denn wenn meine Lieder sie zu Melodien veranlaßten, so kann ich wohl sagen, daß Ihre Melodieen mich zu manchem Liede aufgeweckt haben und ich würde gewiß wenn wir näher zusammenlebten ofter als jetzt mich zur lyrischen Stimmung erhoben fühlen« (8). Nicht die Zusammenarbeit zweier Spezialisten wird hier gesucht, sondern die gegenseitige Anregung der doppelt und dreifach Begabten. Im sozialen Austausch und gegenseitiger Ergänzung setzt sich nur die individuelle Ausrichtung auf vielseitige Bildung und Tätigkeit fort. In den Annalen zum Jahr 1803 schreibt Goethe über die noch neue Verbindung Zelters zu Weimar: »Und so konnte ein doppelt wechselseitiges Bestreben nicht außenbleiben, da die Weimarischen Kunstfreunde sich fast in demselben Falle befanden [wie Zelter]; wozu sie nicht geschaffen waren, hatten sie zu leisten, und was sie Angebornes zu leisten wünschten, schien immerfort unversucht zu bleiben.«[48] Dies ist die Grundlage der außerordentlichen Fülle von Themen in einem Briefwechsel, in dem Baukunst, Musik und Theater gegen Literatur, Kunst und Naturwissenschaft ausgetauscht werden. So zufällig die Anlässe auch sein mögen, die diese verschiedenen Bereiche des Wissens, der Kunst, der Arbeit zur Sprache bringen – eine Tendenz zur Integration unterschiedlicher Lebens- und Wissensgebiete ist unübersehbar, eine Orientierung auf vielseitige Individualität. Sie kann sich freilich nur im Sozialen entfalten und ist auf Austausch und Ergänzungen angewiesen.[49] In dieser vom Anfang an im Briefwechsel angelegten Intentionalität, im kontinuierlichen Fortschreiten – schon 1802 äußert Goethe den postwendend erwiderten »Wunsch daß immer ein Faden zwischen uns fortgesponnen werde« (28) – liegt ein erstes Indiz für den angenommenen Werkcharakter des Briefwechsels: Werk in der Bedeutung von »ins Werk setzen«, Werk als Projektion. Mit dieser

---

[48] MA 14, S.108.
[49] Vgl. Otto Harnack, Goethe in der Epoche seiner Vollendung 1805–1832, Leipzig ²1901, S.78: »Solch gemeinsames Streben aber nach praktisch gebotenen, der Gemeinschaft förderlichen und sittlichen Zielen kann sich nur bethätigen in den empirischen Gemeinschaften des sozialen Lebens«.

Intentionalität verwandelt sich die zufällige Folge in Kontinuität, die Kontingenz in Konsistenz, die Asymmetrie in Dialog. Von der Prozessualität des Briefwechsels aus gewinnen auch noch diejenigen Briefe ihren Ort, die nicht ausdrücklich einen idealen Zweck formulieren oder in sich vollkommen sind wie Zelters Schreiben vom Oktober 1827, sondern tatsächlich in »tagtäglicher Beschränktheit« befangen bleiben. Es scheint daher wenig ergiebig, in jedem einzelnen Dokument allzu statisch informationelle, appellative, expressive und andere Funktionen gegeneinander abzusetzen.[50] Die Annahme einer integrierenden Dynamik des Briefwechsels, in der sich das Interesse am freundschaftlichen Austausch ebenso manifestiert wie eine Tendenz des Konvolutes zur Form, verändert notwendig auch die Bewertung jedes einzelnen Briefes. Die Logik der Freundschaft und des Briefwechsels steht dabei möglicherweise über der Logik der Inhalte und ihrer jeweiligen Form oder auch ihren Mängeln.

Von einer eigenen Rationalität freundschaftlicher Kommunikation, die stark genug wäre, Schwächen in der Sache zu umschließen, sind die Kommentatoren dieses Briefwechsels bislang kaum ausgegangen. Emil Staigers Goethe-Buch liefert ein (allerdings besonders dankbares) Beispiel dafür, wie ein Begriff hohen Dichtertums und die mit ihm verbundenen Ansprüche noch jede schriftliche Äußerung, jede soziale Erscheinung unter sich zwingen. Zwar findet Staiger durchaus auch Sympathie für Zelter, aber schnell ist mit den Worten »für das Schaffen Goethes bedeutet er wenig«[51] über den Mann ein abschließendes Urteil gesprochen, über den Briefwechsel aber mit dem Satz: »Probleme, die wir der Abklärung im höchsten Grade bedürftig finden, werden nicht einmal erwähnt.«[52] Und so muß denn die Korrespondenz als Rückschritt gegenüber der früheren Briefproduktion Goethes erscheinen. Staiger schreibt, »daß Goethe von etwa 1790 an nicht mehr zu jenem erstaunlich großen Kreis gehört – oder besser: nicht mehr gehören möchte – dem es damals Bedürfnis war, das ganze individuelle Dasein epistolographisch auszubreiten.«[53] Die Erwartung, alles im Dienst des »Schaffens« zu sehen und überall »der Abklärung bedürftige Probleme« erläutert zu finden, trübt den Blick für das Eigengewicht der späten Korrespon-

---

[50] Vgl. die Unterscheidung solcher Funktionen des Briefes bei Nickisch, Der Brief, S.13–15.
[51] E. Staiger, Goethe, Bd.3, Zürich 1959, S.95.
[52] Eda., S.96.
[53] Eda., S.239.

denzen Goethes, auch für die Intensität und Persönlichkeit gerade
der Briefe, die er an Zelter schreibt. Diese Erwartung läßt gar nicht
erst den Gedanken aufkommen, daß das Absehen von der eigenen
Person, die über viele Unterschiede hin gesuchte Verständigung unter Umständen mehr als das Gewicht eines poetologischen Diskurses
oder einer überströmenden Bekenntnisrede für die Qualität eines
Briefwechsels sprechen könnte.[54]
Gerade solche Briefe aber, die für sich betrachtet eher unauffällig
oder gar mißglückt scheinen, stellen eine besondere Herausforderung
für eine Hermeneutik des Briefes und des Briefwechsels dar. Ein von
vornherein und auch einzeln druckfähiger Brief wie etwa einer von
Schiller über *Wilhelm Meister* zeigt Inhalt, Stil und freundschaftliche
Zuwendung in so ungeteilter Einheit, daß die zwischen Anthropologie und Literatur gespannte Dynamik der Briefform kaum noch zu
spüren ist. Anders ist es mit vielen Briefen Zelters an Goethe: Ein
vitaler Impuls drängt zur brieflichen Mitteilung, die wegen unterschiedlicher Voraussetzungen der Partner oder wegen einer sorgen-
vollen Lage die ideale Kommunikation, die Klarheit der Darstellung,
die Stringenz der Argumentation verfehlen kann. Wenn Verhalten,
Sache und Form in Widerspruch geraten, wenn das eine gelingt,
obwohl oder gerade insofern das andere scheitert, dann zeigt sich die
Grundlage der Briefkunst erst recht, der gute Sinn, der darin liegt,
die Begrenzungen einer alltäglichen Situation in geschriebene Sprache, die Vereinzelung des Individuums in Kommunikation zu
verwandeln. Das Schreiben eines Briefes distanziert gegebene Umstände und Verfassungen, es vergegenwärtigt den abwesenden
Adressaten; schon durch die Phasenverschiebung[55] zwischen Schreiben, Abschicken, Empfangen und Lesen, aber mehr noch durch den
Entwurf tatsächlicher Gemeinsamkeit und durch die vielleicht mini-
male Idealität des Schriftlichen und seiner Bedeutungen ist jede Korrespondenz ein Vorgriff auf eine im Lebensweltlichen wie im Literarischen strukturierte, konsistente Zukunft. Die Intentionalität eines

---

[54] Rainer Brockmeyer sieht einen Grund für die Vernachlässigung der Briefform
in der deutschsprachigen Forschung »in dem sehr stark vom engen Bereich
dichterischer Aussage her gefaßten Literaturbegriff«. Vgl. R.B., Geschichte
des deutschen Briefes von Gottsched bis zum Sturm und Drang, Diss. Münster
1961, S.II.
[55] Zur Bedeutung der Phasenverschiebung, der Imagination und der Fiktionalität
der Gesprächssituation für die Form des Briefes vgl. Wolfgang G. Müller, Der
Brief, in: Klaus Weissenberger (Hg.), Prosakunst ohne Erzählen. Die Gattungen der nicht-fiktionalen Kunstprosa, Tübingen 1985, S.67–87, S.73–75.

zunächst psychologischen, sozialen Bedürfnisses entwirft also die Umrisse einer sich stets wandelnden Form, die der Briefwechsel als fortschreitender Text Stück für Stück auszufüllen sucht. So stellt sich der »Werkcharakter« vom Anfang der Korrespondenz und vom Anfang jedes einzelnen Briefes dar.

Mitte der zwanziger Jahre beginnen Goethe und Zelter die spätere Veröffentlichung des Briefwechsels ins Auge zu fassen und ihn antizipierend von seinem Ende her zu betrachten. Intentionalität und Projektion orientieren sich nun an den angenommenen Grenzen eines abgeschlossenen Konvolutes, eines zukünftigen Buches. Was für einzelne Briefe schon gelten mochte, trifft jetzt für den gesamten Briefwechsel zu: Neben die Schriftlichkeit zum Zwecke des Lebens wird das Leben als Gegenstand eines literarischen Zweckes gestellt. Mit dem Plan der posthumen Veröffentlichung dringen Reflexionen und Retrospektiven über das je und je zu Papier Gebrachte in den Briefwechsel ein. Der Prozeß, der die Korrepondenz zum autobiographischen Werk qualifizieren soll, ist also in den Briefen mit dokumentiert. Von seinem Ende her überlagert sich dabei ein zweiter, ein materiellerer Werkbegriff demjenigen, der sich aus der Intentionalität seiner Anfänge ergab.

Welchen der beiden Werkbegriffe man auch ansetzen will — jeder einzelne Brief wird im Hinblick auf die Dynamik des ganzen Briefwechsels ein anderes Gesicht vorweisen, als er bei seiner isolierten Betrachtung zeigen würde.[56] Dies gilt für »schwache« Briefe, die sich im Kontext aufwerten, es gilt aber auch für in sich vollkommene kleine Meisterwerke, für die nun freilich nicht der umgekehrte Schluß zu ziehen ist. Das nächste Kapitel wird es an einem Beispiel erläutern.

---

[56] Vgl. Golo Mann, Der Brief in der Weltliteratur, in: NR 86(1975), S.631–649, S.635.

Die Symbolik eines Goethe-Briefes im Kontext

Albrecht Schöne hat sich in vier exemplarischen Untersuchungen einzelner Goethe-Briefe[1] ein großes Verdienst um die Aufwertung der Gattung erworben. Eine seiner Interpretationen gilt »Goethes Dornburger Brief an Zelter zum Tod seines Großherzogs«[2] vom 10. Juli 1828. Indem er biographische Dokumente und Gesamtwerk Goethes zur Kommentierung heranzieht, kann Schöne zeigen, daß es sich bei diesem Brief um viel mehr handelt als um eine praktische Mitteilung, nämlich um ein kleines Kunstwerk. Der Text offenbart in dem Maße, in dem die Erläuterung seine gedankliche und stilistische Stringenz zutage fördert, Werkcharakter; sein Autor ist fraglos ein Dichter. Im Rahmen von Schönes Fragestellung kommt der Situation des Briefes im Briefwechsel mit Zelter keine Bedeutung zu. Wenn ich im folgenden besonders nach dem Kontext der Korrespondenz und dem Bezugsrahmen der Freundschaft frage, geschieht es keineswegs, um Schönes Ausführungen zu widerlegen, denen man nur zustimmen kann, sondern um sie zu ergänzen. Kunstcharakter des Briefes und Dichtertum des Verfassers sind nicht gemindert, wenn ihre enge Verbundenheit mit ihrer lebensweltlichen Umgebung, der Brieffreundschaft eben, gezeigt werden kann.

Eine bei Schöne eher marginale Bemerkung, die sich auf die Bedeutung des Adressaten bezieht, möchte ich dennoch einschränken. In einer Fußnote betont Schöne den monologischen Charakter

---

[1] A. Schöne, Über Goethes Brief an Behrisch vom 10. November 1767, in: H. Singer u. B.v. Wiese (Hg.), Festschrift für Richard Alewyn, Köln Graz 1967, S.193–229. Ders., Versuch über Goethes Humanität. Oder zum Gebrauch des Konjunktiv Plusquamperfekt in einem Brief an Johann Friedrich Kraft, in: G. Gillespie u. E. Lohner (Hg.), Herkommen und Erneuerung, Tübingen 1976, S.103–126. Ders., Soziale Kontrolle als Regulativ der Textverfassung. Über Goethes ersten Brief an Ysenburg von Buri, in: A.v. Bormann (Hg.), Wissen aus Erfahrung, Tübingen 1976, S.217–241. Ders., »Regenbogen auf schwarzgrauem Grunde«. Goethes Dornburger Brief an Zelter zum Tod seines Großherzogs, in: Jb des Wiener Goethe-Vereins Bd.81–83 (1977–1979), S.17–35.

[2] Dies der Untertitel des Aufsatzes von Schöne. Vgl. FN 1.

des Briefes und bezeichnet als deswegen eher zufälligen Empfänger Zelter, den »Altersfreund«. Schöne begründet das Monologische des Briefes unter anderem damit, daß die erste Passage identisch in einem Schreiben an Soret vom selben Tage auftauche, und führt – immer in der Fußnote – aus, »nicht eigentlich *an* Soret oder *an* Zelter schreibt der Alte, sondern gleichsam zu deren Händen; da deponiert er diesen Monolog.«[3] Gerade der Vergleich mit dem partiell übereinstimmenden Brief an Soret und mit anderen, am selben Tage oder kurz darauf diktierten beweist jedoch das Singuläre des Schreibens an Zelter. Alle anderen – an Soret, an den Sohn, an die Schwiegertochter, an den Diener, an wen sie auch gehen mögen – verfolgen einen unmittelbaren, klar erkennbaren Zweck. Auch der etwas spätere, in der Thematik verwandte Brief an Beulwitz vom 18. Juli. Nur der eine an Zelter scheint allein um des Briefeschreibens selbst willen verfaßt. Außerdem zeichnet er sich durch einen völligen Verzicht auf gesellschaftliche Konventionalitäten aus, die in den anderen Briefen stark präsent sind. Genau aus diesem Grund wird auch Schöne den Zelter-Brief und nicht denjenigen an Soret oder Beulwitz ausgewählt haben. Das Monologische, das sich allerdings aus den genannten Eigenarten des Textes ergibt, ist dabei einzuschränken. Es gibt zwei Anreden des Freundes mit dem längstgewohnten Du: »Ich weiß nicht, ob Dornburg Dir bekannt ist« und »Damit Du aber wissest, wie Dein Freund [...] diese langen Tage [...] zubringt, will ich Dir vertrauen [...]« (H 48). Beide Anreden – der Verlauf des Briefwechsels beweist es – waren weder rein rhetorisch gemeint noch wurden sie so aufgefaßt.

Das Zusammentreffen von Zweckfreiheit, Kunstcharakter und Adressat ist keineswegs zufällig. Es ist gut möglich, daß Goethe im Hinblick auf die bereits beschlossene Publikation des Briefwechsels sich mit größerer Bewußtheit artikulierte als in der übrigen Korrespondenz dieser Tage. Das könnte ein Motiv für die Abfassung eines sonst nicht unmittelbar notwendigen Briefes sein. Ein zweites und sehr gewichtiges liegt in der Freundschaft mit Zelter, ihrer Geschichte und ihrem Charakter, in einem durchaus lebensweltlichen, primär nichtliterarischen Datum. Obwohl es tatsächlich ein überwiegend monologischer Brief ist, läßt er als poetischer Text doch keineswegs seinen pragmatischen Kontext versinken. Diese paradox

---

3 Eda., FN 13 auf S.20.

anmutende These ist freilich nur aus dem Zusammenhang der gesamten Korrespondenz mit Zelter zu beweisen.

In zwei Richtungen möchte ich nun diesen Brief im Briefwechsel verankern; rückwärts in früheren Schreiben, wobei deutlich werden sollte, daß Goethe nicht zufällig in diesen Worten an diesen Adressaten schreibt; und vorwärts in den Briefen, die von beiden Seiten die Dornburger Gedanken und Motive aufgreifen. Es wird sich zeigen, was Zelter versteht und inwiefern seine Reaktionen Goethe anregen, seinen Brief vom 10. Juli in Variationen und Erweiterungen fortzusetzen.

Albrecht Schöne beschreibt die Landschaftsschilderungen im zweiten Abschnitt des Briefes als »verschlüsselte[n] Heilsbericht«.[4] Carl August ist gestorben, aber in den Gärten, die er um die Dornburger Schlösser hat anlegen lassen, setzt sich sein Leben fort. Von ihrem Anblick geht eine tröstende Botschaft aus. Die symbolische Sprache erzählt davon, wie der Schmerz über den Verlust sich in lebendiges Angedenken verwandelt. Schöne weist auf Goethes große Scheu vor dem Phänomen des Todes und die dadurch verständliche hohe Formalität und Verhülltheit der poetischen Selbstaussage hin.[5] Zu Recht erinnert er an Goethes notorische Ablehnung der »niederträchtige[n] Necrologen«[6] und beschreibt vor ihrem Hintergrund den Brief als Nekrolog sui generis, als außerordentlichen Gegenentwurf zur schlechten Konvention des offiziellen Nachrufes.

Um Nekrologe ging es auch ganz am Anfang des Briefwechsels mit Zelter. Goethes erster Brief an den Berliner Komponisten vom 26. August 1799 sanktioniert dessen Vertonungen, bezeugt die gegenseitige Anregung und ermutigt zu weiterer Zusammenarbeit. Der zweite, vom 29. Mai 1801, bricht nach drei Zelter-Briefen das einseitige Schweigen und drückt erstmals eine persönlichere Sympathie aus. Zelter hat sie sich durch die Biographie seines 1800 verstorbenen Lehrers Karl Fasch erworben, die er Goethe zugeschickt hatte. Das Lob wendet mit dem Wort »palingenesieren« ein Schlüsselkonzept von Goethes Auffassung des Todes[7] auf die zugleich menschliche und schriftstellerische Leistung[8] Zelters an:

---

[4] Eda., S.21.
[5] Eda., S.20.
[6] In einer Handschrift Goethes, die die WA als Lesart zu *Dichtung und Wahrheit* ausgibt: WA I,26, S.364. Bei Schöne S.28.
[7] Der Gedanke der Palingenesie wurde Goethe überwiegend durch Herder vermittelt. Vgl. Werner Kellers Nachwort zu: Peter Meuer (Hg.), Abschied und

Das Andenken an ein vergangenes Menschenleben zieht sich so sehr ins Enge zusammen, daß die Neigung erst wieder die Asche palingenesieren und den verklärten Phönix unserm Auge darstellen muß. Jeder Biedermann darf wünschen auf diese Weise von dem Freunde, dem Schüler, dem Kunstgenossen dereinst geschildert zu werden. (16f.)

Die persönliche Verbundenheit mit dem Verstorbenen und die psychologische Motivation zum Schreiben machen die Literatur des Angedenkens zu einem Mittel der Verwandlung von Tod in Leben. Wo diese Verbundenheit und diese Motivation fehlen, wirkt der Nachruf doppelt ertötend. Goethe hebt die Verdienste von Zelters Fasch-Biographie im Kontrast zur gängigen Praxis der Nekrologie hervor:

Wie übel nehmen sich gegen ein so liebevoll wieder auferwecktes Individuum jene Nekrologen aus die, indem sie das was Gutes und Böses, durch das Leben eines bedeutenden Menschen von der Menge gewähnt und geklatscht worden, gleich nach seinem Verscheiden, emsig gegen einander stellen, seine sogenannten Tugenden und Fehler mit heuchlerischer Gerechtigkeit aufstutzen und dadurch, weit schlimmer als der Tod, eine Personalität zerstören, die nur in der lebendigen Vereinigung solcher entgegengesetzten Eigenschaften gedacht werden kann. (17)

Wie gut er Zelters Intention auffaßt, beweist Goethe, indem er an dem ihm im Leben nicht bekannten Fasch post mortem noch persönlichen Anteil nimmt. »Wie sehr habe ich dem guten Fasch gegönnt daß er so glücklich war eine solche Idee [einer sechzehnstimmigen Messe] zuletzt noch realisiert zu sehen.«[9]

Der Briefwechsel dokumentiert es ungezählte Male: Zelter ist ein Meister in der Kultur des Angedenkens. Aufführungen von Requiems, Gedenkveranstaltungen, Besuche von Gräbern, Sammlung von Autographen aus Nachlässen Befreundeter und Bekannter, biographische Rekapitulation, Würdigung der Toten in ihrem kulturgeschichtlichen Zusammenhang, ein großes Repertoire prägnanter Anekdoten, schließlich brieflich mitgeteilte Szenen, in denen längst

---

Übergang. Goethes Gedanken über Tod und Unsterblichkeit, Zürich 1993, S.137f.

[8] Zu Zelters Buch über Fasch vgl. Wilhelm Bode, Die Tonkunst in Goethes Leben, Bd.1, Berlin 1912, S.236.

[9] Im Januar 1818 nimmt Goethe die Biographie abermals zur Hand und meldet an Zelter, er habe sie »auf einen Sitz, mit großer Erbauung« gelesen (524). Vgl. dazu auch Zelters Brief vom 25.8.1825, mit der Schilderung einer Gedenkveranstaltung zum 25. Todestag Faschs.

Verstorbene wieder lebendig werden – die Briefe erzählen vom Angedenken und sie praktizieren es, indem sie ihm oft eine literarische Form geben. Was Zelter allein in bezug auf Schiller leistet, wird noch zur Sprache kommen. An dieser Stelle geht es nur darum zu zeigen, daß Goethe mit seinem Dornburger Brief eine besondere Art des Nachrufs an einen schickt, der die Erinnerung an Tote zu einem festen Bestandteil seines Lebens gemacht hat und ihnen damit selbst wieder Leben verleiht.

So überrascht es nicht, daß Zelter für Goethe in Perioden schwerer Verluste ein erbetener und willkommener Gast ist. Dreimal wirkt Zelters Besuch tröstend,[10] ja heilsam, als Goethe mit der Trauer auch psychophysische Krankheitssymptome entwickelt.[11] Nach Schillers Tod kommt Zelter nach Lauchstädt, nach dem Tod Christianes ist er in Weimar. Als 1830 die Nachricht vom Tod des Sohnes Goethe erreicht, schreibt Alwine Frommann an Marianne von Willemer: »Alles hofft für ihn [Goethe], daß Zelter kommt.«[12] Im Herbst 1823 stellt Zelter sich zufällig, aber zur rechten Stunde ein, um Goethe in einer sonst offenbar verständnislosen Umgebung über den Abschied von Ulrike von Levetzow hinwegzuhelfen.[13] Goethes Tagebucheintragungen dieser Zeit sind sprechend: »Unterhaltung mit Zelter [...] Die Elegie gelesen und wieder gelesen [...] Sodann mit Zelter die Elegie nochmals gelesen. Nachts in die hinteren Zimmer gezogen. Erstmals wieder im Bette geschlafen«.[14] Goethe ist durch diesen Besuch und durch eine autobiographische Beschäftigung mit dem Jahr 1802 veranlaßt, über die Bewährung der Freundschaft von ihrem Anfang bis in die Gegenwart nachzudenken und schreibt am 9. Januar 1824 an Zelter:

> Um mich über die Zustände von 1802 aufzuklären durchsuchte ich meine Briefhefte jener Tage, und da fand ich von Dir gar schöne, gute, freundlich-gründliche Worte, die sich denn immer noch bis auf die letzte Zeit bewähren. Und so mochte denn auch die Prüfung der bedenklichen Wochen, die wir zusammen zugebracht, dem vieljährigen Gewebe noch einige tüchtige Spannen zufügen! Freud und Leid haben wir in diesen zwanzig Jahren einzeln und zu-

---

[10] Vgl. Zelters Notiz, in: Gespräche, Bd.III,1, S.638.
[11] Über den Zusammenhang von Erkrankungen und verdrängter Trauer bei Goethe vgl. Frank Nager, Der heilkundige Dichter, München Zürich 1990, S.158.
[12] Zit.n. Bode, Die Tonkunst in Goethes Leben, Bd.2, S.284.
[13] Zu Zelters Begegnungen mit Goethe vgl. die Aufstellung in: Johann Friedrich Schottländer (Hg.), Carl Friedrich Zelters Darstellungen seines Lebens (=Schriften der Goetheges. 44), Weimar 1931, S.334.
[14] Tagebuch vom 30.11.1823, WA III, 9, S.149f.

sammen genugsam erlebt und erfahren und so war mir denn auch Deine liebe Gegenwart in meinem peinlichen Zustand abermals höchst erquickend; ich fühle es und weiß es, und es freut mich, daß die anderen es auch anerkennen, die niemals recht begreifen was ein Mensch dem andern sein kann und ist. (774f.)

Zelter tritt im Zeichen einer literarischen Kultur des Angedenkens auf und bewährt sich als Tröster in den größten Krisen der späteren Jahre seines Freundes. Beides ist Goethe bewußt, als er 1824 zum ersten Mal den Briefwechsel als Konvolut in seinem Wert für die Autobiographie, die *Tag- und Jahreshefte*, erkennt. Und diese Erfahrungen mit dem Freund werden ihm genauso wie die Kontinuität des Briefwechsels präsent sein, als er im Jahr 1828 einen Verlust erleidet, der den anderen, mit Zelters heilsamer Gegenwart konnotierten, zu vergleichen ist. Diesmal wird der Freund Goethe nicht besuchen. Aber schon der Dornburger Brief vom 10. Juli löst mit seiner intensiven Schilderung der Lokalität eine Kette lebhafter Vergegenwärtigungen aus. Der Verfasser tut alles, damit seine Situation in Zelters Einbildungskraft erstehe.

Die poetische Sprache, mit der Goethe im Dornburger Brief die Verwandlung von Tod in Leben, von Trauer in Angedenken malt, scheint Zelter allerdings zu überfordern. Die in der Landschaft verborgene Botschaft vom fortdauernden Leben des Herzogs ist in symbolische Worte gefaßt; »und mir erscheint das alles in erhöhteren Farben wie der Regenbogen auf schwarzgrauem Grunde« (H 48). Goethe spricht weiter unten selbst von einem ihm »verliehenen Symbol«, Zelter jedoch geht an keiner Stelle auf diese Symbolik ein.

Gerade die Formulierung vom »Regenbogen auf schwarzgrauem Grunde«, die für Schöne so zentral ist, daß er sie zur Überschrift seines Aufsatzes gemacht hat, erinnert aber an eine verwandte aus einem viel früheren Brief. Es handelt sich um jenen bedeutenden vom 3. Dezember 1812, mit dem Goethe auf Zelters Nachricht vom Selbstmord seines Stiefsohns antwortet.[15] Das unvermittelte und in diesem Briefwechsel zum ersten Mal gebrauchte Du gleich am Anfang und die eingefügte Anrede – schon die ersten fünf Worte signalisieren ein Äußerstes an Zuwendung und Aneignung des frem-

---

[15] Zu diesem Brief gibt es einen Aufsatz von Joachim Müller, meines Wissens der einzige, der eine Analyse der einzelnen Texte im Kontext des Briefwechsels versucht. J.M., Drei Briefe Goethes an Zelter. Taedium vitae und fortdauerndes Leben. Eine Kommentierung im Kontext beider Briefwechsel, in: Zeitschrift für Germanistik 1 (1980), S.166–182.

den Leids: »Dein Brief, mein geliebter Freund, der mir das große Unheil meldet, welches Deinem Hause widerfahren, hat mich sehr gedrückt, ja gebeugt, denn er traf mich in sehr ernsten Betrachtungen über das Leben, und ich habe mich nur an Dir selbst wieder aufgerichtet.« Weiter heißt es aber: »Du hast Dich auf dem schwarzen Probiersteine des Todes als ein echtes geläutertes Gold aufgestrichen. Wie herrlich ist ein Charakter, wenn er so von Geist und Seele durchdrungen ist, und wie schön muß ein Talent sein, das auf einem solchen Grunde ruht!« (294)

In beiden Briefen, dem von 1828 und dem von 1812, ist Goethe mit Todesgedanken befaßt. Ihnen setzt er einmal das Leben in den Werken eines Verstorbenen entgegen, das andere Mal den Wert eines Freundes, der dem Tod in der nächsten Umgebung mit Trauer und Angst, aber auch mit Mut und Würde begegnet.[16] In den Worten »ich habe mich nur an Dir selbst wieder aufgerichtet« ist es angedeutet, der Briefwechsel aber belegt es immer wieder – Zelters Widerstandskraft gegen den Tod vermag es, einen Teil von Goethes eigener Angst zu beschwichtigen; der Freund wird ihm zum Inbegriff fortdauernden Lebens. Aus diesem Grunde ist Goethe, der sich sonst dem Phänomen des Todes ängstlich verschließt, für die zahlreichen Trauerbotschaften Zelters aufgeschlossen[17] und wird in Kondolenzbriefen an diesen Mann beredt.[18] Er versucht sich etwas anzueignen, was in dem Freund verkörpert ist: einen – man kann es nicht anders sagen – vitalen, lebensvollen Umgang mit dem Tod.

Die Farbsymbolik des Briefes vom Dezember 1812 bringt dies zum Ausdruck. Sie ist, obwohl der Alchemie und nicht der Meteorologie entlehnt, mit der Symbolik des viel späteren Briefes vergleichbar. Die Verwandtschaft der Bilder im Kontrast von schwarzem Tod und davon sich farbig abhebendem Leben ist bezeichnend. Sie weist darauf hin, daß Goethe mit dem Adressaten des Dornburger Briefes

---

[16] Vgl. die Tagebucheintragung F.v. Müllers vom 16.12.1812: »Zelters Großheit und tiefe Schmerzerfassung bei dem Selbstmord seines Sohnes, frei von aller kleinlichen Sentimentalität, strich er [Goethe] ungemein heraus« (Gespräche, Bd.II, S.755).
[17] Vgl. Peter Boerner, Musikalisches, märkische Rübchen und sehr ernste Betrachtungen über das Leben. Goethe korrespondiert mit Carl Friedrich Zelter, in: JbFDH 1989, S.127–146. Boerner nennt es bemerkenswert, wie Goethe in diesem Briefwechsel seine notorische Zurückhaltung gegenüber dem Thema des Todes aufgibt (S.139).
[18] Die Anthologie von Meuer, »Abschied und Übergang« kommt daher nicht an dem Briefwechsel vorbei.

einen lebensweltlichen Raum evoziert, der die Inhalte seines Briefes bestätigen kann. Während die kunstvolle Prosa das Weiterleben des Herzogs in der kultivierten Natur symbolisch darstellt, manifestiert der Brief als Medium praktischen Verhaltens Goethes Integration in einen sozialen und biographischen Zusammenhang. Er setzt ein langjähriges Gespräch der beiden Alten fort, in welchem sie sich zum wiederholten Male angesichts des Todes solidarisieren. Die Wiederkehr der Farbsymbolik in beiden Briefen ist ein Zeichen, kein Beweis für den behaupteten Zusammenhang von inhaltlicher und lebensweltlicher Funktion. Für den Leser ist sie aufschlußreich; aber weder für Goethe noch für Zelter wird im Juli 1828 der sechzehn Jahre ältere Brief mit seiner Bildlichkeit präsent gewesen sein. Und doch war gerade in jenen Jahren ein erneuter Eindruck von den älteren Briefen entstanden. Seit 1825 beschäftigte Goethe John und Riemer mit ihrer Abschrift und Durchsicht und besonders 1826 und 1827 kamen den Autoren die früheren Jahrgänge der »Zelterischen Correspondenz«[19] wieder vor Augen. Mit ihnen die nicht abreißende Kette von Todesfällen, die vor allem auf Zelters Seite zu beklagen sind: der Tod seiner Mutter, seiner zweiten Frau, zweier Schwestern, zweier Töchter und dreier Söhne – um nur die nächsten Verwandten zu nennen. Schillers und Christianes Tod und ihre Bedeutung für die Freundschaft wurden bereits erwähnt. Die erneute Lektüre und die Anforderungen der Abschrift und Redaktion vergegenwärtigen nun die oft traurigen Anlässe der Briefe und intensivieren die Korrespondenz auf beiden Seiten. Da inzwischen die Veröffentlichung eine beschlossene Sache ist, begibt sich auch Goethe häufiger und mit größerem Engagement zum Diktat. Wenn die schöne Prosa des Dornburger Briefes den Freund sucht und ein Verhalten ausdrückt, so motiviert das »vieljährige Gewebe« (9. Januar 1824) des Verhältnisses zum Fortschreiben des Briefwechsels, der zu diesem Zeitpunkt bereits ein Werk ist. Freundschaft und literarischer Text rufen sich wechselseitig hervor.

Zelters Anteil an diesem Brief ist also gesichert, lange bevor er ihn in Händen hält und liest. Was nun sein Verständnis dieses Textes betrifft, so hat Schöne wohl recht: Die Symbolik scheint er nicht zu verstehen, jedenfalls äußert er sich nicht dazu.[20] Ja, er schreibt gar

---

[19] So nennt Goethe den Briefwechsel und die damit verbundenen Arbeiten in den Tagebüchern dieser Jahre.
[20] Schöne, »Regenbogen«, S.22.

nichts zum Tode des Fürsten (ein Beileidsschreiben war allerdings schon früher nach Weimar gegangen).[21] Zelter ist ganz bestimmt nicht der ideale Leser des literarischen Textes, den dieser Brief darstellt. Trotzdem liest und versteht er etwas und formuliert es in einer Weise, von der Goethe sich offensichtlich angesprochen fühlt. Um es vorwegzunehmen – die Kommunikation scheitert nicht an Zelters mangelnder Interpretationskunst, sie entwickelt sich vielmehr gerade in diesen Wochen sehr intensiv und gut. Ich beschränke mich in der Darstellung auf diejenigen Fäden, die von Goethes Schreiben vom 10. Juli im Briefwechsel weitergesponnen werden. Zahlreiche Themen (Lektüren, Musikalisches, Gesellschaftliches) werden nicht zur Sprache kommen können, obwohl sie in den Briefen auch ihre Rolle spielen.

Vorab ist zu klären, daß Zelter auf Goethes Brief nicht *eine* Antwort verfaßt, sondern drei, am 15., 19. und 22. Juli. Als Goethe am 26. Juli wieder von Dornburg nach Berlin schreibt, kann er sagen: »Drei Deiner Briefe liegen nun vor mir« (H 52). Es sind ein noch früherer vom 8. Juli und zwei der genannten. Der dritte, vom 22., wird eintreffen, während Goethe noch mit dem Diktat seiner Antwort beschäftigt ist. Verschiebungen ergeben sich im Briefwechsel oft, weil nicht alternierend geschrieben wird und vor allem Zelter sich häufiger meldet. Im Sommer 1828 kommt es zu zusätzlichen Verzögerungen, denn Goethes Post wird auf dem Umweg über Weimar befördert.

Zwei von Zelters Antworten gehen nun auf Goethes Beschreibung der Dornburger Landschaft in ähnlichen Wendungen ein. Man kann dies als Redundanz, als Zerstreutheit interpretieren. Ich neige eher dazu, es zusammen mit den kurzen Abständen zwischen den Briefen als Zeichen für die starke Emotionalität der Auseinandersetzung mit Goethes Brief aufzufassen.

Der erste Brief beginnt wie folgt: »Dein liebes Schreiben aus Dornburg vom 10. dieses ist mir ein recht ersehntes Geschenk geworden, wie ich seit einigen Wochen durch allerlei Wirrwarr mich selbst nicht zu finden wußte und vergesse, was ich eben gewollt oder gesucht habe« (H 49). Die Situation ist außerordentlich charakteristisch für das Verhältnis. Goethes Brief scheint Zelter für den Augenblick aus der Bedrängtheit tagtäglicher Anforderungen zu befreien und zur Besinnung einzuladen. Das »liebe Schreiben« erlaubt

---

[21] 17.6.1828 (H 45).

es ihm, aus dem »Wirrwarr« herauszutreten und damit zugleich auf den Freund zuzugehen. Die dankbare Aufnahme des Briefes äußert sich augenblicklich als erwiderte Zuwendung. Noch deutlicher ist im zweiten Absatz die unmittelbare Umwandlung erhaltener in erwiderte Sympathie. Die Rede kommt auf die Landschaft:

> Die Beschreibung Deines Aufenthaltes in Dornburg ist so anziehend, daß ich mich gleich aufmachen möchte, Dich daselbst aufzusuchen, wenn ich nicht eben von mehren Seiten festgehalten wäre, da ich wieder allein tue, was ich allein angefangen habe; denn alles fliegt auf Reisen und Schnellposten umher. (H 49)

Die Antwort sieht Dornburg nicht als symbolische Landschaft, sondern als Sommerfrische, eine Sicht, die Goethes Schreiben vollkommen zuläßt. Zelters Briefkunst äußert sich nun darin, daß er mit der Beschwörung des anziehend beschriebenen Aufenthaltes die Belange beider Freunde wieder engstmöglich zusammenführt. Der Schreibende wünscht sich nach Dornburg, um den Berliner Alltagssorgen entgehen *und* um dem Freunde nahe sein zu können. Der dritte Abschnitt, der nun näher auf die Landschaft eingeht, vestärkt noch einmal die Gemeinsamkeit, indem er sie in der Vergangenheit verankert: »Es sollte mich wundern, wenn ich Dir nicht öfter als einmal gesagt oder geschrieben hätte, welche herzliche Neigung sich in mir vom ersten Winteranblicke an zu der Gegend zwischen Naumburg und Jena wach erhalten hat, und nun kommt mir von daher ein Blatt von Dir.« (H 49). Der noch lebendige Eindruck erleichtert Zelter in Berlin die Vergegenwärtigung der Situation des Freundes und bestätigt die gemeinsame Vorliebe für die Gegend. Damit ist aber nicht allein eine punktuelle Übereinstimmung ausgesprochen. Es geht um die Geschichte dieser Freundschaft. Schon die Berufung auf die wiederholte Verständigung über das Saaletal deutet auf die Verläßlichkeit und Dauer des Verhältnisses hin. Anspielungsreich ist aber vor allem der Hinweis auf den »ersten Winteranblick«. Mit dem Saaletal ist nämlich in Zelter die Erinnerung an seine Reise vom Februar 1802 wachgeworden; und diese nun sechsundzwanzig Jahre zurückliegende Reise galt der ersten Begegnung mit Goethe, zunächst und vor allem aber einem Besuch bei Schiller. Zwischen den Zeilen erinnert der Brief also an einen längst Verstorbenen, der eine persönliche Verbindung zwischen ihnen darstellte, als sie noch nicht einmal miteinander korrespondierten, und an den Beginn ihrer Freundschaft. Tatsächlich hatte Zelter auch schon in einem Reisebericht vom 27. Dezember 1823, unmittelbar nach seinem für Goethe so wichtigen Besuch in Weimar geschrieben:

> Als ich das erste Mal zu Dir nach Weimar kam, hatte ich meinen Weg über Jena genommen. Es war im strengen Winter und die Winterlandschaft zwischen Naumburg und Jena setzte mich in den größten Affekt. Die nämliche Wirkung ist auch dies mal wieder erfolgt, als wenn ich mein Leben lang so etwas Schönes nicht gesehen hätte. Diese Felsen mit frischem Schnee gepudert; das Tal unten, da aus der leichten weißen Decke frische Grasspitzen hervorlächeln; von oben ein mächtiges Sonnenlicht aus Tropfen des Taues zurück strahlend; ruhige Temperatur der Atmosphäre; Gesellschaft einer Flasche Madera welche mir die treffliche Frommann eingelegt hatte; kein Vogel, kein Wurm zu sehn und ich der Einzige voll und durch und durch Genießende solcher mächtigen Gabe – so bin ich in weniger denn 6 Stunden nach Naumburg gekommen, da ich mir noch vor Abend die Domkirche betrachten konnte. (778)

Vielleicht war für Goethe diese Verknüpfung von Freundschaft und Saaletal, auf die Zelter am 15. Juli 1828 zurückkommt, noch nicht gleich offensichtlich, aber spätere Briefe ziehen die in diesem Schreiben versteckten Bedeutungen an die Oberfläche.

Vorerst ist aber kurz der zweite Antwortbrief Zelters vom 19. Juli zu nennen, der auf die andere Thematik von Goethes Brief, die Auslandskorrespondenz in naturwissenschaftlichen Fragen, eingeht. In diesem Brief heißt es verstärkend: »Die reizende Beschreibung Deines jetzigen Aufenthaltes bestätigt abermalen meinen reinen, längst bewahrten Wohlgefallen an dieser Gegend; ich wüßte nicht mit Worten zu sagen, mit welchem Respekt ich noch ganz zuletzt die schroffen Bergspitzen von Jena aus angeschaut habe.« (H 50f.) Diesmal bezieht sich Zelter also auf seinen letzten Besuch in Weimar im Oktober 1827.

Den dritten Brief lasse ich zunächst beiseite und komme auf Goethes Antwort zu sprechen. Sie ist umfangreicher als die drei Zelter-Briefe, denen sie gilt. Dazu kommt eine Nachschrift, mit der auf den inzwischen eintreffenden Brief vom 22. reagiert wird, und die gut dreimal so lang ist wie dieser.

Goethe hat sehr wohl verstanden, was Zelter meint. Die Landschaft des Saaletals ist ein willkommener Anlaß, um sich brieflich auch ohne triftigen Grund auszutauschen und die Freundschaft zu pflegen, sie ist ein hin und zurück gereichtes, mehrfach umgewendetes Bild für die Dauer der Freundschaft. Goethe gibt eine erneute Schilderung Dornburgs und schreibt: »Ich erinnere mich recht gut, daß Du mir von Deinem Entzücken über das Saaletal von Naumburg bis Jena mitteiltest, auch gedenk' ich Deiner vom Anfang an im besten« (H 52). Ob mit »Anfang« der Beginn der Freundschaft gemeint ist, ist nicht ganz klar, aber auch nicht ausgeschlossen. In jedem Fall versucht Goethe, den biographischen Gehalt der Landschaft für Zelter wiederzubeleben und gleichzeitig ihre psychologische Bedeutung für die Freundschaft zu verstärken:

> Ein Kupferblatt lege Dir bei, das ich nicht rühmen will, das aber doch mehr als alle Beschreibung einen schnellen Begriff gibt. Die Unterschriften, bezüglich auf die oberen Buchstaben, geben Dir die nötige Andeutung. Dein Freund aber diktiert Gegenwärtiges hinter den letzten, ins Unsichtbare verschwindenden Fenstern des kleinen Schlößchens am letzten Felsende linker Hand; es ist eben dies von der Herrschaft erst kurz akquirierte Privaterblehngut.
> Weiter gehen nun aber meine Kräfte nicht, Dich mir näherzubringen, und so vollführe, was noch zu wünschen ist, durch Neigung und Einbildungskraft. Es gibt noch schönere Darstellungen von Dornburg, die aber jetzt nicht in meinem Bereich sind. (H 53)

Goethes Antwort geht mit viel Aufmerksamkeit auf Zelters Briefe ein. Dieser wünschte sich, nach Dornburg zu kommen, wurde aber durch seinen Zustand daran gehindert. Goethe tröstet über die Unmöglichkeit der Reise, indem er den Freund in Text und Bild zu sich versetzt. Ihm scheint aber auch sehr daran gelegen, daß eine genaue Vorstellung von seiner eigenen Situation entsteht.[22] Der Satz, der am eindringlichsten die räumliche und zeitliche Trennung zu überwinden sucht und daher die Paradoxie der Briefform ausschöpft, ist zugleich eine szenische Darstellung des Briefeschreibens selbst: »Dein Freund [...] diktiert Gegenwärtiges hinter den letzten [...] Fenstern des kleinen Schlößchens [...] linker Hand« (H 53). »Gegenwärtiges« ist hier keine Kanzleisprache,[23] sondern die Semantik, die Dornburg und Berlin, das Datum des Schreibens und des Lesens, Absender und Empfänger zusammenzieht.

Läßt sich dieses Spiel der Vergegenwärtigungen noch fortsetzen oder gar steigern? Zelter kann es. Er schreibt postwendend:

> Schönen Dank für das angenehme Kupferblatt, das Du mir nicht zu rühmen brauchst. Unten an der Brücke sehe ich das Wirtshaus, wo ich im Winter

---

[22] Darin sehr ähnlich ist Goethes Brief an Zelter vom 16.2.1818, in dem ein Jenaer Aufenthalt hoch über der Saale, die Atmosphäre der Abgeschiedenheit, die intensive Arbeit (v.a. meteorologische Studien!) geschildert sind.
[23] Als Charakteristikum vor allem der späten Epistolographie bezeichnet Erich Trunz den Kanzleistil (Goethes Altersstil, in: E.T., Ein Tag aus Goethes Leben. Acht Studien zu Leben und Werk, München 1990, S.139–146, S.143).

Diesen Kupferstich von J.W.C. Roux schnitt Goethe aus einem Werk über Dornburg heraus und schickte ihn mit seinem Brief vom 16. Juli 1828 an Zelter.

1801[/1802] mittags, hungrig wie ein Wolf, eintrat und gutes Essen fand. Ich ließ mir einen Tisch ans Fenster setzen, und indem meine Kinnbacken und Zähne in emsiger Arbeit waren, spazierte mein Augenpaar auf dem wohlbeleuchteten Felsen umher. Hätte ich damals erraten, was ich nimmermehr erhofft habe und nun so vollauf genieße – doch still, mein Herz, du sollst nicht prahlen! Unsre Götter aber sind die rechten, und das ist wieder gut. (H 57)

Der Kupferstich bannt Goethes Wohnung im Sommer 1828 und Zelters Quartier im Februar 1802 auf eine kleine Fläche. Das Bild aktiviert die biographische Konnotation der Saalelandschaft erneut und setzt Zelters Begabung für szenische Schilderungen frei. Die Unterschiede zu Goethes Brief sind dabei charakteristisch. Goethe vergegenwärtigt vor allem die Landschaft, sich selbst nur, soweit er in ihr ist (»Dein Freund diktiert hinter dem Fenster«). Zelter dagegen verkörpert sich mit Wolfshunger, Kinnbacken, Zähnen und spazierendem Augenpaar; die Landschaft, der »wohlbeleuchtete Felsen«, kommt danach, völlig der physischen Person zugeordnet (im Brief vom Dezember 1823 bildeten Saaletal und Madera *einen* Genuß). Das Entscheidende aber ist, daß der eine Freund seinen Blick von Haus zu Haus auf dem Kupferblatt, der andere von Fenster zu Fenster in Dornburg senden kann. Der beiden Freunden gemeinsame Raum und die vier Ränder des Stiches sind darüber hinaus der Rahmen, der Erinnerung und Gegenwart umfaßt, eine Spanne von sechsundzwanzig Jahren, die zugleich Jahre gewachsener Freundschaft sind. Über der gefeierten Dauer der Verbindung und der Erinnerung an jene Reise, die sie begründen sollte, vergißt nun Zelter auch das Nächstliegende nicht. Vom Wolfshunger des Wanderers kommt die Rede wie selbstverständlich auf den Dornburger Koch, der Goethes Lob gefunden hatte, von der Vergangenheit zur Gegenwart, und der Brief ersetzt das gemeinsame Essen: »Vor allem soll doch Dein Kastellan-Koch gelobt sein; ich beneide ihn, daß er Deinen Beifall hat, ohne daß ich mitspeisen kann« (H 58).[24]

Goethes Antwort vom 9. August 1828 läßt sich erneut auf das Wechselspiel der Vergegenwärtigungen ein, wobei immer deutlicher wird, daß es wie um seiner selbst, um der Pflege von Freundschaft

---

[24] Ein Jahr später kann das Versäumte nachgeholt werden. Bei einem gemeinsamen Ausflug von Weimar nach Dornburg im September 1829 lassen es sich die Herren schmecken, wie der »Kastellan-Koch« Karl August Christian Sckell selbst bezeugt (Gespräche, Bd.III,2, S.519).

und Briefwechsel willen geschieht.[25] Wieder schildert Goethe die Landschaft und schreibt weiter unten: »Blicke Du immer wieder einmal auf dem Kupferstiche nach dem letzten winzigen Schlößlein links und nimm es gut auf, daß der Freund, von böslichem Regen umsaust, seine Gedanken zu Dir wendet« (H 62). Und nach einer neuerlichen Beschreibung der Landschaft im Regen kommt der Gruß, ein Appell zur Fortsetzung des Briefwechsels und erneute Beschwörung eines gemeinsamen Dornburg:

> Lebe wohl mitten unter Menschen, Tönen, Geschäften und Zerstreuungen, gedenke mein! nimm irgendeine Gelegenheit beim Flittig und nötige ihr ein gutes Blatt ab. Sende nur immer nach Weimar, ob ich gleich von hier noch nicht wegzugehen gedenke; denn wo soll ich soviel Aussicht und Einsicht sogleich wiederfinden? Wenn ich hinunter nach dem Schieferhofe sehe, gedenke ich Dein, das Fensterchen erblickend, woran Du magst vor Zeiten gesessen haben. (H 62)

Am 26. August 1828 schickt Goethe sein Gedicht *Dem aufgehenden Vollmonde* zur Vertonung an Zelter. Inspiriert von der vielfach beschriebenen und beschworenen Landschaft, setzt sich die Zusammenarbeit zwischen Dichter und Komponist fort. Damit ist die Natursymbolik, die von dem Fortleben des verstorbenen Herzogs sprach und als Landschaftsschilderung immer mehr in die Psychologie und Praxis der Korrespondenz überging, in einer weiteren Funktion vorgeführt, als Grundlage gemeinsamer künstlerischer Produktion.

Noch ein Faden, der sich von der Symbolik des ersten Briefes aus durch die Korrespondenz dieser Zeit des Dornburger Aufenthaltes zieht und der das zugleich soziale und literarische Spiel der beiden Alten um eine Variation ergänzt, bleibt zu verfolgen. Nichts könnte banaler sein als ein Gespräch über das Wetter, und daß es in der Brieffreundschaft dieser Wochen eine so große Rolle spielt, beweist einmal mehr, wie wenig diese Briefe eigentlich thematisieren, wie viel sie dagegen performieren.

Der zweite Teil des Briefes vom 10. Juli erzählt von Goethes erneuter Beschäftigung mit den Naturwissenschaften. Zelter kann nicht wissen, daß es vor allem die Meteorologie ist, die von der hohen

---

[25] Die Hamburger Briefausgabe nennt die bis zur Ermüdung des Lesers gehende Pflege des Briefwechsels um seiner selbst willen als Charakteristikum des Zelterbriefwechsels. Sofern sie eine Qualität der Epistolographie darstellt, ist sie auch und vor allem Zelters Verdienst. Vgl. HA, Briefe, Bd.2., S.630.

Warte der Dornburger Schlösser aus betrieben wird. In seiner dritten Antwort vom 22. Juli erwähnt er aber einen sintflutartigen Wolkenbruch. Als das Schreiben Goethe erreicht, weckt diese Bemerkung sofort sein Interesse. Er schildert ein Unwetter, das er am 20. Juli in der Nähe von Jena erlebt hat, und versichert voller Befriedigung: »Ich habe nach meiner Himmelskenntnis gewaltige Wasserströme für diesen Sommer verkündigt, und ich fürchte, es wird noch schlimmer« (H 55). Tatsächlich kommt es, wie von Goethe prophezeit: Es regnet in Dornburg, es regnet in Berlin. Goethes Brief vom 9. August, in dem er sich als von »böslichem Regen umsaust« beschreibt, wurde schon zitiert. Zelter gesteht Mitte August, den eindrucksvollen Regenlandschaften Goethes nichts entgegensetzen zu können, doch was er schreibt, ist in seiner Art exquisit:

> Zum Ersatze der schönen Aussicht und Einsicht, welche Dir die tolle Witterung veranlaßt, und Deiner appetitlichen Beschreibung davon hätte ich Dir gern ein Gegenstück von hieraus zu kosten gegeben. Es fehlt mir die Laune, und um mich sieht es ganz niederträchtig aus. Die schönsten Regenbogen müßten in die Wäsche gegeben werden. Die Stadt ist Ein großes Dach, man sieht nichts als Regenschirme. Stolze Gossen wallen wie Ströme, reißen wohl auch irgendein Wischchen mit sich, und hört's auf einen Augenblick auf stark zu regnen, so stellen sie Charakter vor und fließen eigensinnig – gar nicht. Die Chausseen sind Kotlager. Nur mein eingesäetes Grasplätzchen vor meiner Türe auf dem schlechtesten aufgefüllten Schuttboden floriert so heiter und bescheiden durch den vielen Regen, daß die Blumen und Blüten nicht weniger werden wollen und sich selber zu regenrieren[26] scheinen; ja die mutwillige Witterung selbst hält mutwillige Hände zurück, sie mir abzureißen, da sie Tag und Nacht an der Straße freistehn.
> Die Post geht ab. Lebe wohl und schreib ja fleißig!
> Dein Ewigster. (H 65)

Statt »Regenbogen auf schwarzgrauem Grunde« Regenbogen, »die in die Wäsche gegeben werden« müßten; das schöne Schauspiel der Witterung auf dem Land bei Goethe, das Widerspiel von städtischer Zivilisation und eingezwängter Natur bei Zelter; ein wetterkundiger Blick über die blühende Landschaft in Dornburg und in Berlin die Freude über eine kleine Blumeninsel mitten im Chaos. Die jeweilige Begabung und der persönliche Stil erschließen sich aus den entgegengesetzten und doch korrespondierenden Schilderungen des Regens. Sie sind aber noch mehr, nämlich vollkommene Bilder der Lebenssituation der beiden Freunde: Freier Überblick bei Goethe und

---

[26] Hecker ergänzt: »regen[e]rieren«.

bei Zelter die humoristische Buntheit einer Flora, die unter widrigen Bedingungen sich stets regeneriert.

Goethe bleibt am 26. August beim Thema des Regens, wobei er sich zunehmend meteorologisch ausdrückt. Zelter dagegen am 29. August: »Dein Regenwetter, mein respektabler Prophete, fängt mir deutlich an lästig zu werden; es nimmt kein Ende und stürzt in immer dichtern Massen von seiner Höhe herab« (H 68). Was dem einen Gegenstand naturwissenschaftlicher Beobachtung, ist dem anderen schlechtes Wetter. Eine für Goethes Geburtstag geplante Landpartie fällt, wie auch schon Anfang August die »Illuminationen« zur Geburtstagsfeier des Königs, ins Wasser. Aber auch Zelter hat als Experte etwas zur Witterung zu sagen und kann befriedigt feststellen, daß der Regen dem Baumeister so recht gibt wie dem Wetterpropheten. Ein Treibhaus, von Zelter solide gebaut, erweist sich nach einem extravaganten Umbau als »eine Summe von Wasserlöchern [...]. Und alle Gärtner finden mein Haus, wie es sein muß. Sela« (H 71). Inzwischen aber ist auch Goethes Brief vom 26. mit seiner meteorologischen Betrachtung angekommen und bringt Zelter auf eine Idee: »Um endlich noch einmal auf die wüste Witterung zu kommen: laß mich doch einsehn, wie Du die Sache siehst, und schreibe etwas auf, ich bin gewiß nicht der letzte der Deinen Gedanken faßt.« (H 70).

Die Bitte ist bei weitem nicht die einzige dieser Art im Briefwechsel. Zelter scheut sich niemals, mit seiner Unkenntnis an Goethe heranzutreten, vielmehr vertraut er seine Wißbegier immer wieder der Geduld des Freundes an.[27] Nicht jedes Mal nimmt sich Goethe Zeit zu antworten, und es kommt auch vor, daß Zelter nicht in der Lage ist, alles aufzufassen; aber auch Goethe, der oft um musikologische Aufschlüsse bittet, kann den Ausführungen des Experten nicht immer in allen Punkten folgen. Es mindert die Bedeutungen dieser »Fachgespräche« nicht. Jeder läßt den anderen an den eigenen Erfahrungsgebieten teilnehmen und erschließt sie ihm, so

---

[27] »Was war Byzanz? Wo war es? – Kannst Du mir nach Deiner und meiner Art in kurzen oder wenigen Worten Aufschluß geben; so laß Dich meine Unwissenheit nicht verdrießen und belehre mich. Alles Vorige und Folgende ist mir so klar und gerecht und hinlänglich, daß ich mich schämen würde, das Geringste nicht zu wissen, wenn es von mir zu verlangen wäre, da ich es an Arbeit und Nachdenken nicht habe fehlen lassen, was jedoch alles nicht hinreicht wenn man keine einsichtige Vor- und Mitarbeiter hat.« Brief vom 1.8.1816 (445). Goethes Antwort läßt keine Wünsche offen.

gut es eben geht. Die Belehrung erschöpft sich nicht in der informativen Darstellung der Sache, sie ermutigt dazu, sich weitere Bereiche des Lebens anzueignen und Defizite der Erziehung und einer spezialisierten Existenz auszugleichen, wobei es nicht auf Professionalität ankommt. Jede Individualität ist ergänzungsbedürftig, in ihrem Wissen und in ihrem sozialen Dasein. Darum gibt Goethe auch meist beides in einem: Belehrung und Zuwendung; in diesem Fall läßt er Zelter teilnehmen an der Wetterkunde und an einem Stück seines eigenen Lebens. Er schreibt, noch immer aus Dornburg: »Du hast, mein Teuerster, gar oft mir zuliebe die Feder angesetzt, und ich will auf Dein Verlangen wohl einen Versuch wagen, den Du wünschest« (H 71). Und nun folgt auf gut vier Druckseiten eine Einführung in die Meteorologie, die zugleich wissenschaftliche Abhandlung, Autobiographie und Kunstwerk ist, nicht zuletzt aber ein Mittel freundschaftlichen Verhaltens. Die außerordentlichen Qualitäten dieses Textes sind vielleicht ohne die Banalität der Unterhaltungen über das Wetter, die ihm vorausgehen, genausowenig zu denken wie die symbolische Sprache des Briefes vom 10. Juli ohne den Hintergrund der Freundschaft mit Zelter. Unter anderem heißt es:

> Schaffe Dir ein gutes Barometer an, häng' es neben Dich, vergleiche sein Steigen und Fallen mit der Physiognomie der Atmosphäre, mit der Bewegung der Wolken, und was Dir sonst noch auffallen möchte, gedenke mein dabei, wie ich Dein im Augenblick gedenke, wo, gegen Mittag, endlich der Sonnenschein durchdringt. Die mächtigen wunderbarsten Wolken bilden sich an einem teilweis tiefblauen Himmel und lagern sich umher; noch werden sie von der elastischen Luft getragen und emporgehalten, sänke das Barometer, so stürzten sie nieder. Prächtig fürwahr und furchtbar sind diese Massen, von der Sonne beschienen.
> Nimm aus diesem Allgemeinen und Besondern, was Dich anmuten und Dir brauchbar sein mag; ich hege diese Vorstellungsart nunmehr seit vierzig Jahren und weiß mich auf diese Art mit der Natur in gutes Verhältnis zu setzen; jeder muß freilich am besten wissen, wie er sich das Schwere bequem macht. (H 74)

Dieser Passage fügt Goethe weitere Beobachtungen an, dann ein mehrtägiges meteorologisches Diarium, einen Bericht von der Rückkehr nach Weimar und, um den Bogen zu füllen, eine Reihe von Aphorismen zur Theorie der Naturerkenntnis. Unter das ganze Manuskript setzt Goethe in Klammern »(Verzeihung dieser mehr als zufälligen Mitteilung)« (H 79).

Eine »zufällige Mitteilung«, gewiß, so wie es im Grunde alle Briefe aus der Zeit des Dornburger Aufenthaltes sind. Zufällig, aber nicht willkürlich oder unstrukturiert. Die Struktur erschließt sich freilich nicht von der Regelhaftigkeit einer bestimmten Gattung, eines definierten Diskurses her. Gar sub specie poiesis betrachtet, werden Kontingenzen und Asymmetrien des Textes zur Irritation der Wahrnehmung. Was hier Struktur oder Form ist, bringt sich erst zur Geltung, wenn man es auf lebensweltliche Voraussetzungen und Zwecke bezieht. Gerade aus dieser Perspektive erscheint aber die Form als tendentiell literarisch.

Im Gegensatz zur Interpretation des einzelnen Briefes bringt die Betrachtung des Briefwechsels, in diesem Fall nur einiger seiner Filiationen, den lebensweltlichen Horizont verstärkt zur Ansicht. Selbst was zunächst als überwiegend ästhetische Funktion eines Briefes erschien, entfaltete im Kontext eine zusätzliche pragmatische Bedeutung. Was ist die Landschaft von Dornburg? In Goethes Brief vom 10. Juli 1828 ist sie »ein verliehenes Symbol« für das Fortleben des Herzogs in der kultivierten Natur. Im Briefwechsel, der sich an diesen einen Brief anschließt, verwandelt sie sich mehr und mehr in eine Metapher des fortdauernden Lebens mit Zelter: eine erwünschte Sommerfrische, ein geteilter Eindruck von der Schönheit der Gegend, ihre Evokation als Hintergrund der beginnenden und nun seit so langen Jahren bewährten Bekanntschaft, das Szenario phantasierter Nähe und Gemeinsamkeit, Anlaß für eine erneute Zusammenarbeit von Dichter und Komponist, Schauplatz meteorologischer Beobachtungen zur Belehrung eines Freundes. Die Variationen über die Landschaft von Dornburg führen, je weiter sie fortschreiten, vor, wie wenig es im einzelnen um die Sache geht, wieviel mehr aber um Kommunikation und sprachlichen Ausdruck. Diese beiden — das freundschaftliche Verhalten und die Briefkunst — werden in dem Maße einander angenähert, in dem die Korrespondenz um ihrer selbst willen fortgesetzt erscheint. So bedeutet nun die lebensweltliche Einbindung der Briefe keinen Gegensatz oder gar eine Einschränkung des Literarischen mehr. Sie reichert vielmehr das schon als kunstvoll Erkannte in den Briefen mit zusätzlicher Bedeutung an. Umgekehrt scheinen die sonst vielleicht als störend wahrgenommenen Kontingenzen und Asymmetrien schriftlich in einem Grade umschlossen, daß der Umgang mit den gegebenen Beschränkungen und Ungleichheiten mehr noch als gekonnt — kunstvoll erscheint. Aus einem psychologischen, biographischen, kulturhistorischen Dokument wird progressiv ein literarischer Text, seine »zweckfreie« sprachliche Kunst zunehmend zur sozialen Praxis.

Zelters Humor als Pendant zu Goethes Symbolik

Der Tod ist in diesem Briefwechsel ständig präsent. Von den zahlreichen Todesfällen in Zelters und Goethes Umgebung war die Rede, von der eminenten Bedeutung, die das Andenken an Verstorbene in den Briefen erlangt, von den Widerstandskräften der Weiterlebenden gegen die immer zudringendere Erfahrung der Sterblichkeit. Eine Eigenart der Freundschaft zwischen Goethe und Zelter besteht in der Bewußtheit der Auseinandersetzung mit dem Phänomen des Todes. Diese Bewußtheit wird zur Literatur, wenn es im Brief zur Sinngebung und Stilisierung dieses unergründlichsten aller Zufälle kommt. Der Dornburger Brief vom 10. Juli 1828 ist dafür ein beeindruckendes Beispiel. Die Erörterung im Kontext des Briefwechsels ergänzt seine Poetizität mit Voraussetzungen, Konnotationen und Zwecken, die vor allem im Lebensweltlichen liegen. Deswegen bleibt der Dornburger Brief doch das Kunstwerk, als das Albrecht Schöne ihn beschrieben hat.

Eine bewußte Auseinandersetzung mit dem Tod gibt es aber auch an vielen anderen Stellen des Briefwechsels, dann aber auf sehr unterschiedlichen Niveaus der Darstellung. Will man auch auf diese anderen Briefe den Begriff des Literarischen anwenden, kann nicht in gleicher Weise verfahren werden wie bisher. Im letzten Kapitel wurde ein fraglos poetischer Text im umgebenden Raum geteilter und mitgeteilter Erfahrung situiert, wobei Freundschaft und Briefwechsel, Soziales und Literarisches in ihrem performativen Charakter übereinkamen. In diesem geht es um die Verfolgung einer inhaltlichen und formalen Struktur durch verschiedene Grade der Literarität. Dabei wird sich zeigen, daß noch die vermeintlich unabsichtlichste Artikulation erlebter Zufälligkeit von einem beträchtlichen Ausmaß an Stilisierung und Sinnkonstruktion begleitet sein kann.

Die meisten Beispiele stammen aus Zelters Feder, denn es geht um die humoristische Distanzierung des Todes. In Zelters Briefen ist ohnehin vom Tod häufiger die Rede als in denen Goethes. Dies liegt zum Teil an der größeren Zahl von Todesfällen in Zelters Umfeld,[1] aber auch an der geringeren Scheu, sich mit dem Thema zu befassen. Zwar gibt Goethe dem »geprüften Erdensohn«[2] gegenüber in bezug auf die Thematik seine bekannte Zurückhaltung wiederholt auf, doch kommt er niemals mit solcher Direktheit oder gar Drastik auf das Sterben zu sprechen, mit der Zelter das tut. Der schreibt nämlich nicht nur über Todesfälle im Familien- oder Bekanntenkreis oder in der Gesellschaft, er berichtet auch von Sterbenden und am Leben Bedrohten und gibt eine Reihe von Anekdoten und Scherzen zum Besten, in denen der Tod die Hauptrolle spielt. Der auf beiden Seiten unterschiedliche Umgang mit dem Phänomen der Sterblichkeit bezeichnet die psychologische Individualität der Freunde und darüber hinaus ihre jeweilige Position in der Kulturgeschichte des Todes.[3] Für Zelter ist der Tod durchaus eine alltägliche Erscheinung, was die Intensität seines Erlebens nicht mindert. Während Goethe etwa vor den »düstern Funktionen«[4] des Trauerzeremoniells um Carl August nach Dornburg flieht – Schöne weist auf das Ungeheuerliche dieser Absentierung hin[5] – scheut Zelter die praktischen und rituellen Aspekte der Trauer keineswegs. Als Leiter der Singakademie bringt er Trauermusiken zur Aufführung, bei zahlreichen repräsentativen Anlässen ist er an Veranstaltungen zur Feier und zum Gedenken Verstorbener beteiligt. Aber er vollzieht Rituale des Angedenkens auch dort, wo er sich ins Private zurückziehen könnte, etwa im Falle seiner Frau. Zur Erinnerung an die bekannte Sängerin wird ein Jahr nach ihrem Tod am Tag der heiligen Cäcilie Händels Oratorium gleichen Namens in der Singakademie gegeben und eine Büste Julie Zelters enthüllt. Von dem Plan der Veranstaltung berichtet der Witwer selbst an Goethe.[6]

---

[1] Todesfälle im Familien- und Bekanntenkreis melden Zelters Briefe mit folgendem Datum: 1.4.1803, 18.3.1806, 21.4.1806, 28.7.1810, 10.4.1812, 19.4.1812, 14.9.1812, 15.5.1814, 22.4.1815, 9.3.1816, Sept. 1816, 11.4.1817, 21.6.1818, 22.12.1824, 4.1.1826, 26.7.1826, 12.3.1827, Apr. 1827, 31.5.1828, 30.8.1828, 15.12.1828, 29.1.1829, 5.7.1829, 15.3.1830, Ostern 1830, 17.5.1831, 18.7.1831, 16.11.1831, Jan. 1832, 24.1.1832.
[2] So im Brief Goethes vom 8.6.1816, in dem er den Tod seiner Frau meldet.
[3] Zur kulturgeschichtlichen Entwicklung der Wahrnehmung des Todes im Sinne einer zunehmenden Verinnerlichung bei gleichzeitiger Abstrahierung und Verdrängung der physischen Erfahrung des Todes seit dem 19. Jahrhundert vgl. Philippe Ariès, Geschichte des Todes, München 1980 (frz. Erstausgabe 1978).
[4] Vgl. Goethes Brief vom 10.7.1828 (H 47).
[5] Schöne, »Regenbogen«, S.19.
[6] Brief vom 23.8.1807.

Zelters Auffassung des Todes ist fest im 18. Jahrhundert verwurzelt. Auf das Ableben Angehöriger reagiert er zumeist mit Pragmatismus (Erbschafts- und Versorgungsfragen füllen halbe Briefe) und Gottergebenheit. Bei Goethe dagegen finden sich Abwehr und Verschweigen, die im Umfeld der Epoche eher untypisch sind.[7] Die Psychologisierung der Auseinandersetzung bis hin zur Entwicklung einer »Todesneurose«[8] und die unbedingte Vermeidung des physischen Kontakts mit Toten können als Vorwegnahme charakteristisch moderner Einstellungen gedeutet werden. Dagegen tritt das Konzept von Palingenesie oder Metempsychose bei Goethe historisch durchaus spezifisch im Anschluß an die leibnizsche Monadologie und Herders Entwicklungsdenken auf, womit nur zwei Voraussetzungen genannt sind.[9] Der philosophische Zuschnitt des Todesdenkens in Bildern natürlicher Metamorphose ist allerdings individuell und entfernt sich weit von Praxis und Anschauung der Zeitgenossen und Zelters. Auch wenn beide mit Ritualen des Angedenkens befaßt sind, Zelter mit der Enthüllung einer Büste, Goethe mit der Betrachtung von Schillers Schädel,[10] bleiben diese Unterschiede bestimmend. Im einen Fall ist es psychologische und soziale Konvention, im zweiten Anschauung eines komplexen, eigenwillig ausgedeuteten Symbols.

In bezug auf den Tod haben jedoch Goethe und Zelter eines gemeinsam. Im Trauerfall entwickeln sie unausgesetzte, ja fast hektische Tätigkeit. Sie gilt beiden als Ablenkung und Kompensation und zugleich als Manifestation andauernden und sich auch über die Grenze des eigenen Todes hin fortsetzenden Lebens. In seinem Brief zum Tod von Zelters letztem Sohn Georg vom 19. März 1827 wiederholt Goethe diesen Gedanken und hebt ihn auf ein philosophisches Niveau, kleidet ihn in eine ungemein dichte, fast esoterische Sprache. Es ist die »mystifizierende« Sprache vieler Altersbriefe, die sich auf engstem Raum zugleich auch höchst einfacher, ja, lässiger Mittel bedienen kann.

---

[7] Vgl. Nager, Der heilkundige Dichter, S.157.
[8] Vgl. Gerhard Schmidt, Die Krankheit zum Tode. Goethes Todesneurose, in: Forum der Psychiatrie Nr. 22 (1968).
[9] Zu diesem Komplex gibt es zwei ältere, um nicht zu sagen: veraltete, Untersuchungen: Walther Rehm, Der Todesgedanke in der deutschen Dichtung (DVjS Buchreihe Bd. 14) Halle 1928; Franz Koch, Goethes Stellung zu Tod und Unsterblichkeit (Schriften der Goetheges. 45), Weimar 1932.
[10] Vgl. dazu in diesem Briefwechsel die Briefe vom 24.10.1827 (Goethe) und 28.10.1827 (Zelter).

Was soll der Freund dem Freunde in solchem Falle erwidern! Ein gleiches Unheil schloß uns aufs engste zusammen so daß der Verein nicht inniger werden kann. Gegenwärtiges Unheil läßt uns wie wir sind und das ist schon viel. Das alte Märchen der tausendmal tausend und immer noch einmal einbrechenden Nacht erzählen sich die Parzen unermüdet. Lange leben heißt viele überleben; so klingt das leidige Ritornell unseres vaudevilleartig hinschludernden Lebensganges, es kommt immer wieder an die Reihe, ärgert uns und treibt uns doch wieder zu neuem ernstlichen Streben. Mir erscheint der zunächst mich berührende Personenkreis wie ein Konvolut sibyllinischer Blätter, deren eins nach dem andern von Lebensflammen aufgezehrt in der Luft zerstiebt und dabei den Überbleibenden von Augenblick zu Augenblick höheren Wert verleiht. Wirken wir fort bis wir, vor oder nacheinander, vom Weltgeist berufen in den Äther zurückkehren! Möge dann der ewig Lebendige uns neue Tätigkeiten, denen analog in welchen wir uns schon erprobt, nicht versagen! Fügt er sodann Erinnerung und Nachgefühl des Rechten und Guten was wir hier schon gewollt und geleistet väterlich hinzu; so würden wir gewiß nur desto rascher in die Kämme des Weltgetriebes eingreifen. (981f.)

Und auch das für Goethes Todesdenken charakteristische Konzept der Monade, der Entelechie fehlt nicht in diesem Brief:

Die entelechische Monade muß sich nur in rastloser Tätigkeit erhalten, wird ihr diese zur anderen Natur so kann es ihr in Ewigkeit nicht an Beschäftigung fehlen. Verzeih diese abstrusen Ausdrücke, man hat sich aber von jeher in solche Regionen verloren, in solchen Sprecharten sich mitzuteilen versucht da wo die Vernunft nicht hinreichte und wo man doch die Unvernunft nicht wollte walten lassen. (982)

Dieser Brief wird gerne zitiert, wenn es darum geht, Goethes Auffassung vom Tod und dem Leben nach dem Tode darzulegen. Dabei scheint der Adressat eher zufällig. Aber gerade die Individualität Zelters gab Goethe die plastische Anschauung unerschöpflichen Fortwirkens auch unter größten Widerständen, einer tendentiell unabschließbaren Fortentwicklung. Auch die Stimmung des Befremdens und der Entrückung fast mehr als der Trauer, die mit der zunehmenden Vereinsamung verbunden ist, hat Goethe mit Zelter im hohen Alter gemeinsam. Und was die Konzentration auf rastlose Arbeit betrifft, verfolgen beide Freunde im Todesfall die gleiche Strategie. Man darf sich daher über das Ausmaß der Unterschiede im Verhalten nicht täuschen; wenn Zelter im Briefwechsel den Tod unerschrocken, ja, dreist benennt, so handelt es sich um Abwehr so gut wie bei Goethes Verdrängung. Der eine leugnet durch Besprechen, der andere durch Verschweigen.

Die Irrationalität der Todeserfahrung versucht Zelter immer wieder mit den Mitteln sprachlich erstellter Ordnung, als Autor einzugrenzen. Stringenz und Abgeschlossenheit der Darstellung sollen das Bedrohliche distanzieren; prinzipiell ein Verfahren, das mit Goethes vergleichbar ist. Doch wo dieser überwiegend auf Symbolik zurückgreift, verläßt sich Zelter auf Witz und Ironie. Das Humorvolle der Sprache wird dem Absurden des Todes entgegengestellt. Immer aber geht es um die sprachliche Bewältigung realer Tode. Die zahlreichen Bühnentode oder die fiktiven in den umfangreichen Lektüren des unermüdlichen Theaterbesuchers und Lesers sind für ihn keine Herausforderung. Es sind immer authentische, selbst erlebte oder aus nächster Quelle kolportierte Todesfälle, die Zelter interessieren. Der Schauplatz ist zumeist Berlin, das Personal der weitere Bekanntenkreis; überwiegend mündliche Überlieferung steht zwischen dem Erfahrenen und dem an Goethe Berichteten. Von wem immer Zelter spricht, er spricht von einem Teil seines eigenen Lebens.

Das erste Beispiel bildet den unvermittelten Anfang des Briefes vom 31. Januar 1829:

> Der berühmte Fioccati, der alles zu verkaufen hat, was fremd und teuer ist, lebende Tiere, Löwen und dergleichen Bestien (Du kennst ihn wohl aus der Zeitung), ein liebender Familienvater erwachsener Kinder, dieser macht sich ein unschuldiges Vergnügen außer seiner Frau, fährt nach Potsdam mit seinem Hunde und noch einer Person, die unter dem Namen des "Blumenmädchen" nicht unbekannt ist, besteigt daselbst im Gasthofe bei Stimming eine komfortable Wohnung, läßt sich Holz bringen, um solches selber anzulegen, und am Donnerstag morgen findet man das ganze Trioletto vom Dampfe erstickt. Der Hund wird auf den Mist geworfen; Anstalten, das nebeneinander liegende Paar zu erwecken, sind vergebens, nur der Misthaufen tut seine erwärmende, belebende Wirkung, und der Hund ist gerettet; woraus denn wohl wieder eine neue Kurart entstehen wird. (H 119f.)

Es handelt sich um eine außerordentlich dichte und mit Bravour erzählte Anekdote, die sich leicht aus dem Kontext des Briefwechsels herauslösen ließe. Der Abschnitt bezieht sich nicht auf Vorangegangenes (für seine Kommentierung ist es jedenfalls unerheblich, daß einer von Zelters Schwiegersöhnen am selben Tag wie die unglücklichen Ausflügler gestorben ist; H 115). In der Fortsetzung des Briefes vom 31. ist von der einleitenden Anekdote keine Rede mehr und auch Goethe äußert sich nicht dazu. Nur die Parenthese »Du kennst ihn wohl aus der Zeitung« und die Zeitangabe »am Donnerstag«, die erst im Hinblick auf das Briefdatum »Sonnabend, den 31. Januar

1829« konkret wird, deuten darauf hin, daß es sich hier um den Teil eines Privatbriefes handelt. Zwar ist die Authentizität der Begebenheit durch mehrere Signale hervorgehoben (Name und Berühmtheit der Hauptfigur, Lokalität und Zeit); eine Verbindung des Dargestellten mit der Person des Schreibenden ist aber nicht erkennbar. Der Tod des Paares geht Zelter nicht nahe, soviel steht fest. Und darum ist es vor allem eine Sache des literarischen Spiels und nicht der persönlichen Bewältigung, wenn hier der Tod — freilich ein besonders zufälliger, absurder Tod — in enge Schranken verwiesen wird. Er bildet zwar die in ihrer Knappheit und Unvermitteltheit (mit dem Wort »erstickt« ist alles gesagt) wuchtige Klimax des Textes, doch auch dieses Herausragen des völlig Unerwarteten verstärkt nur den Eindruck souveräner formaler Einbindung.

Die lange Satzperiode ist hervorragend logisch gegliedert und rhythmisiert. Sie übermittelt auf engstem Raum eine Fülle dennoch überschaubarer Informationen und gibt jeder Phase eine eigene Spannung (»ein unschuldiges Vergnügen außer seiner Frau«; »mit seinem Hunde und noch einer Person«). Die ironisch-humoristische Tonlage und das zunehmend abgründige Präsens sind bis zum bitteren Höhepunkt (»das ganze Trioletto vom Dampfe erstickt«) durchgehalten. Folgerichtigkeit, Einheitlichkeit, Ironie und Humor tragen zur Distanzierung des Sterbens bei. Da die Klimax, der Tod, nicht mit der Pointe zusammenfällt, wird der Leser sofort über das Schockierende hinweggezogen und zu einer neuerlichen Steigerung geführt. Der lapidare Hauptsatz »Der Hund wird auf den Mist geworfen« und die daran angeschlossene Periode bieten Atempausen und Nüchternheit nach dem Übermut des Ausflugs, dem Übermut der Erzählung. Schließlich wird aus dem Aufschub der Narration pointierte Verschiebung. Man hält sich desto mehr an die Rettung des Hundes, je weniger aus der »erwärmenden, belebenden Wirkung« des Misthaufens eine »neue Kurart« für diese oder irgendwelche Menschen entstehen kann. Das Futur des letzten Satzes in seiner Gegenstandslosigkeit befreit immerhin vom Zwange des bislang unerbittlichen Präsens.

Was in dieser Anekdote psychologische Bewältigung des Todes sein könnte, läßt sich vollkommen in Begriffen literarästhetischer Interpretation beschreiben. Es sind formale Kriterien, die die entlastende, erheiternde Wirkung hervorbringen, wo das Thema selbst alles andere als komisch ist. Die enorme syntaktische und semantische Dichte, der Reichtum an Mitgemeintem, an überschießender

Bedeutung machen aus dem Geschriebenen ein Kunstwerk und verwandeln die Sinnlosigkeit des Todes in Sinnfülle des Textes. Im Zusammenhang des Briefwechsels werden freilich persönlichere Motive und Zwecke erkennbar, die auch mit dieser scheinbar aus reiner Erzähllaune hervorgegangenen Anekdote verknüpft sind. Bis zum Juli desselben Jahres übermittelt Zelter Goethe zwei weitere Anekdoten mit Todesmotiv, was allein schon zu denken gibt. In den beiden anderen Fällen ist der literarische Text aber mit dem Thema des Briefes und der Person des Verfassers verbunden, so daß das Anekdotische zum Medium expliziter Selbstaussage wird. Das zweite Beispiel stammt gleich aus dem nächsten Brief Zelters vom 21. Februar 1829. Goethe hatte inzwischen noch keine Gelegenheit zu antworten, doch Zelter schreibt nach einigen einleitenden Sätzen:

> Ist mir doch mancherlei Gutes im Leben geworden; was ich brauchen wollte, mußte ich mir selber machen, und wenn das Rechte kommt, werde ich von hinnen müssen, wie Levin Marcus, den ich noch recht gut als Humoristen gekannt habe: er war der Vater der Frau v. Varnhagen. Dieser durchtriebene Geselle läßt sich am Tage seines Todes vom Diener Waschwasser bringen und schilt, daß es kalt ist wie Eis; darauf bringt der Diener siedendheißes Wasser. "Du Ochs! bin ich denn ein Schwein, das du brühen willst?" darauf kommt der Diener wieder und spricht: "Es ist im ganzen Hause kein Tropfen laues Wasser zu bekommen!" Und Levin Marcus lachte laut und verschied. (H 124)

Die Hauptfigur war Zelter persönlich bekannt, und die Anekdote kann direkt an die autobiographische Einleitung anschließen; der Übergang ist allerdings durch den Tempuswechsel markiert, so daß der Levin Marcus aus Zelters Erinnerung nicht ganz identisch mit dem Helden der Anekdote scheint. Nur der letzte Satz kehrt ins Imperfekt zurück, indem er das Lutherdeutsch des Passionsevangeliums ironisch paraphrasiert: »Und Levin Marcus lachte laut und verschied«. Damit ist die Anekdote zugleich wieder an die einleitenden autobiographischen Reflexionen zurückgebunden.

Das Verhältnis von literarischer Kleinform und brieflicher Selbstaussage ist höchst aufschlußreich. Die prägnante Situation illustriert aphoristisch-exemplarisch, was Zelter allgemein in seinem Leben walten sieht; die Analogie geht weit. Was die Welt zu bieten hat, stimmt nicht zum eigenen Bedürfnis, und das Harmonierende kommt zu früh oder zu spät. Das eigene Leben ist also im Zeichen der Heteronomie und des Anachronismus gesehen, gegen die es allerdings ein Mittel gibt: den Humor. Er erleichtert das Leben und macht den Gedanken an den Tod erträglich. Der Tod ist zwar unausweichlich

(»werde ich von hinnen müssen«) und sein Zeitpunkt ungewiß. Doch die anekdotische Einbindung dieses Bedrohlichen verleiht einem ängstlichen Wunsch die Sprache, den treffenden Ausdruck: es möge ein stimmiger Moment, ein souveräner Augenblick sein. Der Brief präsentiert Levin Marcus als Humoristen; sein Humor läßt noch den eigenen Tod in einem Lichte erscheinen, in dem andere ihn anekdotisch präsentieren können; und schließlich gibt der Brief seinen Schreiber selbst als Humoristen aus, insofern er den Humor im Erzählten und den Humor der Erzählform auf die eigene Situation bezieht. Die Verknüpfung der Anekdote mit der Selbstaussage bezeichnet dabei ein Kontinuum von den Absurditäten, die den Alltag bestimmen, bis zur letzten Absurdität des Todes, aber eben auch ein Kontinuum des humoristischen Umgangs mit diesem Absurden. Die alltäglichen Manöver der Lebensbewältigung sind denen der humoristischen Erzählkunst analog.

Schon in dem genannten Beispiel greift der Tod in der Form schmerzlich empfundener Unzeitigkeit tief ins Leben hinein, die endgültig wird, wenn er dem Sterbenden die stets aufgeschobene Erfüllung vieler Wünsche versagt. In einem anderen Brief desselben Jahres 1829, der wieder eine Anekdote mit Todesmotiv zur Unterstützung der Selbstaussage heranzieht, setzt sich der Gedanke fort. Die Grenze des Lebens kündigt sich schon vor dem Tod als Begrenztheit des Alters, als immer wieder vernehmbares Zu spät oder Zu alt an. Zelter schreibt am 28. Juli anläßlich seiner erneuten Virgil-Lektüre in »Vossischer Übersetzung«,

> indem ich leid trage [!] über meine frühere Vernachlässigung des Lateinischen und Griechischen, fällt mir der polnische Jude ein, der in Verzweiflung über den Tod seiner Frau ausrief: "Ich habe mein Weib so lieb gehabt, daß ich sie hätte auffressen können, und nun tut mir's leid, daß ich's nicht getan habe!" (H 178)

Je ausdrücklicher hinter den Grenzen der eigenen Möglichkeiten die Grenze des Lebens ersteht, desto deutlicher wird die psychologische und lebenspraktische Funktion literarischer Stilisierung und humoristischer Auflösung. Die ästhetische Eigenständigkeit der Anekdote besteht nach wie vor, aber sie wird auf eine in allem Ernst erfahrene Lebensverfassung bezogen. Die zitierten Passagen sind im Anekdotischen reflektierte Autobiographik.

Für zahlreiche ähnliche Anekdoten, in denen der Tod nicht eigens thematisiert wird, gilt dies in gleicher Weise. Immer ist die Erfahrung der Zufälligkeit, des Mangels, der Sinnlosigkeit mit der Sinndichte einer Situation oder Begebenheit und ihrer sprachlichen Form kompensiert. Das Lebenspraktische dieses Verfahrens wird erst in der Wiederholung mehrerer Briefe deutlich.

Wie verhält es sich aber mit dem Wechsel von Briefen und welchen Anteil hat oder nimmt Goethe an Zelters Kunst der Anekdote und der humoristischen Todesbeschwörung? Das letzte Kapitel kam zu dem Ergebnis, daß Zelters Nichtverstehen des Symbolischen weder die Kommunikation zum Erliegen bringt noch Goethes Kunst beeinträchtigt. Ist es umgekehrt, wenn die Eigenständigkeit von Zelters Sprache zur Diskussion steht, auch so?

Am 4. März antwortet Goethe auf die Briefe Zelters mit den beiden zuerst vorgeführten Anekdoten um Fioccati und Levin Marcus, kommentiert aber nur die zweite. Den Tod läßt Goethe bezeichnenderweise beiseite und hält sich dafür um so mehr an den Humoristen Zelter.

> Das höchst artige Geschichtchen vom Diener, der im Kopfe nicht zusammenfinden konnte, daß heißes und kaltes Wasser laues hervorbringe, kommt mir gerade zu rechter Zeit. Es hat etwas Ähnliches von den *Irish bulls*, die aus einer wunderlichen Unbehülflichkeit des Geistes hervorkommen und worüber im psychologischen Sinn gar manches zu sagen ist. (H 127)

Goethe gibt nun selber ein (matt erzähltes) Beispiel für einen solchen »bull« und fordert Zelter auf, weitere ihm bekannte mitzuteilen. Goethe befaßt sich also nicht mit der autobiographischen und psychologischen Einbindung der Anekdote in den Brief und koppelt das Gekonnte des Stückchens von den melancholischen Gedanken Zelters ab. Nicht daß ihm die Furcht vor der immer enger bemessenen Lebensfrist, der Vergeblichkeit oder Verspätetheit vieler Bemühungen im Alter fremd wäre. Diese Gefühle äußern sich auf Goethes Seite vor allem in zahlreichen Hinweisen auf die sorgfältige, fast zwanghafte Ökonomie der Zeit und der Kräfte. Vor dem »Außenbleiben« des Sohnes in Italien ist freilich der Tod selten als Motiv des Zeitgeizes so ausdrücklich benannt wie ausnahmsweise am 16. September 1822: »Seit meiner Rückkunft muß ich sehr geschäftig sein, davon denn Dir auch Zeit nach Zeit einiges mitgeteilt wird. Versäume nicht das Gleiche zu tun; die Stunde fällt immer schneller wie der Stein im Fallen« (215f.). Der meist ungenannte Tod verbirgt sich allerdings kaum hinter der häufigen Nennung des Alters, und so kann Zelter mit Goethes Verständnis rechnen, sooft er auf die Begrenztheit des Lebens, aber auch seiner persönlichen Möglichkeiten zu sprechen kommt. Es sind gemeinsame Erfahrungen. Im April 1829 scheint Goethe sich sogar von Zelters Kunst der Anekdote anregen zu lassen, wenn er schreibt: »Mir geht es verhältnismäßig ganz wohl. Die alte Frau von Kotzebue ließ kurz vor ihrem Ende unsrer Frau Großherzogin auf gnädigste Anfrage antworten: achtzig Jahre mögen noch angehen, neunzig aber sei ein schlechter Spaß« (H 138). Die Unterschiede zu Zelters Anekdotik sind dabei offensichtlich: Ein pointiertes Bonmot, gewiß, aus dem unmittelbaren Bekanntenkreis kolportiert, und doch: nichts von der Prägnanz der Situation, von der Drastik der Rede, der Körperlichkeit der Personen, die sich bei Zelter finden. Kurz, es fehlt der eigentümliche Humor, mit dem der Berliner den Tod angeht.

Der Humor bezeichnet den Übergang zwischen literarischer Form und Lebenspraxis genau. Es kann gar nicht bezweifelt werden, daß Zelter im Alltag außergewöhnlichen Humor bewies, hintergründigen und oberflächlichen, prallen und platten, liebenswürdigen und bitterbösen. Die Briefe aber sind Dokumente einer humoristischen Schreibweise. So nah sie oft an der unmittelbar erlebten Situation ist, es handelt sich doch um ein Struktur- und Stilmerkmal schriftlicher Rede. Die Eigentümlichkeit von Zelters brieflicher Rede wird aber von einem lebensweltlichen Datum provoziert. Ohne die Abwesenheit des Freundes sind sie nicht zu denken. Die Imagination seiner Teilhabe ruft die humoristische Bemeisterung des Alltags in den Briefen hervor. So steht die charakteristische Literarität der Zelterschen Briefe zwischen dem Druck des Alltags und dem Sog des fernen Freundes. Das Sinnlose verlangt die Ausstattung mit Sinn, aber erst die Vergegenwärtigung des Abwesenden erzwingt ihre schriftliche Mitteilung. Das Soziale und Psychologische der freundschaftlich-wechselseitigen Spiegelungen weckt die literarische Reflexion. Eine banale Beobachtung vielleicht. Und doch muß daran erinnert werden, daß Zelter seine größten Qualitäten als Schriftsteller beweist, insofern er an Goethe schreibt. Der Briefwechsel ist kein Ort, an dem Zelter seine geistreichen Anekdoten zufällig niederlegt, sondern die zwingende Voraussetzung für die literarische Artikulation der eigenen Lebensverfassung. Die Interpretation der nächsten Briefbeispiele, die zu immer geringeren Graden der Literarität fortschreiten, wird das im Auge behalten.

Zunächst aber zurück zu Goethe, dessen mit Zelter geteilte Erfahrung des Alters sich so ganz anders artikuliert. Von ihm läßt sich nicht in gleicher Weise behaupten, daß erst der Empfänger der Briefe zum Anlaß der Briefkunst wird, obwohl sein Anteil daran gewiß nicht zu unterschätzen ist. Denn auch bei Goethe ruft der Gedanke an den entfernten Freund oft die schriftliche Produktion mit hervor. Das gilt nicht nur für die Briefe, wie sich an der Dornburger Korrespondenz schon zeigen ließ, es gilt auch für viele zur Vertonung bestimmte Gedichte, und tatsächlich wird bei der in späten Jahren zunehmend autobiographisch reflektierten Produktion die Vergegenwärtigung des Altersgenossen sehr wichtig (vgl. das Kapitel zum autobiographischen Dialog).

Erst das Verhältnis zu anderen setzt ein Selbstverhältnis frei und führt es zur Mitteilung, die notwendige Schriftlichkeit aber im Umgang mit Abwesenden verleiht dieser Mitteilung eine Form, einen Zusatz an Bedeutung. Goethe reflektiert das zugleich Traurige und Tröstende dieses Zusammenhangs von Abwesenheit, Schriftlichkeit und Bedeutung im Brief vom 19. Oktober 1929:

> Ich muß nur wieder anfangen, dem Papier Neigung und Gedanken zu überliefern, zuvörderst aber aussprechen, daß ich nach Deiner Abreise äußerst verdrießlich geworden bin. Zu Dutzenden lagen und standen die liebenswürdigsten Bedeutenheiten umher, alles mitteilbar! Und was war[d] nun mitgeteilt? Kaum irgend etwas, das wert gewesen wäre!
> Die Gegenwart hat wirklich etwas Absurdes; man meint, das wär' es nun, man sehe, man fühle sich, darauf ruht man; was aber aus solchen Augenblicken zu gewinnen sei, darüber kommt man nicht zur Besinnung. Wir wollen uns hierüber so ausdrücken: der Abwesende ist eine ideale Person, die Gegenwärtigen kommen sich einander ganz trivial vor. Es ist ein närrisch Ding, daß durch das Reale das Ideelle gleichsam aufgehoben wird; daher mag es denn wohl kommen, daß den Modernen ihr Ideelles nur als Sehnsucht erscheint. (H 191f.)

Die Art der Idealität, in die die Schriftlichkeit der Mitteilung den Mangel an Gegenwart und die Absurdität des unmittelbar Gegebenen verwandelt, nimmt sich auf beiden Seiten ganz unterschiedlich aus: Auf Goethes Seite eine symbolische Selbstbetrachtung, auf Zelters eine humoristische. Doch hinter beiden vermeintlich so gegensätzlichen Briefstilen verbirgt sich eine vergleichbare Weise der sprachlichen Auseinandersetzung mit Wirklichkeit. Denn Zelter als Humorist reagiert auf bereits als komisch erkannte Situationen, die Sprachform seiner Ausführungen ist also im Grunde der immanenten Form des wahrgenommenen Phänomens analog. Darin kommt Zelters Humor mit Goethes Symbolik überein. Im Selbstverständnis des Dichters ist die Symbolik seiner Sprache von der Erscheinungsform der Dinge selbst »verliehen«.[11] In einem Brief an Zelter vom 19. März 1818 schildert Goethe, wie »die vollkommensten Symbole sich vor [s]einen eigenen Augen eräugnen« (533). Wenn Goethe und Zelter Briefe schreiben, handeln sie ihre Gegenstände daher oft gar nicht diskursiv ab, sondern bringen die Erscheinungen ihres Lebens ihrer phänomenalen Form nach zur Sprache. Dies ist deswegen wichtig, weil es dann nicht mehr um »Stile« geht, sondern um individuelle Weltverhältnisse, die sich in der brieflichen Artikulation nur kompakter darstellen als im Alltag. Die Autoren der Briefe stellen die Dinge so dar, wie sie sie wahrnehmen und erfahren; insofern die Briefe das alltägliche Verhältnis zu den Phänomenen konzentriert wiederholen, liefern ihre sprachlichen Strukturierungen den metaphorischen Beweis für die Strukturiertheit der Welt und ihrer Erfahrung selbst.

Die große Nähe von Briefsprache und praktischer Aneignung der Welt in Zelters Briefen, die auch ihren Humor bestimmt, muß Goethe sympathisch sein. Sie steht im Gegensatz zu dem in Goethes Augen forcierten Humor der Romantiker, den er in einem Brief an Zelter kritisiert.[12] Dagegen ist es wahrscheinlich, daß Goethe auch dann von Zelters Humor zehren kann, wenn er ihn seinerseits in dieser Weise nicht pflegt und kaum unmittelbar auf ihn reagiert. Einmal, weil er das authentische Zeichen eines vitalen Weltverhältnisses ist, zum anderen aber gerade deswegen, weil er ihm sclbst und schon gar in bezug auf die letzten Dinge nicht zur Verfügung steht. Mit Zelters Humor kann sich Goethe ein Stück Natur aneignen, eine Dynamik im Austausch von Individuum und Umwelt, eine Logik, die noch über den Moment des Todes hinausweist.

Aber weiter nun mit abnehmenden literarischen und zunehmend alltäglichen Beispielen für diesen Humor, der immer und immer wieder gegen den Tod antritt. Am 9. April berichtet Zelter an Goethe vom Besuch bei einem gemeinsamen Bekannten, dem Altphilologen Friedrich August Wolf:

> Gestern Abend kam Prof. Hegel, sagend: Unser Freund Isegr.[imm, d.h. Wolf] sei bedeutend krank und verlange nach mir. Da bin ich diesen Nachmittag bei ihm gewesen, habe ihn im Bette und in der Tat schmächtig gefunden. Er hatte seinen letzten Willen aufgeschrieben. Von mir verlangt er nach seiner Vollendung *vor Sonnenaufgang* bestattet und von einer tüchtigen Blasmusik

---

[11] Vgl. Brief an Zelter vom 10.7.1828 (H 48).
[12] Über Goethes Kritik am Humor der Romantiker vgl. den Brief an Zelter vom 30.10.1808 (197f.).

begleitet zu sein. Das habe versprochen und einen guten Totenmarsch dazu, wenn er sich mit seinem Abscheiden so einrichten will daß ich bei der Hand bin.
Sezierung wird verbeten, ja verboten; rasieren waschen, Sterbekleid desgleichen. Wer nichts weiß soll aus ihm nichts lernen. Die Würmer würden ohne das Appetits nicht ermangeln; er sei nicht so stolz sich als Präparat für unbekannte Gäste ordentlich anrichten zu lassen.
Wie es scheint hat er Lust Executoren seines letzten Willens zu überleben und ich bin schon zufrieden keiner von den Würmern zu sein die auf seinen Leichnam hungern sollen. Er ließ eben den Arzt fragen: ob er Wurst essen dürfe? Makkaroni? u. dergl. (702f.)

Von Absatz zu Absatz wird der Ton zunehmend respektlos, streitbar, ironisch, sarkastisch. Aber die Unruhe, die Sorge kann nicht restlos gebannt werden. Der Eindruck, den Zelter von dem Besuch hat, ist und bleibt zwiespältig. Die Formulierungen arbeiten sich an zwei Widerständen ab: an der Todesdrohung, wobei alle Anstrengungen unternommen werden, sie nicht ernst zu nehmen, und an dem Charakter Wolfs, dessen Handlungen und Äußerungen widersprüchlich sind und dem Zelter und Goethe, die ihn beide gut kennen, weder ungeteilte Sympathie noch deutliche Abneigung entgegenzubringen vermögen. Wolf zeigt nicht das Verhalten, das in extremis doch erwartet wird. Und so muß das Unverhältnis von absoluter Gefahr und Selbstdarstellung in die Sprachlogik des Berichts umgewandelt werden. Die Form der Paradoxie, des wenn auch makabren Humors potenziert die Inkohärenz von Wolfs Verhalten zum eigenwilligen Charakterbild, von dem aus sich das Beängstigende der Situation aufhellt. Die widersprüchlichen Eindrücke spinnt Zelter in seinen Wünschen fort und entwickelt so aus Konjekturen die geringe Todesgefahr: »An Dich hat er einen Brief angefangen zu diktieren, einen Abschiedsbrief, den er nach völliger Wiederherstellung vielleicht zu vollenden gedenkt.« (703) Der Wunsch ist der Vater dieses Humors, seine Herkunft aus der Angst nicht zu übersehen: »Ich glaube nicht daß es so schlecht mit ihm steht, ich verlöre ihn ungern und lerne von ihm; so mag er leben bis er tot ist.« (703)

Das Beispiel Wolf illustriert einen neuen Aspekt des Zusammenhangs von Tod und Zwang zur sprachlichen Sinngebung. Zum einen fordert der Tod als unbegreifliches Phänomen die Einbindung in Formen des Verstehens heraus, zum anderen weckt er den Wunsch nach einem bereinigten Gesamteindruck von der Person, die stirbt oder gestorben ist: De mortuis nil nisi bene. Friedrich August Wolf gehört nun schon zu Lebzeiten nicht zu denen, die als abgeschlossene Persönlichkeiten wahrgenommen werden.[13] Nachdem er 1824 tatsächlich gestorben ist, fällt es Zelter außerordentlich schwer, seine Gedanken über ihn zu klären.[14] Es ist nicht die Trauer über den Verlust allein, die hier zum Gedenken auffordert, sondern die anhaltende und durch den Tod zunächst festgesetzte Unsicherheit, wie der Mann einzuschätzen sei. Diese Unsicherheit kann sich nicht mit der Würdigung eines wissenschaftlichen Lebenswerks auflösen, sie bedarf der Rekapitulation der widersprüchlichen sozialen Erscheinung des Verstorbenen; und Zelters Brief vom 4. Februar 1826 beschwört sie in einer anekdotischen Rekapitulation, womit dieser Brief sich ausdrücklich von einem offiziellen Nachruf absetzt. Die Frage ist nicht, was hinterließ er uns?, sondern weit mehr, wie lebte sich's mit ihm? – eine Frage, die sich in der Form des Briefes leichter stellen und beantworten läßt als in der des Nekrologs.[15] Wenn man dagegen aber Varnhagens Kritik an Zelters Darstellung Wolfs in den Briefen hält, seine Empörung über die angebliche Mißachtung der Verdienste des Altphilologen, so wird einmal mehr deutlich, daß der Privatbrief nicht in seinem Eigenrecht und seinen Möglichkeiten wahrgenommen wurde, sondern an fremden Maßstäben, dem der Rezension, der Literaturkritik, des Nekrologs gemessen wurde, die er absichtlich vermeidet.[16]

Die nächsten Beispiele für Zelters humoristisches Schreiben führen vor, wie die Form der brieflichen Lebensbewältigung durch die unmittelbare Todesdrohung in immer größere Bedrängnis gerät.

---

[13] Vgl. etwa Goethes Brief an Zelter vom 7.11.1816, so wie Zelters Brief vom April 1822 sichtlich von den Paradoxien in Wolfs Charakter angesteckt:»Es war der 27te August, Nachts, und ich hatte mir schon freundlich ausgedacht den 28^n August meinen Geburtstag mit diesem unerwartet angekommenen Freunde [Wolf] zu feiern. Meyer mußte durch Zufälligkeiten am Morgen fort, und ich ließ obgleich ungern, jene[n] vortrefflichen Unerträglichen dahin fahren und blieb den 28^n vergnügt allein. Jener im Widerspruch Ersoffene hätte mir am Ende gar zur Feier meines Fests behauptet, ich sei nie geboren worden« (469).

[14] Brief vom 7.9.1824.

[15] Vgl. Gert Mattenklott, Hannelore Schlaffer, Heinz Schlaffer (Hg.), Briefe 1750–1950, Frankfurt a.M. 1988, S.178: Privatbriefe übernehmen im 19. Jahrhundert auch die Funktion von »Sprachdenkmäler[n] für das unverwechselbare Individuum«.»Die Leuchtkraft der Lebensbilder, die in den brieflichen Epitaphien entworfen werden, speist sich dann nicht aus frommen Verklärungswünschen, sondern aus irdischer Liebe und Liebe zum Irdischen, die angesichts ihres endlichen Schicksals noch einmal in höchster Intensität nach Ausdruck drängen.«

[16] Vgl. Mandelkow, Goethe im Urteil, Bd.2, S.354.

Vom Sommer 1831 bis zum Winter herrscht in Berlin die Cholera. Am 10. Juni schreibt Zelter an Goethe:

> Das Hauptthema aller Unterhaltung ist jetzt: Cholera morbus. Kinder und Alten sind angesteckt. Gestern kamen die Knaben aus der Schule an meinem Fenster vorbei. Einer fragte: "Was spielen wir denn?" "Laß uns Cholera morbus spielen", sagte ein anderer. Das Interesse an der polnischen Insurrektion ist darüber sogar ins Stocken geraten. Sie möchten nur nicht krank sein, um sich einander totschlagen zu können.
>
> Santé n'est pas sans T
> Choléra morbus est sans T. } Alter Witz von gestern!
> (H 424)

Der Schreiber verbirgt sich hinter einem lakonischen Referat der Lage und bezeichnender Reaktionen. Der eigene Witz macht einem »alten Witz von gestern« Platz. Dessen Unbeholfenheit und die des Kinderspiels angesichts der schrecklichen Wirklichkeit kaschieren nur die Hilflosigkeit von Zelters Lage. Noch dieses Verbergen der eigenen Angst hinter der allgemeinen Furcht, der Blick auf beklemmend unwirksame Mittel psychischer Alltagsbewältigung dienen der Angstabwehr. Die Distanznahme von der Distanzierung des Sterbens ist hier ein Modus verschleierter Selbstaussage in Zeiten der kollektiven Angst; denn natürlich meint Zelter auch sich selbst, wenn er Ende Oktober vom allgemeinen Gespräch über die Cholera ironisch berichtet: »Jeder will davon was verstehn, jeder sieht aus s i c h hinaus; alles will selig werden, und kein Hund will sterben« (H 505).

Besprechen, Bewitzeln, Verdrängen, das sind Formen der Abwehr, die Zelter indirekt übt, indem er sie wiedergibt und sich ironisch an sie anschließt. Am 31. August 1831 weiß er zu berichten, wie das allgegenwärtige Thema sich auch dort aufdrängt, wo es im geselligen Kreis ausdrücklich verboten wurde. Schon erhebt man den Namen der Epidemie zur allgemeinen Metapher für alles Krankhafte und Aufdringliche. Am 26. September ist Cato an der »patriotischen Cholera« gestorben, am 15. Oktober hat in den Augen des Königs das Volk »mehr Respekt als die Cholera«. Am 11. September ist vom Tod zweier Mitglieder der Singakademie zu berichten, aber spät, erst am 16. November artikuliert sich Zelters Betroffenheit persönlich in einer undistanziert, fast zwanghaft entrollten Folge unterschiedlicher Selbstverteidigungen:

Eben sind sie dabei, den guten Hegel unter die Erde zu schaffen, der vorgestern plötzlich an der Cholera gestorben ist; denn am Freitag abend war er noch bei mir im Hause und hat den Tag darauf noch gelesen. Ich soll der Leiche folgen, doch habe ich eben Akademie und den Schnupfen dazu. Mein Haus hat wöchentlich gegen 400 Personen regelmäßig aufzunehmen, und wenn mir was zustieße, so leidet meine Anstalt, und ich hätte den Vorwurf, das Übel eingeschleppt zu haben, um so mehr, da ich gegen den allgemeinen Gebrauch weder räuchere noch desinfiziere, wie es ungeschickt genug heißt. (H 511f.)

Zum ersten Mal wird die Krankheit konkret, die Angst ist endlich ausgesprochen. Ihre verschiedenen Erscheinungen drängen Zelter in eine stark emotionale, nur mühsam rationalisierte Haltung heftiger Abwehr. Der Brief nennt Gründe der Hygiene, die es verbieten, sich mit Hegels Tod und Beerdigung näher zu befassen, aber zwei andere Briefe, die ebenfalls davon berichten, daß Zelter an der Beerdigung eines Freundes nicht teilnehmen will,[17] und auch dieser letzte verraten psychische Überforderung. Während er von körperlicher Belastung spricht, geizt Zelter mit seelischen Kräften. Doch augenblicklich wendet sich der Schreibende den gegebenen Mitteln der Kompensation und Ermutigung zu: »Unsere Universität ist so zersplittert und zerrissen, daß ich auch noch nicht wieder anfangen können. Nun soll mir Hegels Tod eine Gelegenheit werden, eine Musik zu seinem Andenken einzuüben und in der Universität aufzuführen« (H 512). Bemerkungen zur Lage der Universität gehen nun in eine Würdigung Hegels über, aber die akademische Leistung ist für Zelter wiederum weniger interessant als der Verlust seiner Gesellschaft — »wir spielten am liebsten ein Whistchen zusammen, das er gut und ruhig spielte« (H 512). Der Brief geht weiter mit einer schlagfertigen Replik, die Zelter einmal auf eine skeptische Bemerkung über Hegel gegeben habe. Die Beunruhigung über den Tod seines berühmten Hausnachbarn scheint damit etwas atemlos und unzusammenhängend fürs erste beschwichtigt. Aber die Cholera meldet sich wieder zu Wort mit einer Anekdote über einen Moribunden, der im Delirium seinen unaufmerksamen Pflegern entkommt und nach einer makabren Verfolgung tot aufgefunden wird. »Daß sich solch ein Vorfall in eine Spukgeschichte metamorphosiert, wirst Du denken« (H 513), schließt der Absatz. Der nächste bleibt beim Thema, und muß doch eine so ganz andere Tonlage anschlagen: »Dann ist auch gestern die jüngste Tochter Moses Mendelssohns begraben worden« (H 513). Zelter gibt ein kurzes Lebens- und Cha-

---

[17] 1.6.1828 (H 38) und 17.5.1831 (H 412).

rakterbild der Frau, mit der er über seinen Schüler und Freund Felix Mendelssohn in Verbindung stand. Die Rede klingt nun erstmals gemessen und kontrolliert, und man glaubt schon mit dem nächsten eher plaudernden Absatz alles Ängstliche überstanden, da setzt Zelter noch einmal an, die Cholera sprachlich in ihre Schranken zu verweisen:

> Eine der vorigen ähnliche Cholerageschichte erzählt mir soeben mein Schwiegersohn aus der Uckermark. Ein Ackerknecht wird, krank und erstarrt, vom Kreisarzte für tot ausgegeben. Der Mann wird aus dem Hause geschafft und auf die Tenne gelegt. In der Nacht richtet er sich auf, geht ans Haus und klopft und ruft nach seiner Frau. Diese, in der Angst ihres Herzens, ruft ihm von innen zu: "Vadderken, blif doch da, du bist ja dot!" Der Mann ist genesen und lebt. (H 514)

Zwar muß die unablässige Rückkehr zum Thema der Epidemie beklemmend wirken, doch hat gerade diese zweite »Cholerageschichte« ihre für Absender wie Empfänger sichtbare Vernunft: Von allen unter äußerstem Druck vorgenommenen Rationalisierungsversuchen dieses Briefes ist sie die einzige mit wirklich humoristischer Struktur. Nur hier umschließt die Prägnanz der Rede den Ernst des Ereignisses erfolgreich und bringt sie zur guten Wirkung einer in sich abgeschlossenen Sache. Freilich ist sie nicht stark genug, um die Belastung dessen, was vorher schon verarbeitet werden mußte, mit zu tragen. Der Brief, der mit Lektüreeindrücken von Voltaires *Pucelle d'Orléans* und einer kurzen Reaktion auf einen inzwischen eingetroffenen Brief Goethes schließt, ist alles andere als ein Kunstwerk. Aber er zeigt in einer Konzentration, die wenig andere Briefe aufweisen, wie eine unmittelbare Erfahrung unausgesetzt und schrittweise zur Sprache, zur Mitteilung und zur Form drängt, auch wo diese nicht erreicht wird. Die Atemlosigkeit, die Irrationalität der Reaktionen, die begrenzte Sicht und die bedrängte Rede – alles Zeichen unbeabsichtigt verfehlter Form, gescheiterter Kunst – legen um so deutlicher diejenigen Impulse offen, die einen Menschen zur Mühe der Deutung und Bedeutung treiben. Man glaubt einen regelrecht physischen Antrieb wahrzunehmen, der den Schreiber des Briefes zum pausenlosen Formulieren gezwungen hat.

Ein Brief vom 14. Februar 1832 zeigt die überstandene Angst als psychophysisches Phänomen und ihre metaphorisch-sprachliche Einkleidung als Selbsttherapie. Noch die Sprache des Unbewußten, die hier wiedergegeben wird, kommt dem bedrohten Körper zu Hilfe:

> Der Tod aber will seine Ursache haben wie das Leben. Bin ich ja selber in dieser Nacht der Todesgefahr nur ganz wunderbar entgangen. Mir träumte: es sollten alle gehängt werden, die des Diebstahls angeklagt worden. Eine Menge Exekutionen waren abgetan, und nun kam es an mir. Meine Ankläger wurden aufgerufen, ihre Anklage zu wiederholen und zu bekräftigen: diese aber hingen schon. (H 555)

Der Traum hat seine eigenen verdichteten Bilder für die wunderbare Verschonung Zelters. Die Epidemie ist in einen Strafprozeß, die Anfälligkeit der Existenz in banale Delinquenz verwandelt; der Tod trifft die Instanz der Anklage, bevor noch das tödliche Urteil verkündet und die Exekution vollzogen werden kann. So wird Zelter im Schlaf von der Cholera befreit. Noch die Bilder, die die Natur im schlafenden Menschen zusammenstellt, die Bilder des Traums, beweisen heilsamen Humor. Fünf Tage später, am 19. Februar 1832, kann Zelter schreiben:

> Heute feiern sie in allen Kirchen das Dankfest für die Befreiung von der furchtbaren Krankheit. In Gottes Namen! Da jeder freie Atemzug in mir Lob und Freude zu Gott ist, so habe das ganze Haus in die Kirche geschickt und ergebe mich, wie ich muß, da ich manche gute Seele neben mir vermisse, "denn ich – bin arm und stumm". Sonst haben sie sich im ganzen wenig abgehen lassen. Dreimalhunderttausend sind draufgegangen. Nun freien sie wieder und lassen sich freien; Kraut und Rüben steigen wieder zu den alten Preisen, und alles kommt wieder in Gang. (H 558)

Altersfreundschaft, Altersbriefwechsel

Auf der einen Seite symbolisches, auf der anderen humoristisches Sprechen über den Tod – so unterschiedlich äußert sich bei Goethe und Zelter die briefliche Auseinandersetzung mit der extremen Erfahrung der Sterblichkeit. Die sprachlichen Formen, in denen sich die seelischen Reaktionen artikulieren, sind den Freunden durchaus nicht gemeinsam; wieviel sich von der Eigenart des Schreibenden dem Empfänger wirklich vermittelt, läßt sich nicht mit Bestimmtheit sagen. Trotzdem – die beiden letzten Kapitel sollten das zeigen – entsteht ein guter Sinn des Symbolischen und des Humoristischen auch aus dem Zusammenhang der Freundschaft und im Hinblick auf das gemeinsame Gespräch.

Über die individuellen Sprachgebungen hinaus, die vom Adressaten mehr oder weniger veranlaßt, mehr oder weniger verstanden und erwidert werden, entwickelt sich eine wechselseitige Reflexion, die noch deutlicher als bisher genannte Merkmale der Literarität den Briefwechsel im Sinn eines gemeinsamen Textes strukturieren. Es geht um Ansätze zur Autobiographik in Dialogform. Sie erwachsen aus der Grundlage fast gleichzeitiger, fast analoger Entwicklungen im Leben beider Freunde, die sie zur Einsicht in das nahende und voranschreitende Alter führen. Insofern Goethe und Zelter sich anschicken, Jahre des Alterns und Altseins zu bestehen, werden sie Partner eines autobiographischen Gesprächs. Dieses Kapitel wird die Hintergründe dieser Zusammenhänge, das Biographische selbst rekapitulieren, das nächste verschiedene Ansätze zur Autobiographik betrachten, bevor das übernächste schließlich den ganzen Briefwechsel als gemeinsames autobiographisches Werk vorführt.

Der Briefwechsel zwischen Goethe und Zelter ist als Altersbriefwechsel, ihre Freundschaft als Altersfreundschaft bezeichnet worden. Damit kann nicht nur gemeint sein, daß zwei Greise befreundet sind und korrespondieren; das Bewußte und das Gesuchte biographischer Gemeinsamkeit ist mitgedacht. Benjamin sprach von dem »geradezu chinesischen Bewußtsein von der Würde des Alters und seiner Wünschbarkeit«,[1] das aus dem Verhältnis der beiden Freunde spreche.

Als die Korrespondenz im August 1799 mit einem Brief Zelters eröffnet wird, ist Goethe fast fünfzig, Zelter einundvierzig Jahre alt. Nichts spricht dafür, daß hier zwei Männer die Bekanntschaft eines Altersgenossen oder gar eines gleichfalls Alten suchen. Das Verhältnis bahnte sich mühsam und auf Umwegen an. Zelter hatte Gedichte Goethes vertont. Dieser zeigte sich dagegen im April 1795 durch eine Liedkomposition auf ein Gedicht Friederike Bruns beeindruckt – so sehr, daß er zu den Noten Zelters einen eigenen Text verfaßte: *Nähe des Geliebten*.[2] Es gibt also schon eine gegenseitige Inspiration, bevor von einer eigentlichen Zusammenarbeit die Rede sein könnte. Bis es zur persönlichen Bekanntschaft kommt, bedarf es jedoch noch mehrerer Anstöße von außen.

Mit einem Brief vom 3. Mai 1796 sendet Friederike Helene Unger, die Frau des Berliner Verlegers von *Wilhelm Meister*, Zelters *Zwölf Lieder am Klavier zu singen* nach Weimar.[3] In seiner Antwort vom 13. Juni läßt Goethe Frau Unger seinen Dank an Zelter übermitteln: »sagen Sie ihm daß ich sehr wünschte ihn persönlich zu kennen, um mich mit ihm über manches zu unterhalten.«[4] Daß Goethe sich nicht direkt an Zelter wendet, kann nicht im Zusammenhang der Beziehung zu den Ungers, wohl aber vor dem Hintergrund der Arbeit an Schillers Musenalmanach für das Jahr 1797 verwundern. Denn noch am 10. Juni 1796, also unmittelbar vor der Antwort Goethes an Friederike Unger, schrieb Schiller aus Jena: »Auch erinnere ich Sie an den Brief den Sie Seltern in Berlin schreiben wollen und worin ich nur in zwei Worten unsers Almanachs zu gedenken bitte.«[5] Einen solchen Brief hat Goethe nun allerdings nicht abge-

---

[1] Benjamin, Deutsche Menschen, S.80.
[2] Zu den Hintergründen der Neuvertextung vgl. Katharina Mommsen, Goethes Gedicht »Nähe des Geliebten«. Ausdruck der Liebe für Schiller, Auftakt der Freundschaft mit Zelter, in: GoetheJb 109(1992), S.31–44. Herman Meyer zum Lied »Nähe des Geliebten«: »Aller geschichtlichen Logik ein Schnippchen schlagend, paßt Zelters Melodie entschieden genauer zu Goethes als zu Friederikes Text. Aus dieser paradoxen Situation geht zur Genüge hervor, eine wie große Bedeutung ihr für die Struktur des Goetheschen Gedichts zukommt« (H.M., Zarte Empirie. Studien zur Literaturgeschichte, Stuttgart 1963, S.157).
[3] HA, Briefe an Goethe, Bd.2, S.222f.
[4] HA, Briefe, Bd.2, S.223f.
[5] Briefwechsel zwischen Schiller und Goethe in den Jahren 1794–1805, hg. von Manfred Beetz, MA 8.1, S.170.

schickt, und so liegt die Koordination der Goethe/Zelterschen Beiträge zum Musenalmanach allein bei Schiller.[6] Das merkwürdig unentschlossene Verhalten Goethes in Sachen Zelter – Zustimmung für die Kompositionen, dankbar empfundene Anregung zur Neuvertextung eines Liedes, sichtliche Neugier auf eine persönliche Begegnung zum einen,[7] während die Verbindung trotz mancher Anlässe beharrlich auf dem Umweg über Dritte gepflogen wird – diese ambivalente Haltung setzt sich noch 1798 fort. Am 10. Juni schreibt A. W. Schlegel über Zelter an Goethe: »Seine Bekanntschaft zu machen, hatte für mich etwas eigentümlich Anziehendes, weil er wirklich zugleich Maurer und Musiker ist. Seine Reden sind handfest wie Mauern, aber seine Gefühle sind zart und musikalisch.«[8] Goethe antwortet:

> Wenn ich irgend jemals neugierig auf die Bekanntschaft eines Individuums war, so bin ichs auf Herrn Zelter. Gerade diese Verbindung zweier Künste ist so wichtig und ich habe manches über beyde im Sinne, das nur durch den Umgang mit einem solchen Manne entwickelt werden könnte. Das originale seiner Compositionen ist, so viel ich beurteilen kann, niemals ein Einfall, sondern es ist eine radicale Reproduction der poetischen Intentionen. Grüßen Sie ihn gelegentlich aufs beste. Wie sehr wünschte ich daß er endlich einmal sein Versprechen uns zu besuchen, realisieren möge.[9]

Aber wieder bleibt es bei der Versicherung. Zelters höflicher, dabei durchaus persönlicher Brief vom 11. August 1799, der schließlich die Korrespondenz eröffnet, bezieht sich zwar nur auf Goethes Lob seiner Kompositionen im Brief an Friederike Unger vom vorangehenden Jahr; er konkretisiert aber endlich ein Verhältnis, das schon längst auf beiden Seiten durch einen großen Vorschuß an Sympathie und Neugier in die Wege geleitet war. Goethe – soviel

---

[6] Vgl. Goethes Brief an Schiller vom 22.6.1796 (MA 8.1, S.178) und Schillers Briefe an Zelter vom 8.8.1796, 18.8.1796, 4.9.1796 und 16.10.1796 (Schillers Werke. Nationalausgabe Bd.28, Schillers Briefe 1.7.1795–31.10.1796, Weimar 1969, S.280, 287, 290 und 310) und Zelters Antworten vom 17.8.1796 und 26.8.1796 (NA Bd.36, Briefe an Schiller 1.11.1795–31.3.1797, Weimar 1972, S.303 und 310).
[7] Vgl. auch den Brief von Abraham Mendelssohn an Zelter vom 1.9.1797: Mendelssohn berichtet von einer Begegnung mit Goethe in Frankfurt und von dessen ausgesprochenem Wunsch, Zelter möge nach Weimar kommen. (Gespräche, Bd.I, S.677).
[8] Carl Schüddekopf, Oskar Walzel (Hg.), Goethe und die Romantik. Briefe mit Erläuterungen (=Schriften der Goetheges. 13), Weimar 1898, S.22.
[9] Nur in der Konzeptfassung überliefert: WA IV,13, S.183f.

steht fest – hat diese Bekanntschaft gesucht. Mehrere Gelegenheiten, mit Zelter in direkte Verbindung zu treten, ließ er sich zwar entgehen, doch seine wiederholten Äußerungen über seine Aufgeschlossenheit für den Unbekannten, seine Person und ungewöhnlichen Lebensumstände tragen dennoch, fast um so mehr, den Charakter einer umwundenen Werbung.

Das Ehepaar Unger und A.W. Schlegel sind für die weitere Entwicklung der Bekanntschaft ohne Folge. Anders ist es mit Schiller, an dessen Anschrift sowohl die Neuvertextung von Zelters *Nähe des Geliebten* als auch die Goethe-Vertonungen Zelters für den Musenalmanach adressiert wurden. Natürlich spricht Goethe für sich *und* Schiller, wenn er 1798 im Brief an Schlegel den Wunsch äußert, Zelter möge »sein Versprechen uns zu besuchen, realisieren«. Als Zelter im Februar 1802 sich zum ersten Mal in Weimar aufhält, gilt sein Besuch denn auch vor allen Dingen Schiller, weniger Goethe, wie er noch 1830 in einer Rekapitulation jener Zeit gesteht.[10] Bezeichnend ist auch, was Goethe am 19. März 1802 an Schiller schreibt: »Zelter hat sehr lebhafte Eindrücke hinterlassen. Man hört überall seine Melodieen und wir haben ihm zu danken daß unsere Lieder und Balladen durch ihn von den Toten erweckt worden.«[11] Das Verhältnis zum Berliner Komponisten stellt sich in den ersten Jahren durchaus aus der gemeinsamen Perspektive der beiden Weimarer Dichter dar.

Schiller ist aus dieser Freundschaft und aus dieser Korrespondenz nicht wegzudenken. Kein anderer Name, einschließlich der der nächsten Angehörigen, ist im Briefwechsel häufiger genannt, als der des schon 1805 Verstorbenen. Seine Rolle bei der für den Musenalmanach erstmals koordinierten Zusammenarbeit Goethes und Zelters, sein früher Tod und die Herausgabe seines Briefwechsels in zeitlicher Nachbarschaft mit dem Projekt der posthumen Veröffentlichung des Zelterschen bezeichnen höchst wichtige Daten des über dreißigjährigen Verhältnisses. Seine Gegenwart am Anfang und seine Vergegenwärtigung am Ende der Korrespondenz tragen wesentlich dazu bei, daß die gemeinsam verlebte Zeit für Goethe und Zelter als solche eigenen Gewichts erkennbar wird. Zwischen Schillers Tod und der Veröffentlichung seines Briefwechsels ver-

---

[10] »Aufrichtig zu sagen, war ich das erstemal meistens zu euch gekommen, um Schillern kennenzulernen«. Brief vom 13.11.1830 (H 337f.).
[11] MA 8.1, S.893.

wandelt sich Goethes Briefwechsel mit Zelter vom Dokument der Freundschaft zum gemeinsamen autobiographischen Text, der für sich eine eigene geschichtliche wie literarische Gewichtigkeit in Anspruch nimmt.

Nach Schillers Tod im Mai 1805 suchte Goethe brieflich und im persönlichen Umgang vor allem zu zwei Persönlichkeiten seines weiteren Bekanntenkreises engere Verbindung: zu dem Altphilologen Friedrich August Wolf und zu Karl Friedrich Zelter. Während das Verhältnis zu Wolf nach einigen gemeinsam sehr anregend verbrachten Wochen im Jahr 1805 sich eher schwankend und bisweilen problematisch fortsetzte, entwickelte sich die Freundschaft mit Zelter stetiger und intensiver; wohl auch deswegen, weil seit Schillers Tod autobiographische Überlegungen den Briefwechsel prägen, die, ständig variiert und erweitert, schließlich in das Projekt der Veröffentlichung des Briefwechsels münden. Die autobiographische Erörterung, die den Briefwechsel jahrein, jahraus begleitet, zeigt, wie sehr das Soziale Goethes Autobiographik nicht nur inhaltlich im Sinne der Sozialität gemachter Erfahrungen prägt.[12] Der Austausch mit dem Freund, das Soziale des Briefwechsels bildet selber einen Aspekt von Goethes autobiographischer Arbeit. In einer solchen Perspektive erscheint dann nicht nur der Briefwechsel mit dem Schriftstellerkollegen Schiller, sondern auch der mit dem Freund in Berlin als schlüssige Ergänzung von *Dichtung und Wahrheit* und anderen autobiographischen Texten, denen mit zunehmender Aufgeschlossenheit für die Vielzahl formaler Möglichkeiten der Lebensrekapitulation immer mehr von Goethes Schriften zugerechnet werden.[13]

---

[12] Vgl. Karl Wolfgang Becker, »Denn man lebt mit Lebendigen«. Über Goethes »Dichtung und Wahrheit«, in: Helmut Holtzhauer, Bernhard Zeller (Hg.), Studien zur Goethezeit. Festschrift für Lieselotte Blumenthal, Weimar 1968, S. 9–29.

[13] Hans Mayers Aufmerksamkeit gilt vor allem den die Autobiographie vorbereitenden biographischen Werken, Übersetzungen und Rezensionen (»Dichtung und Wahrheit«, in: H.M., Zur deutschen Klassik und Romantik, Pfullingen 1963, S. 93–121). Vgl. auch Klaus-Detlef Müller, Autobiographie und Roman. Studien zur literarischen Autobiographie der Goethezeit, Tübingen 1976, S. 242ff. Stefan Koranyi (Autobiographik und Wissenschaft im Denken Goethes, Bonn 1984) bezeichnet Goethes autobiographisches Schreiben als tendentiell unabschließbaren Prozeß (S. 167); die sehr unterschiedlichen autobiographischen Schriften bilden einen Komplex, dessen Bestandteile kommentierend aufeinander zu beziehen seien, wodurch der Leser verstärkt gefordert werde, der Autor aber in dem Maße Souveränität erlange, in dem ein tradierter Werk-

Vorläufig kann aber noch nicht von dem Ergebnis des kompletten Briefwechsels gesprochen werden, von einem abgeschlossenen Text mit zwei Verfassern. Zuerst sind die Entwicklungsstadien eines brieflichen Dialogs zu betrachten, der sich erst allmählich seiner Möglichkeiten bewußt wird. Zelter muß sich durch seine Musik, den Eindruck seiner Besuche in Weimar 1802 und 1803 sowie durch seine Beziehungen zu Schiller an Goethe nachdrücklich empfohlen haben, da dieser am 1. Juni 1805 ausgerechnet an ihn die Worte richtet:

> Seit der Zeit, daß ich Ihnen nicht geschrieben habe, sind mir wenig gute Tage geworden. Ich dachte mich selbst zu verlieren, und verliere nun einen Freund und in demselben die Hälfte meines Daseins. Eigentlich sollte ich eine neue Lebensweise anfangen; aber dazu ist in meinen Jahren auch kein Weg mehr. Ich sehe also jetzt nur jeden Tag unmittelbar vor mich hin, und tue das Nächste ohne an eine weitere Folge zu denken. (98)

Paul Hankamer, der sich eingehend mit dieser Zeit im Leben des Dichters befaßt hat, sieht bei Goethe aus der tiefen Depression, in die er nach Schillers Tod fällt, dann aus den zeitgeschichtlichen Erfahrungen des Jahres 1806 die Einsicht entstehen, daß er nun alt sei. Die Werke dieser Jahre tragen erstmals die Züge ausgeprägter Alterskunst.[14] In diesem Zusammenhang tritt bei Hankamer Zelter in den Vordergrund, der in die Rolle eines nächsten Freundes und vertrauten Korrespondenten hineinwachse, ohne doch das Erbe des zweiten großen Dichters der Weimarer Klassik antreten zu können.[15] Die Freundschaft mit Zelter gewinnt also in einem außerordentlich markanten Moment an Gewicht. In den Jahren 1805/06 finden eine

---

begriff sich auflöse (S.148). Koranyi, der in diesem Zusammenhang zu Recht auf kollektive Produktionsformen (S.182f.) aufmerksam macht, die der kommunikativen Struktur von Goethes Spätwerken untereinander und in bezug auf den Leser entsprächen, erwähnt doch die zur Publikation bestimmten Briefwechsel mit Schiller und Zelter nicht. Wo aber hätte Goethe Koautoren mehr Raum überlassen als in den Briefwechseln, und fügen sie sich nicht vollkommen in das Konzept einer kommunikativen, den Werkbegriff auflösenden späten Produktion? Auch bei Helmut Pfotenhauer, der ähnlich wie Koranyi von der kommunikativen Verknüpfung der verschiedenen autobiographischen Texte Goethes und ihrer tendentiellen Unabschließbarkeit ausgeht, fehlt jeder Hinweis auf die großen Korrespondenzen mit Schiller und Zelter (H.P., Literarische Anthropologie, S.179).

[14] Paul Hankamer, Spiel der Mächte. Ein Kapitel aus Goethes Leben und aus Goethes Welt, Stuttgart 1960 (zuerst 1943).
[15] Eda., S.33–35.

politische, eine literarhistorische und eine biographische Epoche in Goethes Leben ihren Abschluß. Für Zelter bringt das Jahr 1806 mit dem Tod der Frau und anderer Angehöriger und mit der verworrenen Situation der preußischen Hauptstadt einen ähnlich drastischen Einschnitt. Vergleichbare private und geschichtliche Erfahrungen und ein nun gemeinsames Gefühl des Altseins erneuern bei beiden Freunden ein schon längst ausgeprägtes autobiographisches Interesse und setzen wechselseitige autobiographische Reflexionen in Gang. Tatsächlich wurde Schillers Tod für Goethe zum unmittelbaren Anlaß, sich auf Zelter zu besinnen. Das Andenken des Verstorbenen sollte mit einer Bühnendarbietung gefeiert werden, zu der Goethe den Text liefern wollte und für deren musikalischen Teil er sich an Zelter wandte. Darum vor allem ging es im Brief vom 1. Juni 1805, der die schon zitierten sehr persönlichen, ja bekenntnishaften Worte enthält. In diesem und in den folgenden Briefen Goethes ist immer weniger zu überlesen, daß der Schreiber den Empfänger um weit mehr als den fachlichen Beistand angeht, nämlich um freundschaftliche Unterstützung in seiner bedrohten seelischen Verfassung.

Goethe formuliert mit dem richtigen Instinkt für das, was helfen kann, eine Reihe von Einladungen. Noch im Brief vom 1. Juni wird Zelter nach Lauchstädt gebeten. Die Erstattung der Reisekosten ist in Aussicht gestellt, die Übersendung eines besonders willkommenen Geschenks (eine Partie erlesenen Schnupftabaks) angekündigt. Zelters schleunige Antwort vom 8. Juni macht nun ihrerseits den Zweck der Gedenkveranstaltung für Schiller zum Anlaß einer sich erwärmenden Freundschaft. Mit »mein unendlich geliebter Freund« spricht er Goethe an und schreibt, auf dessen Vorschläge eingehend: »Wenn dagegen wir beide, um eines dritten willen den wir nun wohl fortlieben werden, etwas zu Stande bringen so sollte ich denken es müßte sich sehn und hören lassen; mir wenigstens wird es nach unseres Freundes Tode die erste erfreuliche Arbeit sein« (100). Goethes umgehende Antwort wiederholt die Einladung und schließt mit einem berühmt gewordenen Satz: »Leben Sie wohl und sagen mir bald wieder etwas, daß nicht so lange Pausen entstehen. Man pausiert sich sonst einmal unversehens ins ewige Leben hinein« (103). Niedergeschlagenheit und Angst nach dem Tod Schillers machen die Pflege der neuen Freundschaft und die regelmäßige Fortsetzung des Briefwechsels dringlich. Der unausgesetzte Rhythmus der Korrespondenz wird zur Metapher des Weiterlebens. Schon am 6. Dezember 1802 hatte Goethe den Wunsch geäußert, »daß immer ein Faden zwischen uns fortgesponnen werde« (28), den Zelter am 12. Dezember herzlich erwiderte.

Auch jetzt antwortet Zelter gleich nach Erhalt des Briefes und bringt eine der ersten von so vielen hingebungsvollen Freundschaftsbekundungen zu Papier: »wenn ich wüßte wie ich Ihnen mein ganzes Herz und Sein einpacken und übersenden sollte; so – doch das ist immer bei Ihnen, denn Gott weiß daß ich jede Stunde an Sie denke und mich mit Ihnen unterhalte« (103). Goethes Bitte, keine Pausen entstehen zu lassen, nimmt Zelter wörtlich. Unter dem selben Datum vom 2. Juli greift er ein zweites Mal zur Feder:

> Ja wohl! Man pausiert sich ins ewige Leben hinein. Und so fange ich einen neuen Brief sogleich an, indem mein letzter Brief vom heutigen dato erst seit 4 Stunden auf der Post ist. Die letzten Worte Ihres lieben Briefes haben so ernsthafte Betrachtungen in mir erweckt daß ich weinen möchte, wie sie eben auf mich Eindruck machen. (104)

Diese Emphase kennt Goethe Zelter gegenüber nicht. Aber seine Einladungen nach Lauchstädt werden dringlicher. Im Brief vom 22. Juli 1805 scheint es fast, daß Zelter aus Berlin zu Goethe beordert wird. Zelter muß jedoch am 30. Juli absagen: »Ich habe so viel Arbeit und Brotwesen auf dem Halse, daß ich nicht von der Stelle kann« (107). Goethes Antwort vom 4. August spricht abermals und deutlicher denn je den engen Zusammenhang zwischen der Erfahrung der Sterblichkeit und dem Bedürfnis nach freundschaftlicher Nähe aus:

> Bis zum heutigen Tage habe ich mir, wiewohl nur mit einer schwachen Hoffnung, geschmeichelt Sie hier zu sehen. Es gehört zu den traurigsten Bedingungen, unter denen wir leiden, uns nicht allein durch den Tod, sondern auch durch das Leben von denen getrennt zu sehen, die wir am meisten schätzen und lieben und deren Mitwirkung uns am besten fördern könnte. (108)

Unüberhörbar nennt Goethe den Verlust Schillers in einem Atemzug mit der schmerzlich empfundenen Abwesenheit des Berliner Freundes. Zelter findet daraufhin doch noch einen Weg, für ein paar Tage nach Lauchstädt zu kommen. »Tausend Lebewohl und Dank für Ihren Besuch, der mir wieder Lust zu leben gegeben und vermehrt hat« (109), schreibt Goethe am 1. September. Zelters Antwort, wie viele seiner Briefe über mehrere Tage hin verfaßt, verzeichnet bereits unter dem 25. August, also noch lange, bevor Goethes Brief geschrieben wird:

Was mich betrifft und meine Excursion zu Ihnen: ich habe neue Lebenslust getrunken. Die Fatigue hat mich gestärkt, Ihre Nähe hat mich erwärmt, aufgeklärt, erhoben, befreit und mir ist zu Mute wie einem sein muß den irgend ein Bad oder Klima von einer schleichenden Krankheit befreit hat. (110)

Die Goethebiographik konnte nicht übersehen, daß nach Schillers Tod die Bekanntschaft mit Zelter zu einer Freundschaft wurde oder, falls es schon eine war, diese Freundschaft ein neues Gesicht erhielt. Da der Briefwechsel aber doch überwiegend einseitig aus der Weimarer Perspektive gelesen wurde, blieb unbemerkt, daß Zelter seinerseits einen schweren Verlust in nächster Umgebung mit der Intensivierung des Briefwechsels zu kompensieren suchte. Damit ist nicht die Gegenseitigkeit der Solidarisierung nach Schillers Tod gemeint. Die von beiden Freunden unabhängig voneinander geäußerte Versicherung, die gemeinsamen Tage in Lauchstädt hätten neue Lust zu leben gegeben, können nicht darüber hinwegtäuschen, daß Zelter von dem Verlust »unseres Freundes«, der noch 1804 die Berliner Singakademie besucht hatte, weit weniger betroffen war als Goethe. Die Gegenseitigkeit der Unterstützung scheint in diesen Tagen eher darin zu liegen, daß bei Goethe die Trauer, bei Zelter eine allgemein belastete und bedrängte Lebenslage durch Freundschaft erleichtert werden.

Aber nur wenige Monate später, am 18. März 1806, muß Zelter vom plötzlichen Tod seiner Frau berichten:

Anstatt etwas Freudiges, Angenehmes zu berichten, erhebe ich mich aus der tiefsten Trauer, um Ihnen zu sagen, daß ich vorgestern, unvermutet und gegen alle Vorbedeutung, meine liebenswürdige, geliebte Frau, kurz vor der Entbindung, durch den Tod verloren habe. Das Kind ward nach dem Tode zur Welt gebracht und auch tot.
Was ich anfangen werde und wie ichs tragen werde, weiß ich noch nicht. Ich bin nun wieder allein und hoffe.
Wenn ich sage daß in den zehn Jahren unserer Ehe nur Eine Meinung und Gesinnung über alles Äußere und Innere unter uns gewesen ist; daß keine Faser an ihr war von der ich nicht geliebt wurde, so sage ich: sie verdiente von Ihnen gekannt zu sein, denn dies gehörte zu ihren Wünschen. (121)

Zelter kann nicht hoffen, in dieser Lage von Goethe besucht zu werden. Da aber schon länger von einem geplanten Aufenthalt von August Vulpius in Berlin die Rede war, wird er unmißverständlich als Stellvertreter des Vaters herbeigewünscht, die entstandene Leere erträglich zu machen: »Morgen früh wird sie bestattet. Ich bin allein und habe Platz die Fülle. Schicken Sie Ihren Sohn so bald Sie können, er soll nirgend sein als bei mir« (121). August wird die Berliner Reise erst verschieben, dann aufgeben. Und Goethe selbst reagiert auf die Nachricht von Julie Zelters Tod eher mit Erschrecken als mit Hilfsbereitschaft. Eine gewisse ängstliche Abwehr des Furchtbaren, das Zelter zu melden hat, ist aus dem Brief vom 26. März herauszulesen:

> Kaum ist mein Brief abgegangen der die verspätete Reise meines Augusts meldet [...]; so erleben Sie den Riß, den ich in jedem Sinne mitempfinde, ich mag mir nun Sie einsam von einer großen Haushaltung und manchen schwierigen Geschäften umgeben denken; oder ich mag auf mich zurückkehren und mir in meiner eignen Lage ein so schreckliches Ereignis imaginieren. Leider ist das Hindernis das meinen Abgesandten zurückhält nicht zu beseitigen [...]. (124)

Immerhin, die spürbare Angst, im eigenen Hause könnte ein vergleichbarer Fall eintreten – sie ist nach den schwierigen Entbindungen Christianes und nach dem frühen Tod aller vier Kinder nach August keineswegs gegenstandslos –, diese Angst verleiht der Antwort auf Zelters Brief eine gewisse emotionale Intensität. Wenn sich bei aller Zurückhaltung in Weimar aber in den ersten Tagen der Trauer gleichwohl die Freundschaft mit Goethe bewährt, so liegt dies vor allem an dem psychologischen Instinkt Zelters, der ihn in diesem wie in späteren Fällen in Denken und Tun eine vielschichtige, fast unablässige Orientierung am geliebten und verehrten Freund vornehmen läßt, wobei ihm die Werke zum lebendigen Repräsentanten der Person werden.

Schon die schnelle Abfolge der Briefe ist sprechend. Gleich nach dem ersten vom 18. folgt am 19. ein zweiter, der am 20. beendet und abgeschickt wird; doch der dritte wird noch am selben Tag begonnen. Die Vergegenwärtigung des Freundes wird zum ersten Anlaß, die chaotischen Gedanken zu ordnen:

> Meine neue Einsamkeit und die Notwendigkeit mich zu beschäftigen nutze ich, Ihnen diese Zeilen zu schreiben um nach und nach Gedanken zu sammeln, die sich durch meinen traurigen Fall zerstreut haben. Ich bin gesund und werde auch wieder zu Kräften kommen wenn nur die nächsten harten Tage vorüber sind, in denen jeder neue Anblick mich meinem tiefen Schmerze übergibt, den ich liebe als ob er heilsam wäre. (122)

Und Heilung, oder doch Linderung verspricht sich Zelter von erneuter Goethe-Lektüre. Gleich am 19. heißt es:

Ich lese vor dem Schlafengehn in diesen Tagen, die Bekenntnisse der schönen Seele mit vielem Anteil, die schöne kontemplative Tendenz wirkt balsamisch und man muß sich freuen etwas Gutes, durch unbedachtsamen Gebrauch und Mißbrauch verdorbenes, ins Gebiet der Vernunft zurückgebracht zu sehn. (122)

Hier kann es sich unmöglich um eine bloß zerstreuende oder erbauende Lektüre handeln. Zelter sucht Unterstützung bei der Sprache seines persönlichen Freundes, und das Lesen ersetzt das Gespräch. Beim Tod eines Sohnes wird *Dichtung und Wahrheit*, bei dem eines anderen der Briefwechsel mit Schiller gegenwärtig sein; und Goethe schickt mit Absicht *Die Metamorphose der Pflanzen* nach Berlin, als der Freund um den Verlust einer Tochter trauert.[16] Eine weitere Variante der Selbsttherapie führt der dritte, am 20. März 1806 begonnene Brief Zelters vor. Er ist besonders beeindruckend, weil er den Schreibenden von Zeile zu Zeile bereit zeigt, mit wachem Bewußtsein und physischer Präsenz die Situation zu erfassen, zu erleben und zu bewältigen. Nur ein längeres Zitat kann davon einen Eindruck vermitteln:

> Ich habe mir Arbeit vorgenommen und kann nicht in Zug kommen, es will nicht gehen, überall nicht.
> Ich bin wie ein gespaltener Baum. Die schöne Hälfte, die Sommerseite ist mir abgetrennt und gegen diese wirkt nun alles an was schmerzhaft ist.
> Die Freunde wollen mich aus dem Hause haben, mich von mir selbst entfernen; das will ich nicht. Ich kann nur durch mich selber wieder zum Ganzen meiner selbst kommen und ich werde überwinden. Ich fühle meine Kraft und hoffe übrig zu behalten, doch will ich meinen Zustand lebendig fühlen.
> Vor fünf Tagen ahnte ich noch kein Unglück, ich kann sagen es freute mich, noch ein Kind und mein Dutzend wieder voll zu haben. Mein jüngster Sohn war auf einem Karfreitag geboren, sie hatte ihn darum Raphael genannt; sie glaubte wieder einen Sohn zu tragen, dieser sollte Felix heißen und nun kommt mir das.
> Am Sonnabend, dem Tage vor ihrem Tode, war sie in die Kirche gegangen, die Probe meiner Musik zu hören. Ich sollte es nicht wissen und wie freute ich mich sie dort zu sehn. Sie sagte mir nachher so viel Angenehmes und Verständiges darüber, daß ich nun erst wußte was ich gut gemacht habe. Sie habe zum ersten Mal, sagte sie, ihren schweren Leib gefühlt, weshalb sie nicht mitsingen können.
> O mein Freund, warum haben Sie diese wohltuende mächtige süße Stimme nicht gehört! Aus ihrem Gesange ging ein Gefühl der Gesundheit in das unbesorgte Ohr, wofür ich nur den einen Ausdruck kenne den sie mit ins Grab genommen hat. Das reine Herz strömte wie eine frische stärkende Luft aus ihrem Munde; rührend erleichternd. (124f.)

---

[16] 14.11.1812 (290); 14.3.1827 (979); 14.10.1816 (460).

Es ist eine »Trauerarbeit«, die in dieser Form zu leisten Goethe niemals bereit oder imstande gewesen wäre.[17] Zelter scheint sich dieser Diskrepanz der Einstellungen nicht bewußt gewesen zu sein. In Gedanken ist Goethe der Begleiter, der Zuhörer, der Helfer, während doch in der Realität dessen eigene seelische Verletzlichkeit die Assimilation des fremden Leids meistens ausschloß. Nicht überall vermögen denn auch Zelters lebhafte Projektionen über die Dürftigkeit der Post aus Weimar hinwegzutrösten. Als am 26. März die definitive Nachricht kommt, daß August Berlin und Zelter nicht besuchen wird, ist die Enttäuschung nicht zu verhehlen: »wenn ich nur nicht immer mehr erfahren müßte, daß das Beste was ich denke und wünsche am wenigsten geschieht« (126).

Schillers Tod scheint also die Freundschaft befördert, ein ähnlicher, wenn nicht noch schlimmerer Fall in Zelters Hause aber eine eher reservierte Haltung Goethes hervorgerufen zu haben. Goethe reagiert auf den Tod verdrängend, Zelter vital. Inwiefern läßt sich also noch von einer vergleichbaren Erfahrung sprechen, die eine für den weiteren Verlauf des Briefwechsels günstige Symmetrie im Verhältnis beider Partner herstellt?

Zelters Briefe vom Frühjahr und vom Sommer 1806 zeugen trotz der energischen Auseinandersetzung mit der neuen Lebenslage von depressiven Stimmungen. Wie bei Goethe im Sommer 1805 ruft nun bei Zelter die Erfahrung des nahen Todes eine allgemeine Angst hervor, die sich auch in der Sorge, vom Freund nichts mehr, am Ende gar nie mehr zu hören, äußert. Wie Goethes häufige Briefe vom Juni und Juli 1805 zitieren nun auch Zelters Briefe im Frühjahr 1806 den Freund herbei, wenn auch nicht im wörtlichen Sinne. Dies der Anfang des verzweifelten Briefes vom 21. April 1806:

Ich kann nicht ohne Sorge unaufhörlich an Sie denken, da ich gar keine Nachricht von Ihnen habe. Ich denke mir Sie, befallen von Ihrem alten Übel, einsam, brütend, sich selbst verzehrend. Ich bin jetzt so furchtsam wie ein Kind, das geringste Unvermutete erschreckt mich. Am 13ten dieses Monats ließ sich die Mutter meiner Frau zum Mittagstisch bei mir ansagen. Wir haben ein freundliches, fröhliches Mahl gehalten, am andern Morgen war sie tot. Sie war 82 Jahre alt und dabei munter, gesellig, bewegsam und ich kann sagen schön – so schied sie von uns. Vor zwei Monaten ist mir meine Schwester gestorben – ich weiß nicht mehr was ich anfangen soll. Ich bitte inständigst lassen Sie mich von sich hören. Auch Ihr Sohn kömmt nicht. (127)

---

[17] Nager, Der heilkundige Dichter, S.158, spricht von dem »Konflikt zwischen – an sich gebotener – Trauerarbeit und hartnäckiger Verdrängung« bei Goethe.

Ein kurzes, ganz konventionelles Schreiben Goethes, das inzwischen anlangt, genügt, um Zelter für den Augenblick zu beruhigen. Er hofft auf das neue Grün der Bäume, auf die nächsten Bände der Cottaschen Werkausgabe. Aber so· sehr er sich ermutigt und auf das Nächstliegende konzentriert, die Rede kommt doch auf das Grundsätzliche. Mit kaum achtundvierzig Jahren fühlt sich Zelter alt. Ein Lebensabschnitt ist beendet; eine ältere Generation gibt es nicht mehr, eine weitere Heirat ist ausgeschlossen. Zelter wird keine Kinder mehr zeugen, die Vorhandenen werden (bis auf zwei Töchter) nach und nach aus dem Hause gehen. Fünf von ihnen werden noch zu Zelters Lebzeiten sterben, während die Zahl der Enkel beständig wächst. Am 1. Juni 1806, genau ein Jahr, nachdem Goethe in seinem resignierten Brief keine Möglichkeit zu einer neuen Lebensweise mehr sah, zieht Zelter die Bilanz seiner Lage und schreibt: »meine Einsamkeit hat ihre guten Momente in denen ich sozusagen vom Leben ausruhe. [...] Mir steht ein saures Leben bevor, doch will ichs kommen sehn und vor nichts erschrecken das vorüber muß« (131 und 132).

Man kann sich des Eindrucks nicht erwehren, daß Goethe den Äußerungen der Verzweiflung mit Ratlosigkeit, Unbehagen, Abwehr gegenüber steht und erst in dem Moment wieder zu wärmeren Worten der Teilnahme findet, in dem Zelter sich selbst schon ermutigt und mit seinen neuen Lebensumständen eingerichtet hat. Diese Monate der Jahre 1805 und 1806 setzen beide Männer der ähnlichen Erfahrung eines einschneidenden Verlustes und einer deutlichen Wende zum Alter hin aus; aber sie legen auch die so unterschiedlichen psychologischen Strategien der Lebensbewältigung, der Hilfe und Selbsthilfe offen. Zelter imaginiert die Gegenwart des Freundes, von dem er vielleicht gar nicht viel hört, begreift also die Realität des Verhältnisses als Anhaltspunkt für Gedanken, Phantasien und Emotionen. Goethe ermutigt oft mit minimalen Anstößen bei Zelter die Entfaltung geistiger und seelischer Kräfte und damit ein intensiveres Selbst- und Weltverhältnis. Im gleichen Zuge ermöglicht sich aber auch der Dichter immer wieder die Anschauung von etwas, was er vielleicht als gesunde Naturtätigkeit bezeichnen würde. Die Vitalität der Reaktionen ist es daher wohl mehr als die Hilfsbedürftigkeit, mit der Zelter im Trauerfall Goethes Zuwendung gewinnt. Das Gelingen des Briefwechsels hängt also offenbar gar nicht immer von der Tatsächlichkeit und dem Wortlaut des Austauschs ab, sondern von dem, was sich im Raum subjektiver Projektionen und

Identifikationen abspielt. Das spricht jedoch nicht gegen ihn. Die psychologischen Interessen an der Freundschaft sind auf beiden Seiten zwar unterschiedlich gelagert, aber doch miteinander vereinbar. So gewinnt in den Monaten, in denen Goethe und Zelter fast gleichzeitig eine Lebenskrise durchmachen, die Freundschaft eine neue Qualität. In den Briefen dieser Zeit teilt sich mehr und mehr ein Bewußtsein von der Anfälligkeit des eigenen Lebens mit, die Neigung, sich in einer um sich selbst kreisenden Umgebung isoliert oder deplaciert zu sehen, eine Ironie dem eigenen Überleben und zunehmender Unzeitgemäßheit gegenüber. Die einschneidenden Erfahrungen, die beide Freunde aus der Kontinuität des Lebens drängen und zur psychologischen und intellektuellen Distanznahme treiben, lassen sie, je mehr das Gemeinsame dieser Befindlichkeit zu erkennen ist, immer näher zusammenrücken. Es ist eine Zeit des Abschlusses und des Übergangs, eine Situation, in der sich die Vergangenheit von der Gegenwart löst und eine vorsichtige Neuorientierung einsetzt.

Ein eigener, zwischen Trauer und Ironie, Resignation und Ermutigung, Betroffenheit und Distanzierung schwebender Ton stellt sich ein, etwas Gemischtes, zuweilen Spielerisches der Gefühle und der Rede. Aus der Freundschaft wird eine Altersfreundschaft, aus dem Briefwechsel ein Altersbriefwechsel. Die gegenseitige Sympathie allein hätte ohne die geteilte Erfahrung prekären Überlebens, einer durch Tod und Verlust erzwungenen Lebenswende zum Alter hin diesen eigentümlichen Charakter des Verhältnisses nicht herbeiführen können.

Zu diesem eigentümlichen Verhältnis gehört eine Sprache, die mit Blick auf Goethe als sein charakteristischer Altersstil gilt, ohne daß seine besondere Ausprägung je vor dem Hintergund der Solidarität dieser beiden Alten gesehen wurde. Gerne zitiert man etwa zur Kennzeichnung dieses Altersstils eine fast aphoristische Selbstaussage Goethes in bezug auf den *Diwan*:

Unbedingtes Ergeben in den Willen Gottes, heiterer Überblick des beweglichen, immer kreis- und spiralartig wiederkehrenden Erde-Treibens, Liebe, Neigung zwischen zwei Welten schwebend, alles Reale geläutert, sich symbolisch auflösend. Was will der Großpapa mehr? (601)[18]

---

[18] Vgl. Trunz, Goethes Altersstil, S.144. Hans Joachim Schrimpf, Goethe – Spätzeit, Altersstil, Zeitkritik, Pfullingen 1966, S.7.

Zelter könnte Gleiches nicht von sich behaupten; gleichwohl gehört der Ton des humoristisch-ironischen Selbstverhältnisses im Alter genau in diesen Briefwechsel. Neben die Aussage zur Symbolik des Alten, der sich als »Großpapa« bezeichnet, läßt sich Zelters zärtlich-humoristische Phantasie in einem Brief von 1817 halten, mit dem er dem »Väterchen« zur geplanten Hochzeit Augusts mit Ottilie von Pogwisch gratuliert:

> Nun kommt das junge Weiblein und streichelt dem alten Herrn den Bart und kraut ihn hinter den Ohren und schleicht zur rechten Zeit wieder von dannen und kostet das Süppchen und kuckt in die Winkel und tupft mit dem Finger das Stäubchen auf und sieht nach dem Wetter und geht in den Stall und läßt den Wagen vorfahren und vexiert das alte Kind an die Sonne und läßt ihn durchlüften und packt ihn wieder ins Chaischen und legt ihm den Mantel zurecht und im Hause steht schon die Suppe und erwartet ein freundliches Auge und Väterchen hinten und Väterchen vorne und wo sichs verschieben, verdrücken und reißen will, da tritt sie still ein und stellt wieder her die magnetische Kraft behaglichen Beisammenseins. (491f.)

Eine solche Freundschaft läßt sich nicht darauf reduzieren, daß Goethe sich neben anderen bewährten Fachberatern nun auch einen aus dem Bereich der Musik habe zulegen wollen.[19] Und auch die Einschätzung, daß Zelter für Goethe nur einer unter vielen Freunden gewesen sei, läßt sich so nicht halten.[20] Denn abgesehen davon, daß Umstände und Sympathie im Laufe der Jahre ein besonders herzliches Verhältnis herbeigeführt haben, das man in Goethes Umgebung sonst kaum findet, spricht alles dafür, daß Goethe sich von Anfang an mit Bedacht für Zelter als eigenständige Persönlichkeit interessierte. Schon im Brief an Schlegel war von der Neugier auf die Bekanntschaft des »Individuums« die Rede,[21] und viele Dokumente sprechen von einer größeren Hochschätzung für die Person und den Freund als für den Musiker und Mitarbeiter. Im Brief an Sulpiz Boisserée vom 26. Juli 1826 spricht Goethe wieder und in unmißverständlicher Weise von »Individualität«: »Zelter blieb 8 Tage bei

---

[19] Zu bedenken ist allerdings, daß die Annäherung an Zelter in die Zeit der vorübergehenden Entzweiung Goethes mit Reichardt fiel. Vgl. Bode, Die Tonkunst in Goethes Leben, Bd.1, S.222. Dagegen Momme Mommsen, Goethes Freundschaft mit Zelter. Zu Zelters 200. Geburtstag am 11. Dezember 1958, in: GoetheJb NF 20(1958), S.1–5, S.1: »So bildete denn auch durchaus nicht etwa die Musik das wesentliche Fundament der Freundschaft«.
[20] »Für Goethe war diese Freundschaft doch nur eine unter vielen«. So Ludwig Geiger im Vorwort zu seiner Ausgabe des Briefwechsels, Leipzig 1920, S.25.
[21] Vgl. WA IV, 13, S.183.

mir und es ward mir stärkend, in der Nähe dieses vorzüglichen Mannes auch nur kurze Zeit zu leben; er brachte mit seiner tüchtig gründlichen Individualität den Nebenklang des Berliner wundersamen Elements mit.«[22] Keine Rede von Zusammenarbeit oder Musik. Offensichtlich hat Goethe diesen einen Freund sogar immer wieder mit einigem Eigensinn vor anderen ausgezeichnet, was bei einer bloß sachlich begründeten Bekanntschaft nicht nötig gewesen wäre.

Es ist ein Handwerker, ein Mann der Praxis noch mehr als des Geistes und daher nicht einer wie Meyer, Riemer, Eckermann, der in Goethes Zuneigung zum Nachfolger Schillers wird. Hier geht es nicht um ein gemeinsames künstlerisches oder wissenschaftliches Programm, schon gar nicht um ein klassisches — diese Zeit ist vorbei. Auch bleibt Zelter in seinem Lebenslauf autonom; er gehört nicht zu denen, die bis heute ausschließlich als Helfer und Mitarbeiter Goethes identifiziert werden. Die Gemeinsamkeiten der Freunde liegen vor allem in einer geteilten Einstellung zum Leben, im Überleben einer als abgeschlossen betrachteten Epoche, aus der man herkam, im Behaupten von individuellen Positionen, in resigniert oder kämpferisch gelebter Unzeitgemäßheit, auch — warum nicht — in Eigensinn, Egozentrik, Verschrobenheit, die in einer biographischen Identifikation aktiviert werden.

Zelters durchaus konservative Haltung in Fragen der Musiktheorie und des musikalischen Geschmacks mag man im Hinblick auf seine Ratgeberfunktion bei Goethe bedauern oder kritisieren.[23] Für Goethe hat sie wohl vor allem eine große Unabhängigkeit von Moden und übereifrig verfolgten Tendenzen signalisiert, die er als Angehöriger derselben Generation begrüßt hat.[24] Je weiter die Korrespondenz ins 19. Jahrhundert hineinwächst, desto deutlicher zeichnet sich ein weiteres Motiv sympathisch empfundener und geteilter Unzeitgemäßheit ab. Was beide Freunde als ihren Hauptberuf betrachten, wurzelt im Dilettantismus — bei Zelter die Musik, bei

---

[22] Sulpiz Boisserée, Briefwechsel/Tagebücher, Bd.2, Göttingen 1970, S.433.
[23] Vgl. dazu Martin Geck, Zelter, in: Musik in Geschichte und Gegenwart, Bd.14, Sp.1208—1215, Sp.1211. Nachdrücklich, ja im Tone des Ressentiments findet sich der Vorwurf bei Max Friedländer, Goethe und die Musik, in: GoetheJb 3(1916), S.275—340, S.311ff. Vgl. auch Richard Friedenthal, Goethe. Sein Leben und seine Zeit, Stuttgart und Hamburg 1963, S.508.
[24] Hans John (Goethe und die Musik, Langensalza 1927, S.169) stellt Goethes und Zelters konservative Haltung in Musikfragen als Sache ihrer Generation und ihres Herkommens dar, die jeder möglichen »einseitigen Inspiration« Goethes durch Zelter voranzusetzen sei.

Goethe die Naturwissenschaft.[25] Man begreift, warum Goethe zu einer Zeit, da Zelter den Unterhalt seiner Familie noch fast ausschließlich aus dem Baugeschäft bestritt, unermüdlich die musikalische Arbeit ermutigte und auf ihre öffentliche und finanzielle Anerkennung drängte.[26] Es geht also um weit mehr als die Verteidigung des Individuellen und der biographischen Wurzeln im Alter — hier behauptet sich ein Menschenbild, das Individualität aus der Natur des Menschen und seiner Bildungsfähigkeit entwickelt, und erst danach die Prägungen der Gesellschaft, des Staates, der Ökonomie, der spezialisierten Disziplinen anerkennt. Es kann nicht anders sein — das Festhalten an einem solchen Verständnis der Individualität bis ins Jahr 1832 ist ein Rückzugsgefecht,[27] es ist nur im geschützten Raum des Privaten möglich, in einem Briefwechsel, dessen Soziales weit mehr dem Geselligen (dem »Klatsch«) als dem Gesellschaftlichen zugeordnet ist. Aber mit der Vorbereitung der Publikation des Briefwechsels wird für dieses Private dennoch eine Öffentlichkeit gesucht; hier scheint ein Bewußtsein zu herrschen von dem historisch Markanten noch dieser Art privat verteidigter Individualität und kultivierter Unzeitgemäßheit. Es ist keineswegs nur ein eitler, egozentrischer, sondern viel mehr ein gewitzter, provozierender Versuch, den Zwängen des gesellschaftlichen Wandels entgegenzutreten. Noch einmal sei Goethes Brief aus dem Sommer 1825 zitiert:

> Junge Leute werden viel zu früh aufgeregt und dann im Zeitstrudel fortgerissen; Reichtum und Schnelligkeit ist was die Welt bewundert und wornach jeder strebt; Eisenbahnen, Schnellposten, Dampfschiffe und alle möglichen Fazilitäten der Kommunikation sind es worauf die gebildete Welt ausgeht, sich zu überbieten, zu überbilden und dadurch in der Mittelmäßigkeit zu verharren. Und das ist ja das Resultat der Allgemeinheit, daß eine mittlere Kultur gemein werde, dahin streben die Bibelgesellschaften, die Lankasterische Methode, und was nicht alles.

---

[25] »geahnt haben wird er [Goethe] ohne Zweifel, daß Zelters Verhältnis zur Kunst ähnlicher Tragik unterlag wie das seine zur Wissenschaft.« (Victor, Carl Friedrich Zelter, S.11).

[26] Zelters Ernennung zum Professor der Akademie 1809 verdankt sich u.a. Goethes Einsatz für den Freund bei Wilhelm von Humboldt. Vgl. Schottländer, Carl Friedrich Zelters Darstellungen seines Lebens, S.XIX.

[27] Georg Jappe bezeichnet den Brief als Form der Kompensation in einer Zeit zunehmender Entfremdung von Künstler und Gesellschaft im 19. Jahrhundert. »Die Woge posthum veröffentlichter Briefwechsel rührt von dieser Epoche des inneren Exils her« (G.J., Vom Briefwechsel zum Schriftwechsel, in: Merkur 23(1969), S.351–362, S.358).

Eigentlich ist es das Jahrhundert für die fähigen Köpfe, für leichtfassende praktische Menschen, die mit einer gewissen Gewandtheit ausgestattet, ihre Superiorität über die Menge fühlen, wenn sie gleich selbst nicht zum höchsten begabt sind. Laß uns soviel als möglich an der Gesinnung halten in der wir herankamen, wir werden, mit villeicht noch Wenigen, die Letzten sein einer Epoche die sobald nicht wiederkehrt. (851)

Das Private der Briefkultur, so sichtbar dem hohen Lebensalter zugeordnet, stellt einen Ort des Widerstands gegen die Übermächtigkeit der Zeit dar, deren Zwänge erst den Menschen in einen immer größeren Gegensatz von öffentlicher und privater Existenz spannen. So gilt es für Goethe 1825, so ist es noch viel mehr für Benjamin, der eben darum diesen Brief am Anfang seiner Anthologie zitiert und ihm neue Aktualität zuspricht.

Der Briefwechsel ist also eine höchst bewußte Wahl, wenn es darum geht, das eigene Lebensalter und die Epoche aus dem ständigen Blickwechsel zwischen Privatheit und Öffentlichkeit zu erschließen.[28] Das letzte Kapitel wird zeigen, daß genau diese Zwischenstellung zwischen Privatheit und Öffentlichkeit und die autobiographische Konkretheit der Erörterung zusammen mit der Intersubjektivität der berichteten Erfahrungen den Briefwechsel zu einem Mittel anthropologischer Reflexion macht.

Eine durchaus private, überaus herzliche, ja intime Sprache pflegen diese Briefe allerdings schon früh und, je länger die Freundschaft anhält, je mehr. Mit Verwunderung und Befremden hat man das konstatiert. Es kam zum irritierenden Vergleich zwischen diesem Verhältnis und der Freundschaft mit Schiller: Wie konnte ein Zelter die Nachfolge eines Schiller antreten, wie konnte er in den Genuß eines persönlichen Vertrauens gelangen, das Goethe dem Dichterfreund so nicht gewährte?[29]

---

[28] Die Veröffentlichung der Korrespondenz stellt daher ein signifikantes Gegenstück dar zu der von S. Koranyi zutreffend ausgemachten Tendenz von Goethes Spätwerk zur Objektivierung und Versachlichung. Das Soziale des wissenschaftlichen Diskurses (in der *Farbenlehre*, in den Zeitschriften, Koranyi, S.182) wird ergänzt durch die betont subjektive Sicht der Briefe, die ihrerseits Repräsentativität beansprucht.

[29] Sprechend wieder der Gegensatz zwischen Gervinus, bei dem der Vergleich mit Schiller für Zelter schlecht ausfällt (Geschichte der Deutschen Dichtung, Leipzig ⁵1874, S.800) und Benjamin, der 1928 schrieb: »Der Briefwechsel zwischen [Schiller und Goethe] ist ein bis ins Einzelne wohl abgewogenes und redigiertes Dokument und hat aus tendenziösen Gründen immer mehr Ansehen genossen als der tiefere, freiere und lebendigere, den Goethe im hohen Alter mit Zelter geführt hat« (W.B., Goethe, in: Gesammelte Schriften II,2, hg. von

Goethe wählte bewußt nicht einen Ersatz für das alte Verhältnis, sondern ein ganz anderes, das nun nicht im Zeichen literarischer Repräsentanz, sondern vertraulicher, fast sektiererischer Intimität stand.[30] Zumal in Weimar wird man sich, je mehr der Berliner Handwerker, der für seine Unverblümtheit berüchtigt war, seine Vertrauensstellung bei Goethe festigen konnte, an jene Zeit erinnert haben, in der der Geheime Rat das Verhältnis mit Christiane Vulpius der Gesellschaft Charlotte von Steins vorzuziehen begann. Es zeugt also auch von gesellschaftlichem Eigensinn, wenn der größte deutsche Dichter, der Freund des Fürsten, ausgerechnet mit dem oft drastischen Zelter das freundschaftliche Du teilte, das sich im Verhältnis mit Schiller niemals einstellen wollte. Wer jedoch behauptet, Zelter sei der einzige Freund, dem der Alte noch das Du gönnte,[31] scheint Goethes Verhältnis zu den Frauen, die er – aus Gründen der Konvention vielleicht nur gelegentlich – »Du« nannte, nicht als Freundschaften zu betrachten.

Züge einer Liebesbeziehung weist das Verhältnis zwischen Goethe und Zelter allerdings auch auf. Zumindest wählt Zelter immer wieder Wörter, die in diese Richtung weisen. Mit »Geliebter«, spricht er Goethe an, »mein süßgeliebtes freundliches Herz« (351), mit »mein Allerschönster« (380), »ewig Geliebter« (513), »Geliebtester meiner Seele« (537), »Allersüßester« (561), »mein Geliebtester« (673). Das alles mag noch der empfindsamen Semantik der Freundschaft um 1800 angehören und steht denn auch, teils humoristisch verwendet, neben anderen Anreden, die schon mehr ins neunzehnte Jahrhundert passen: »lieber Junge« (343), »mein Allerbester« (493), »alter Knabe« (561), »tausendmal gebenedeiter Herzensbruder« (583), »mein Alter« (750), »mein alter Herr und Meister« (800). Dann nennt Zelter Goethe wieder »mein Heiland« (353), »Licht meines Lebens« (377). Manche Formulierungen gehen aber doch über die phantasievollen Varianten freundschaftlicher und verehrender Anreden weit hinaus: »Gott weiß, daß ich keine wache Stunde ohne einen Gedanken an Dich lebe«, heißt es am 22. April 1815 (374f.); und am 9. Mai 1816: »Lebe wohl, mein Holdester,

---

Rolf Tiedemann und Hermann Schweppenhäuser, Frankfurt a.M. 1977, S. 705–739, S.724).
[30] Vgl. Karl Otto Conrady, Goethe. Leben und Werk, Frankfurt a.M. 1988, Bd.2, S.276.
[31] E. Staiger, Goethe, Bd.3, S.95.

Guter, Bester, Einziger! fühltest Du den Schmerz womit ich Dich liebe Du müßtest daran verbrennen« (426).

Aus heutiger Sicht ist es schwer zu beurteilen, was daran Rhetorik der Zeit, was metaphorischer, auf die Freundschaft übertragener Sprachgebrauch ist, was dagegen einer eigenständigen Gefühlswelt entstammt. Um Liebe handelt es sich zweifellos und um Verherrlichung. Sie sind in dieser Freundschaft am Platz, sofern sie sich aus dem 18. Jahrhundert herschreibt. In die Männerfreundschaft des 19. sollen sie schon nicht mehr passen. Bereits Gervinus — und ihm erst recht — waren Zelters Hingabe und Überschwang suspekt. Bettine und ihren Briefen gestand er die Idolatrie des großen Dichters zu, vermutlich, weil sie ein Zeichen schöner Weiblichkeit ist; bei Zelter erschien sie wohl als unmännlich.[32]

Wandlungen des Freundschaftsbegriffes und Wandlungen des Geschlechterverhältnisses seit 1800 erschweren heute das Verständnis der Liebe, die Goethe und Zelter verband. Emotionale Abhängigkeit, eine deutliche Asymmetrie in Gefühlsbindungen — und genau das versucht Zelter auszudrücken, wenn er sich nach Goethes Tod wiederholt als dessen »Witwe« bezeichnet[33] — sie hat man zunehmend aus dem Begriff der Freundschaft und mit Verzögerungen auch aus dem der Liebesbeziehung vertreiben wollen. Sie setzen in Verlegenheit, je mehr soziale Relationen unter dem Diktat individueller Autonomie stehen.

Tatsächlich hat aber die ständige Bezogenheit auf Goethe im Leben Zelters ihre eigene Vernunft. Wie es sonst Liebenden ergehen kann, stärkt diese Liebe sein Selbstbewußtsein und verwandelt sich in erstaunliche Energien. Das betrifft seine Kompositionen, die Professionalisierung seiner musikalischen Tätigkeiten, seinen wachsenden Einfluß in den Berliner künstlerischen, akademischen und Adelskreisen (man denke nur an seine Mitwirkung an der Aufführung des *Faust* am Berliner Hof),[34] die Ausdehnung seines Wirkungsbereichs, seine Reisen, ja noch die Entspannung seiner wirtschaftlichen Lage: Sie alle lassen sich — nicht nur, aber auch — als Effekte eines in der Orientierung auf Goethe gesteigerten Selbstge-

---

[32] Gervinus, Ueber den Göthischen Briefwechsel, S.153.
[33] Vgl. Zelters Brief an Kanzler von Müller, in: Riemer, Bd.6, S.430; und an David Veit vom 27.3.1832: »Sie haben Ihre Frau verloren, und mir ist mein Mann gestorben.« (Hecker, Zelters Tod, S.108).
[34] Vgl. Zelters Briefe vom 31.3.1816 (406–408); vom 7.4.1816 (413); vom 9.5.1816 (427); und von 1820 (609f.).

fühls verstehen. Zelter schreibt am 28. Mai 1825, gewissermaßen zum silbernen Jubiläum:

> Lachen muß ich daß Du meine Briefe *studierst*. Es muß ein ungeschlachtes Päckchen sein was ich wohl selber bei Haufen sehn möchte. Sie mögen gelehrte Dinge enthalten und doch begreifen sie mein eigenstes Leben seit fünf und zwanzig Jahren da ich erst seit so lange lebe. (846)

Das Zitat belegt den paradoxen Zusammenhang von persönlicher Abhängigkeit und Emanzipation, der hier tatsächlich gegeben ist. Kombiniert man aber diesen Zusammenhang mit Zelters »weiblicher« Rolle und seiner Briefproduktion, so rückt unversehens die sozialpsychologische und mehr noch literatursoziologische Stellung dieses Briefwechsels ins Licht. Denn Frauen waren es, die, von Männern auf ihre private Sphäre, auf Natürlichkeit und Emotionalität verwiesen, vom Akademischen und Künstlerischen ausgeschlossen, aus der Not des Briefeschreibens eine Tugend machten.[35] Die Verbindung von Briefkunst und Weiblichkeit führte dazu, daß trotz sozialer Abhängigkeit und enggesteckter Grenzen dilettantisch-privater Produktion eine höchst originelle Literatursprache entstand. Die Originalität dieser Epistolographie wirkte auf die gesamte deutsche Kunstprosa zurück, wie sie auch ein Motiv der Emanzipation von Frauen wurde.[36]

Wieviel Goethe seit frühester Zeit seinen Korrespondenzen mit Frauen verdankt, steht außer Zweifel. Aber auch Zelters »weibliche« Rolle im Briefwechsel mit Goethe deutet auf einen sprechenden Sachverhalt, auf einen dialektischen Zusammenhang von Emotionalität, sogenannter »Natürlichkeit«, Privatheit, niedrigerem Sozialstatus auf der einen, literarischer Originalität und Bewußtheit sowie gesellschaftlicher Emanzipation auf der anderen Seite. Zelters scheinbar so unbewußte Produktionen sind Ergebnisse eines ausgeprägten

---

[35] Vgl. Anita Runge und Lieselotte Steinbrügge (Hg.), Die Frau im Dialog. Studien zu Theorie und Geschichte des Briefes, Stuttgart 1991. Im Vorwort heißt es: »Spätestens seit der von Gellert verfaßten *Praktischen Abhandlung von dem guten Geschmacke in Briefen* gibt es eine enge Konnotation von weiblicher Natur und Gattungsmerkmalen des Briefes« (S.8). Daß diese Konnotation selber zum Eideshelfer frauenfeindlicher Argumentation werden könne, zeigen die Autorinnen (S.9).

[36] Reinhard M.G. Nickisch, Briefkultur. Entwicklung und sozialgeschichtliche Bedeutung des Frauenbriefs im 18. Jahrhundert, in: Gisela Brinker-Gabler (Hg.), Deutsche Literatur von Frauen, Bd.1, München 1988, S.389–409, S.408.

Stilempfindens; zu einigen Briefen, die zu den scheinbar spontansten zählen, gibt es mehr als eine Konzeptfassung.[37] Spricht dies schon dafür, daß die scheinbar zufällige, rein pragmatische Briefkultur sich ihres literarischen Ortes zum Teil bewußt ist, so ersteht andererseits hinter Goethes Pflege seiner Freundschaft und seiner Korrespondenz mit Zelter eine im Ansatz demokratische Bildungs- und Literaturpolitik, die einem Handwerker zu einer Professur und seinen Briefen zur Publikation verhilft.[38] Goethes Briefwechsel mit Zelter in Buchform ist dabei nicht etwa das Ergebnis gönnerhaften Verhaltens. Goethe hatte eine sehr hohe Meinung von Zelters Briefkunst, wie im einzelnen noch zu belegen ist. Ein deutliches Zeichen ihrer Eigenständigkeit ist es aber auch, daß Goethe sich vom Stil des Freundes durchaus affizieren ließ.[39]

Wie Goethe Zelters Sprache der Liebe aufgenommen hat, läßt sich nicht sagen. Sie scheint ihn nicht gestört zu haben; ob er sie erwartet oder gar gebraucht hat, bleibt dahingestellt. Fest steht, daß

---

[37] Nicht ganz zuverlässige Beispiele hierfür geben E.v. Bamberg und P. Weizsäcker, »Zum Goethe-Zelterschen Briefwechsel hg. von Ludwig Geiger«, in: GoetheJb 22(1901), S.91–109, S.93. Zahlreiche Konzepte Zelters finden sich wie die Originale des Briefwechsels und der Abschriften, die dem Druck zugrundegelegt wurden, in den Beständen des Goethe- und Schiller-Archivs in Weimar (GSA I 95/8–9 und GSA 28/1028).

[38] Das Gesagte provoziert zwei Glossen: Erstens reihen sich Zelters Briefe folgerecht in die Werke meist autobiographischer Natur ein, zu denen Goethe ermutigte, die er redigierte, zur Veröffentlichung brachte, und deren Autoren ihrer sozialen Stellung wegen besonders auf diese Hilfe angewiesen waren (Jung-Stilling, K.Ph. Moritz, Ph. Hackert). Zweitens muß auf eine für Zelter vorteilhafte Diskrepanz zwischen der metaphorischen Rede von seiner weiblichen Rolle und seiner Abhängigkeit von Goethe einerseits und seinem tatsächlichen Sozialstatus andererseits aufmerksam gemacht werden. Während Zelters Briefwechsel nämlich von Emanzipation zeugt und selber zu ihrem Medium wird, stellt sich der über lange Strecken gleichzeitige Briefwechsel Goethes mit Marianne von Willemer als Geschichte einer Tragödie dar, an der die Abhängigkeit dieser Frau von ihren sozialen Bedingungen ihren Anteil hat. Für die deutliche Grenze, die im Prozeß künstlerischer und bürgerlicher Emanzipation den Frauen gezogen ist, ist es kennzeichnend, daß Zelter mit der Vertonung von zwei *Diwan*-Gedichten an die Öffentlichkeit treten durfte, deren wahre Verfasserin sich zeitlebens hinter dem Namen Goethe versteckte – auch für Zelter, der sie doch kannte.

[39] Während für Wellek (Zur Phänomenologie des Briefes) ein »hysteroider Parasitismus an fremden Briefstilen« (S.355) viele Briefautorinnen charakterisiert, wäre für diesen Briefwechsel Goethes wie für alle seine anderen die Frage der gegenseitigen Assimilation viel interessanter. Goethes Briefstil wechselt von Partner zu Partner.

seine Briefe an Zelter von einer ungewöhnlichen, im Alter fast beispiellosen Offenheit und Herzlichkeit sind. »[M]ein Liebster«, nennt Goethe Zelter 1807 (168), »mein geliebter Freund« (294), »mein würdigster Freund« (402), »mein Wertester« (414), »mein Teuerster« (440), »mein Guter« (789), »mein Allerteuerster« (897); und mit Bezug auf Zelters Reisebriefe von der Ostsee »Du Wellenumschaukelter, Meeresgeruchschnufflender, Ufersehnsüchtiger« (641). Goethe grüßt mit »tui amantissimus« (534) oder: »Wenn man älter wird sollte man in einer großen Stadt leben, und mit Dir. Vale« (388).

Wer die Reserviertheit der späten Briefe Goethes selbst alten Freunden gegenüber kennt, nimmt um so deutlicher wahr, daß der Berliner Freund persönlich bevorzugt und ausgezeichnet wird. Selbst Zelters Idolatrie des Freundes hat in gewisser Weise bei Goethe ihr Pendant. Wenn nämlich Zelter an seinen »Wänden [...] gegen 20 verschiedene Abbildungen« von Goethe hat (1020f.), so liebt es Goethe seit 1827, das sehr gelungene Zelter-Porträt von Karl Begas auf einer Staffelei zu inszenieren, wenn er Besuch hat.[40]

Überaus positive Äußerungen über Zelter gegenüber Dritten sind vielfach bezeugt. Soweit sie den Briefwechsel unmittelbar betreffen, sind sie an anderer Stelle noch zu nennen. Aber auch sonst sprach sich Goethe über seinen Freund begeistert aus: Er sei »prächtig«[41], »grandios und tüchtig«, »genial und groß«[42]. Das Beste aber, was sich vielleicht über einen Freund sagen läßt, steht − und am Ende nicht zufällig dort − in einem Brief an Christiane: »Zelters Gegenwart macht mich sehr glücklich.«[43]

---

[40] Nach dem Bericht Daniel Friedrich Partheys z.B. beim Besuch König Ludwigs I. in Weimar am 28./29.8.1827: »Dieses fürstliche Kleeblatt [der König von Bayern, der Großherzog von Sachsen-Weimar und Goethe] zog sich bald in die inneren Gemächer zurück, wo das Bildnis von Zelter stand.« (Gespräche, Bd.III,2, S.179). Zu diesem und weiteren Zelter-Bildnissen vgl. Irmgard Kräupl, Die Zelter-Bildnisse im Goethe-Museum Düsseldorf mit einem Verzeichnis aller übrigen nachweisbaren Porträts, in: Jb der Sammlung Kippenberg, NF 1(1963), S.70−100.
[41] An Christiane, 19.8.1814. Goethes Briefwechsel mit seiner Frau, hg. von Hans Gerhard Gräf, Frankfurt a.M. 1916, Bd.2, S.324.
[42] Im Gespräch mit Eckermann (227).
[43] 8.8.1810; Gräf, S.189. Vgl. auch weitere Briefe an Christiane: »seine Gegenwart hat mir viel Freude gemacht« (22.7.1810; Gräf, S.179); »Zelters Gegenwart hat mich sehr glücklich gemacht« (1.8.1810; Gräf, S.187); »Zelter ist immer der Alte. Seine Gegenwart macht mich sehr glücklich« (11.8.1810; Gräf, S.190); »Zelter geht heute ab, den Rhein hinunter. Den werde ich sehr vermissen« (29.8.1814; Gräf, S.327).

Als das Zelter-Porträt von Karl Begas im August 1827 in Weimar eintraf, meldete Goethe nach Berlin, »daß der willkommenste Gast im Bilde glücklich angelangt ist und große Freude gebracht hat [...] Vor allem aber Dank dem Künstler, welcher in dem würdigen Freund zugleich den aufmerkenden und dirigierenden Meister wahrhaft und kunstreich überlieferte.« (1023)

Ein autobiographischer Dialog

Im Abstand von wenigen Monaten zwingt der Tod beide Freunde in eine Krise, die nach einiger Zeit und in Verbindung mit den historischen Begebenheiten des Jahres 1806 das Gesicht einer Lebenswende zum Alter hin annimmt. Noch in den spätesten Briefen kehrt die Rede wiederholt zum Jahr 1806 als einem besonderen Krisenjahr zurück.[1] Die militärischen und politischen Entwicklungen verstärken den Eindruck, daß eine Epoche ihrem Ende zugeht und intensivieren Anfälligkeiten und Ängste, die Verlust und Trauer schon ausgelöst und wachgehalten hatten. Die kriegerischen Ereignisse bedrohen, wo nicht das Leben unmittelbar, doch die Gesundheit, Einkünfte und Versorgung. Bei Zelter, der unter der Besatzung der preußischen Hauptstadt in der Zivilverwaltung wichtige Aufgaben übernimmt, dessen Baugeschäfte stagnieren und der eine vielköpfige Familie zu ernähren hat, ist die Situation dramatisch:

> Auch ward die Sorge um meine Geburtsstadt durch die Sorge für meine individuelle Erhaltung in hohem Grade vermehrt. Seit fünf Monaten hatte ich nichts verdient und nichts Verdientes eingenommen; ich hatte gar keine Aussicht mein Haus zu erhalten und noch niemals hat die Sorge so mich angepackt. (143)

Eine weitere Sorge betrifft Zelter und Goethe in gleicher Weise: diejenige um unveröffentlichte Manuskripte, die der Einquartierung, der Plünderung oder Brandschatzung zum Opfer fallen könnten. Außer den eigenen Handschriften sind verschiedenartige, teils private, teils öffentliche Sammlungen gefährdet, bei Zelter vor allem Musikalien, historische Werke und kostbare Autographen. Bücher, Kunstwerke, naturwissenschaftliche Sammlungen sind in Weimar wie in Jena – beide in unmittelbarer Nähe des Kriegsschauplatzes – in Gefahr. Als Zelter nach längerer Unterbrechung der Korrespon-

---

[1] »Vor einigen Tagen las mir Ottilie Deine Briefe von 1806 und 7 vor; da mag man sich denn sagen, daß man über Schlimmeres hinausgekommen ist« (H 367). Vgl. auch Zelters Brief vom März 1831 (H 401) und öfter.

denz am 17. Dezember 1806 das Schweigen bricht, fragt er angelegentlich nach den Instituten der Jenaer Universität und Goethes Privatbeständen.»Lassen Sie mich wissen ob Ihre Kunstschätze verschont geblieben« (141). Doch Goethes Angst gilt in dieser Zeit weniger den Kunstsammlungen:»In den schlimmsten Stunden, wo wir um alles besorgt sein mußten, war mir die Furcht meine Papiere zu verlieren die peinlichste, und von der Zeit an schick' ich zum Drucke fort, was nur gehen will« (142). Ob es sich nun um privates oder öffentliches Material, um Bücher, Autographen, Kunstwerke, Musikalia, Naturalia handelt − Goethe und Zelter sind damit konfrontiert, vor der Gewalt des Krieges und im politischen Wandel von unabsehbarer Tragweite Überlieferungen zu bewahren, Grundlagen der Zukunft zu schützen. Und wenn man es schon nicht mehr selbst erleben kann, wie das Angelegte seine Wirkung entfaltet, so muß man sich um den Nachlaß Gedanken machen. Bei Goethe wird dabei stärker als bei Zelter die Sorge um die öffentlichen Güter der Kultur mit der um seine persönliche Hinterlassenschaft verschwommen sein. Es ist die gegebene Zeit, die Publikation von Handschriften zu beschleunigen und − allen wirtschaftlichen Unsicherheiten zum Trotz − eine neue Gesamtausgabe der Werke herauszubringen.

Nicht zum ersten Mal steht bei Goethe das Projekt einer Werkausgabe im Zusammenhang mit einem deutlichen Einschnitt der Biographie − die achtbändige Göschenausgabe von 1786−1788 umrahmte den ersten italienischen Aufenthalt[2] − und nicht zum ersten Mal wird eine Werkedition vom Bedürfnis begleitet, Bilanz zu ziehen, die Konsistenz von Leben und Werk und von dem, was bei einem plötzlichen Tod den Nachlaß abgäbe, zu überprüfen.[3] Die Cottasche Werkausgabe von 1806 bis 1808 droht wie die ältere bei Göschen in Goethes Augen in disparate, bloß akkumulierte, zum Teil fragmentarische Einzelteile zu zerfallen. Da sie nicht den Eindruck eines geschlossenen Gesamtwerks, schon gar nicht den eines abgerundeten Lebens erweckt, ist eine Autobiographie geboten, die das Manko an biographischer und künstlerischer Integration ausgleicht.[4] Diese Absicht bestimmt die Eigenart von Goethes *Dichtung*

---

[2] Hans Mayer, Italienische Reise, in: H.M., Zur deutschen Klassik und Romantik, Pfullingen 1963, S.51−81, S.52f.
[3] Vgl. K.-D. Müller, Autobiographie und Roman, S.253.
[4] Goethes Absicht war, »daß er die ästhetisch nicht ohne weiteres zu verifizierende Totalität historisch herstellte« (K.-D. Müller, Autobiographie und Roman, S.252).

und Wahrheit. Keine Serie von Publikationen wie in der herkömmlichen Literaten-Vita, sondern eine künstlerische Zielgerichtetheit, eine symbolische Formulierung des Historischen prägen die neue Form der Autobiographie. Das dokumentarische und psychologische Element der Autobiographik ist schon von der Intention — nicht erst von der »Form« her — aufs engste mit dem künstlerischen verknüpft.

Davon kann nun in Zelters Autobiographie keine Rede sein, doch ist andererseits auch völlig ausgeschlossen, daß er mit seinem Versuch eine schlechte Nachahmung des berühmten Dichter-Freundes anstrebt. Dies ginge schon aus Gründen der Chronologie nicht. Denn als Zelter wahrscheinlich im Sommer 1808 seine Lebensgeschichte aufzuschreiben beginnt und im Herbst dieses Jahres ein kurzes Vorwort dazu verfaßt,[5] hat Goethe seine eigene noch gar nicht in Angriff genommen. Auch scheinen die Motive des Verfassers, die er im Vorwort benennt, die Autobiographie weit von Goethes ungleich bedeutenderem Unternehmen wegzuführen. Von einer Anregung durch die »Herzogin-Mutter Amalia von Weimar« ist dort die Rede, und von einer eher unauffälligen Absicht:

> Da ich mich nun für jetzt keines anderen Zweckes bewußt bin als mir eine Muße zu erheitern, die mir ein schweres Doppelleid auflegt, indem ich den Fall meines Vaterlandes betraure, das von lang gewohnter Ehre herabgesetzt, sich unter der Prüfungshand beugt, die es verkennt; da ich eben den Tod der süßen Begleiterin meines Lebens beweine und statt ihrer den fremden Feind in meinem Hause walten sehe; so schaue zurück mein Geist, in die Tage der Jugend und sage dir noch einmal, was du sahst, und wie dir war. Ist doch die Welt nur da, insofern du es bist.[6]

Soweit das Vorwort der ersten Niederschrift der Autobiographie, die erst ab 1820 in einzelnen Skizzen fortgesetzt wird, ohne zu einem mehr als provisorischen Abschluß zu kommen.[7]

Eine gewisse, nicht nur zeitliche Analogie in den autobiographischen Projekten Goethes und Zelters wird man trotz aller Unter-

---

[5] September 1808 ist die Datumsangabe bei Schottländer, Carl Friedrich Zelters Darstellungen seines Lebens, S.7. Dagegen findet sich bei Wilhelm Rintel (Carl Friedrich Zelter. Eine Lebensbeschreibung nach autobiographischen Manuscripten bearbeitet, Berlin 1861, S.1) die Datierung September 1806.
[6] Schottländer, C.F. Zelters Darstellungen seines Lebens, S.7. Vgl. dazu *Maximen und Reflexionen* 207: »Die Existenz irgendeines Wesens erscheint uns ja nur, insofern wir uns desselben bewußt werden« (HA 12, S.393).
[7] Auf eine Bitte Goethes hin ergänzt Zelter das Manuskript der Autobiographie durch Dokumente seines Lebens. Vgl. den Brief an Goethe vom 4.4.1822 (700).

schiede nicht bestreiten können. Die traurigen Anlässe, die Zelter nennt, deuten zumindest auf die Verwandtschaft einer allgemeinen psychologischen Gestimmtheit, die die Freunde jeweils zur Darstellung ihres Lebens veranlaßt. Mit dem Krieg und mit dem Tod der Frau sind für Zelter zwei entscheidende Garantien der Identität zerstört worden. Schillers Tod nimmt Goethe den Gefährten einer Kunstperiode, die sich ohne ihn und unter den veränderten politischen Verhältnissen nicht mehr fortsetzen läßt, also ebenfalls einen Halt persönlicher Identität.»Seit der großen Lücke, die durch Schillers Tod in mein Dasein gefallen ist«, schreibt Goethe am 4. April 1806 an Philipp Hackert,»bin ich lebhafter auf das Andenken der Vergangenheit hingewiesen, und empfinde gewissermaßen leidenschaftlich, welche Pflicht es ist, das was für ewig verschwunden scheint, in der Erinnerung aufzubewahren.«[8] Die Autobiographie ist bei Goethe wie bei Zelter kompensatorisch einem Zustand der Destabilisierung zugeordnet, ob sie nun die ästhetisch-historische Integration des Lebens auf einer symbolischen Ebene zu ihrem Programm erhebt oder nicht.

Zwei sich überkreuzende Briefe des Sommers 1808 dokumentieren die im Lebensgefühl verankerte, beiden gemeinsame Gestimmtheit zur Autobiographie. Noch ohne Andeutung eines Bedürfnisses zur synthetisierenden Selbstdarstellung schreibt Goethe am 22. Juni 1808 aus Karlsbad:

> Das Exemplar meiner letzten acht Bände ist wohl noch nicht bei Ihnen angekommen. Auch bei seinem etwas späteren Erscheinen, werden sie Ihnen hoffentlich willkommen sein. Die Fragmente eines ganzen Lebens nehmen sich freilich wunderlich und inkohärent genug nebeneinander aus; deswegen die Rezensenten in einer gar eigenen Verlegenheit sind, wenn sie mit gutem oder bösem Willen das Zusammengedruckte als Zusammengehöriges betrachten wollen. Der freundschaftliche Sinn weiß diese Bruchstücke am besten zu beleben. (183)

Zelter hatte schon früher einen Brief begonnen, den er jedoch erst im Juli abschließt und fortschickt. Unter dem Datum des 8. Mai macht der Schreibende deutlich, daß die psychologische Disposition zur Autobiographik bei ihm schon weit fortgeschritten ist, ein fast literarisches Ordnungsprinzip dem Auflösenden der Zeiterscheinungen entgegengesetzt und beim Betrachten des Vergangenen zum Mittel der Alltagsbewältigung geworden ist. Zelter reagiert auf ein

---

[8] HA, Briefe, Bd.3, S.20.

Schreiben Goethes, in dem es hieß: »Man sieht wohl, daß man nach und nach seine ganze Vorstellung verändern, die Hoffnung auf die Rückkehr des Alten völlig aufgeben, und sich für die übrige Zeit seines Lebens wo nicht erneuen, doch umwenden müßte« (175). Gerade die Entgegnung auf diese Bemerkungen aber führt Zelter nun zur Entfaltung einer autobiographischen Methode, einer distanzierenden Reflexion:

> Je mehr sich das tolle Weltwesen durch einander wirrt, je – ruhiger möcht' ich sagen, erhebt sich meine Natur aus den Verkohlenden Bruchstücken einer Verfassungsmäßigkeit, woran Gewohnheit und Furcht festhalten. [...] Ich habe Stunden ohne den Wunsch, daß es anders sein möchte, als es ist; wo sich alles Einzelne, Gemeinte in unendlicher Ferne vor mich hinstellt und mit dem Gewesenen und Werdenden in eine Reihe tritt die ich wie ein abgeschiedener Geist überschaue. Manchmal ist mir zu Mute wie einem Orestes der Heilung spürt von dem alten Bannfluche, je näher er sich dem Hades glaubt.
> Ich kann einmal nicht begreifen, wie etwas rechtes geschehen könne ohne Opfer, und daß vielmehr alle eitle Treiberei zum Gegenteil dessen führen muß, was wünschenswürdig scheint. Mit diesen Gedanken lege ich mich oft auf mein einsames Lager und stehe am frühen Morgen damit auf; ja ich erhole mich daran von den mühseligen, notvollen Tagen der letzten 18 Monate und daher bin ich nicht versunken wie es manche sind und heute stehe ich noch auf meinen Füßen und denke ernstlich daran mich darauf zu erhalten.
> Dies, mein ewig geliebter Freund, wollte ich Ihnen sagen, weil es sonst keiner hören kann. Alles sieht noch mit den alten Augen und, alles läuft hinter der Pein her der sie zu entlaufen gedenken. Was sie mit den Händen ergreifen könnten, suchen sie Meilen weit außer sich. (187)

Ein »abgeschiedener Geist« – die Fügung ist mehrdeutig. Das Gefühl, den Tod von einem Teil des Ich überlebt zu haben, vermischt sich darin mit geistiger Distanznahme, rückt Alter und Überblick nahe aneinander. Goethe und Zelter können in diesem gemischten Gefühl, das ihr Altsein zum Autobiographischen disponiert, übereinkommen; es trägt ihre Solidarität über Jahrzehnte. Noch im Dezember 1830 grüßt Goethe Zelter in der »volkreichen Königstadt« »wie Merlin vom leuchtenden Grabe her« (H 353), und Zelter schreibt gar im September 1831: »Mir bist Du einer, der schon lange nach seinem Tode lebt, und komm' ich und seh' ich Dich bei Leib und Leben, so komm' ich mich [sic!] selber wie abgeschieden vor« (H 474). Solche Briefe geben sich als *Mémoires d'outre-tombe*.

Dieselben historischen Ereignisse, eine vergleichbare Lebenssituation und psychologische Verfassung liegen den autobiographischen Unternehmungen der beiden Freunde zugrunde. Dazu kommt bei Goethe wie bei Zelter ein längstgehegtes Interesse an im weitesten Sinne biographischer Literatur. Von Zelters Buch über seinen Lehrer, den Komponisten Karl Fasch, und seiner guten Aufnahme in Weimar war schon die Rede. Goethe hatte die Veröffentlichung von Jung-Stillings Lebensgeschichte gefördert, übersetzte die Vita Benvenuto Cellinis (1803), übte sich in der Winckelmann-Schrift darin, die säkulare Bedeutung einer individuellen Person zur Darstellung zu bringen (1805), äußerte sich in einer Rezension der Selbstbiographie Johannes von Müllers (1806) grundsätzlich zur Gattung und brachte, schon mit *Dichtung und Wahrheit* befaßt, seine Redaktion der Aufzeichnungen von und über Philipp Hackert heraus. Dazu kommt der historische Teil der *Farbenlehre*. Von diesen Texten, die man als Etuden Goethes in Sachen der Autobiographik ansehen kann,[9] hat Zelter zumindest *Cellini*, *Winckelmann* und *Hackert* mit Interesse und wiederholt gelesen. Sie bezeichnen zusammen mit etlichen anderen Werken aus dem Bereich der Biographik, Autobiographik, Memorialistik, Epistolographie, Historiographie und Anekdotik einen Schwerpunkt in Zelters Lektüren,[10] die – wenn man seine berufliche Beanspruchung und seine chronischen Augenleiden in Rechnung stellt – erstaunlich umfangreich und vielfältig sind. Musikgeschichtliches und -theoretisches liest er, zahllose Werke der Dramenliteratur und unter ihnen von den griechischen und römischen Klassikern über Shakespeare, Calderón, Molière, Lessing bis Manzoni und Byron viele von weltliterarischem Rang.[11] Unter Goethes Werken, die demnach keineswegs seine Lektüren erschöpfen,[12] bevorzugt Zelter naturgemäß sangbare Lyrik, aber eben auch die Autobiographik. Fast scheint es, als identifiziere Zelter auch alle anderen Gattungen wegen ihres unverkennbaren individuellen Tones

---

[9] Vgl. Hans Mayer, Dichtung und Wahrheit, in: H.M., Zur deutschen Klassik und Romantik, Pfullingen 1963, S.93–121.

[10] Vgl. das Vorwort von Ludwig Geiger zum Briefwechsel zwischen Goethe und Zelter, Bd.1, S.20.

[11] Zwar ist es richtig, daß Zelter nach Anregungen durch Goethe sein Urteil öfter revidiert, aber von einer so vollständigen Abhängigkeit in literarischen Dingen, wie Hans-Heinrich Reuter sie in durchaus abschätzigen Formulierungen malt, kann auch nicht die Rede sein. Die Folie, vor der das negative Urteil entsteht, ist einmal mehr der Briefwechsel mit Schiller (H.-H. Reuter, »Die Weihe der Kraft«. Ein Dialog zwischen Goethe und Zelter und seine Wiederaufnahme bei Fontane, in: Helmut Holtzhauer und Bernhard Zeller, Hg., Studien zur Goethezeit, Festschrift für Lieselotte Blumenthal, Weimar 1968, S.357–375, S.359).

[12] Dies unterstellte Gervinus, Ueber den Göthischen Briefwechsel, S.152.

mit einer überall sich bekundenden autobiographischen Schreibweise des Freundes. Mit Goethe, dessen Reflexionen über die autobiographischen Genres sich freilich auf einem von Zelter nicht erreichten Niveau bewegen, hat er dennoch gemeinsam, daß sich ihm das Epochentypische von der Anschauung repräsentativer Persönlichkeiten, mit denen er in Berührung kommt, erschließt. Damit ist eine Einstellung und Begabung bezeichnet, die in den Autobiographien Goethes und Zelters zur Methode wird und eine erstaunliche Nähe der beiden sonst so unterschiedlichen und ungleichgewichtigen Texte hervorruft. Einen Eindruck von dieser Anschauungsweise vermitteln auch die an Goethe adressierten Berichte von Zelters seit 1818 immer ausgedehnteren Reisen. Sie führen vor, wie er von einem lebendigen Porträt, der Skizze einer persönlichen Begegnung aus das Charakteristische nicht nur der individuellen Person, sondern eines kulturgeschichtlichen Zusammenhangs entwickelt. Unter dem Datum vom 29. Juli 1819 berichtet Zelter z.b. auf zwei Seiten von dem »angenehmsten« Spaziergang, den er mit dem nun achtundsechzigjährigen Antonio Salieri gemacht hat (573). Die Begegnung gibt Anlaß, das neue Requiem von Cherubini mit dem Mozarts zu vergleichen, von dort wieder auf eine Totenmesse Salieris, von dieser wieder auf dessen früheste geistliche Werke von 1766 zu kommen, womit Überlegungen über Traditionen und Fortschritte in der Kunst verbunden sind. Derselbe Brief geht unvermittelt zu Beethoven über und zu Zelters Versuchen, mit dem Zurückgezogenen in Verbindung zu treten, dann zu einer Pianistin, die in Wien zur Zeit große Erfolge hat. Der Verfasser des Briefes verzeichnet nicht nur, liefert keine bloße Chronik seiner Reise – er stellt allenthalben Bezüge her zwischen den Persönlichkeiten, ihren Werken, ihrer Biographie, der Epoche; und alles, von dem Verschwinden der Kirchentonarten bis zum modernen Virtuosentum ist für die eigene Lebensgeschichte transparent gemacht. Mit viel Sympathie, voller verborgener, aber für Goethe gewiß erkennbarer Identifikationen berichtet Zelter über Salieri:

> Dabei schreibt er nach seiner gewohnten Art noch immer fort unwissend ironisch und humoristisch und spinnt sich ein wie ein Seidenwurm. Er hatte sich ein Requiem gemacht, wovon er mit Genuß spricht, weil er seiner anno 1807 verstorbenen Frau [!] bald nachzufolgen glaubte; da dies aber noch nicht geschehen ist, so hat er sich nun ein viel kürzeres komponiert und meint: das sei gut genug für ihn. (573f.)

Zelters Wiener Brief vom Juli 1819 gibt einen Eindruck davon, was eine Musikgeschichte aus seiner Feder hätte sein können, die er wohl erwogen, aber nie ernsthaft in Angriff genommen hat.[13] An Ermutigungen zu einem solchen Unternehmen, auch durch Goethe, hat es nicht gefehlt.[14] Zelter antwortet am 22. Mai 1815 auf eine Aufforderung in diesem Sinne:

> Was Du von einer Geschichte der Musik schreibst, lebt schon manches Jahr in mir [...]. Eigentlich war es der Zweck der Beschreibung meines geringen Lebens, das mir die Gelegenheit geben sollte, das was ich von Kunsterfahrung und Geschichte weiß an den Mann zu bringen, denn zu einer Geschichte die ich nicht gesehn habe möchte ich mich wenig schicken, da ich wenig gelesen habe. (385)[15]

Eine persönliche Neigung und Begabung steht also hinter der Verwandtschaft seiner Autobiographik mit derjenigen Goethes, nicht etwa die Nachahmung eines verehrten Vorbildes. Diejenigen Teile seiner Lebensgeschichte, die ab 1808 zur Ausführung gelangt sind, belegen es. Das Buch ist eine Folge lebendiger und prägender Begegnungen; es läßt hinter dem individuellen, durchaus begrenzten Lebensraum ein kulturelles Milieu, in charakteristischen Schilderungen etwas von der geistigen Verfassung der Zeit erstehen. So kann eine Untersuchung zur Autobiographik des 18. und 19. Jahrhunderts bis zu Goethe feststellen, daß Zelter »in diesem Hauptkennzeichen seiner Schrift der Autobiographie seines Altersfreundes Goethe schon sehr nahe, von allen gleichzeitigen Autobiographien wohl am nächsten« kommt.[16] Gewiß erreicht Zelters Lebensgeschichte nicht das Repräsentative oder gar das Symbolische von *Dichtung und Wahrheit*. Aber es gibt noch ein weiteres gemeinsames Merkmal. Kein anderer als Goethe benennt es, als er am 11. November 1811 den ersten Band seiner Autobiographie nach Berlin schickt und von selbst einen Vergleich mit Zelters Lebensgeschichte anstellt: »Hier [in *Dichtung und Wahrheit*] tritt der Widerstreit zwischen Erziehung

---

[13] Zelters Enkel Wilhelm Rintel berichtet von einer Fülle theoretischer und biographischer Schriften zur Musik, Rezensionen, Gutachten, Abhandlungen etc., die sich im Nachlaß Zelters befinden. (W.R., C.F. Zelter, S.267).
[14] Vgl. Goethes Brief vom Mai 1815 (382f.).
[15] »Über Geschichte kann niemand urteilen, als wer an sich selbst Geschichte erlebt hat.« *Maximen und Reflexionen* 217 (HA 12, S.395).
[16] Günter Niggl, Geschichte der deutschen Autobiographie im 18. Jahrhundert. Theoretische Grundlegung und literarische Entfaltung, Stuttgart 1977, S.150.

und Neigung und Leben viel verwickelter hervor als bei dem was Sie uns von Ihren frühern Jahren vorlasen. Was bei Ihnen nur Zwiespalt ist, ist hier hundertspältig.« (268) Tatsächlich bildet der Widerspruch zwischen dem sozialen Herkommen, dem erlernten Beruf und den aus eigener Neigung verfolgten Begabungen mehr als eine persönliche Gemeinsamkeit, die gegenseitige Sympathie weckt. Damit ist zugleich die problematische Konstellation benannt, mit der sich alle Versuche der Selbstbeschreibung, jede Formulierung der eigenen Identität auseinanderzusetzen hat; es handelt sich um ein strukturierendes Prinzip der Vita.[17] Die Intergration der Lebensgeschichte in das Soziale und die zwischen Herkunft, Erziehung, Neigung und Begabung gespannte Konfliktlage bilden also den Freunden gemeinsame Angelpunkte, an denen sich biographische Gegebenheit in literarische Struktur verwandelt. Von ihnen aus wird auch verständlich, warum viele Briefe in einem Zuge Dokumente der Freundschaft und Bestandteile eines in wechselseitigen Versicherungen erstellten autobiographischen Textes sind.

In der Tat begleitet und umgreift der Briefwechsel die autobiographische Produktion Goethes und Zelters – und keineswegs nur in dem Sinne, daß er ein entstehungsgeschichtliches Dokument liefert oder psychologische Motive offenbart. Die Sozialität der dargestellten Lebensgeschichten setzt sich in der Sozialität der autobiographischen Arbeit fort.[18] So wie die Individualität bei ihrer Entfaltung auf den Austausch mit und die Abgrenzung von der Umwelt angewiesen ist, so bedarf die Rekapitulation und Reflexion der Geschichte der Kommunikation des Autors mit Zeitgenossen, das heißt mit Personen, die über vergleichbare kulturelle und lebensgeschichtliche Erfahrungen verfügen. Die Selbstdarstellung setzt ein Selbstverhältnis voraus, das sich nur über Außenverhältnisse konstituiert. Es ist ein Vorgang, den Goethe 1823 am Beispiel seiner Sesenheimer Erinnerungen sehr treffend beschrieben und zum symbolischen Ereignis stilisiert hat.[19]

---

[17] Vgl. Niggl, Geschichte der deutschen Autobiographie, S.148f., und K.-D. Müller, Autobiographie und Roman, S.276, »die literarische Autobiographie ist offenbar aus dem Widerspruch zwischen dem Anspruch auf individuelle Totalität und Unmöglichkeit ihrer Verwirklichung hervorgegangen«.
[18] Zur Sozialität von Goethes Autobiographik vgl. S. Koranyi (Autobiographik und Wissenschaft, S.182), der zwar Riemer, Meyer, Eckermann u.a. als Ko-Autoren erwähnt, nicht aber Schiller und Zelter.
[19] »Wiederholte Spiegelungen« (MA 14, S.568f.).

Der Briefwechsel ist ein idealer Ort, diese rekapitulierende Zeitgenossenschaft von Augenblick zu Augenblick zu überprüfen. Etwa in Briefen, in denen sich beide Freunde gemeinsamer, wenn auch damals noch nicht geteilter Lektüreeindrücke versichern können, wie es gerade in den letzten Jahren der Korrespondenz geschieht. Goethe schreibt am 5. Oktober 1830 über den nach langen Jahren wieder hervorgeholten *Tristram Shandy* an Zelter und wendet sich ganz fraglos an einen Altersgenossen, der die Distanz von der wieder einmal revolutionären Gegenwart und die Beschwörung der Vergangenheit, die zum Ausdruck kommen, nachvollziehen kann:

> Ich habe diese Tage wieder in Sternes "Tristram" hineingesehen, der gerade, als ich ein unseliges Studentchen war, in Deutschland großes Aufsehen machte. Mit den Jahren nahm und nimmt meine Bewunderung zu; denn wer hat anno 1759 Pedanterei und Philisterei so trefflich eingesehen und mit solcher Heiterkeit geschildert! Ich kenne noch immer seinesgleichen nicht in dem weiten Bücherkreise.
> Verzeihe! es ist Sonntag morgens, und von außen beunruhigt mich nichts; denn fast sind wir schon der neusten in der Volks- und Pöbelmasse aufgeregten Wildheiten gewohnt, auch Durchmärsche nehmen wir als bekannt an. Wundersam kommt mir freilich vor, daß sich nach vierzig Jahren der alte tumultuarische Taumel wieder erneuert. (H 316)

Und wirklich kann Zelter mit einer Erinnerung an seine »früheste Jugendlesung« der *Empfindsamen Reise* bestätigend antworten. Ganz ähnlich ist die Atmosphäre autobiographischer Revokation in einem Brief Zelters vom 6. Mai 1830, wo es heißt,

> habe auch eben wieder "Kabale und Liebe" gesehn. Was dieses Stück auf mich und sämtliche Sprudeljugend für elektrische Macht ausgeübt hat, magst Du Dir denken. Wer aus jener Zeit es nachsehn kann, wird es nicht so sehr herabsetzen, als es damals Moritz tat, der freilich recht hatte, doch nicht den Anzug der Revolution ahnte (H 292).

Hier sind Erscheinungen, die längst zum Allgemeingut der Geschichte geworden sind, wieder auf den individuellen ersten Eindruck zurückgebracht, der paradoxerweise um so persönlicher erscheint, als man sich im Gespräch über seinen historischen Ort verständigen kann.

Umgekehrt gibt der Briefwechsel oft das erste, noch völlig unscheinbare Motiv, eine höchstpersönliche Erfahrung in all ihrer Zudringlichkeit mit einem ersten Zeichen von Rationalität und Allgemeinheit zu versehen. »Wenn ich Dir, derber, geprüfter Erdensohn, vermelde daß meine liebe, kleine Frau uns in diesen Tagen verlassen; so weißt Du was es heißen will« (436), schreibt Goethe eigenhändig in einer Nachschrift zum Brief vom 8. Juni 1816 an Zelter; so scheint die subjektive Erfahrung dieses einen einzelnen Lebens im Vergleich als Erscheinung *des* Lebens formuliert.

Im Briefwechsel, der schon kommunikativ, aber noch privat ist, wird immer wieder das individuell und isoliert Erfahrene dem Vergleich ausgesetzt und zur vermittelnden Darstellung gebracht. Viele der charakteristischen Operationen brieflichen Schreibens bilden daher Vorstufen oder Nebengleise zur Autobiographie im engeren Sinn. Das Soziale des Gesprächs und seine Angewiesenheit auf Verständlichkeit und Nachvollziehbarkeit gehen dem literarischen Text voran, der sein Publikum erreicht, insofern er Individuelles als exemplarisch hinstellt.[20] Goethe deutet es im Brief vom 27. Juli 1813 selber an, daß er sich den Empfänger seiner Briefe beim Schreiben als zukünftigen Leser seiner Autobiographie vorstellt, der Freund also im Entstehungsprozeß das Publikum repräsentiert:

> [Ich] hoffe Dir zu Michael den dritten Band meines biographischen Versuchs zu übersenden, woran Du wie ich wünsche erkennen wirst, daß ich auch viel an Dich gedacht und in Hoffnung eines freundlichen Erwiederns manches Wort an Dich gerichtet habe. Laß mich auch wenn es möglich ist, bald wieder etwas von Dir vernehmen. (325)

Dadurch, daß Goethe noch auf einen publizierten Text eine Antwort zu erwarten scheint, stellt er eine Analogie zwischen Brief und Autobiographie her.

Die zitierte Äußerung steht nicht vereinzelt. Bei Übersendung des zweiten Teils von *Dichtung und Wahrheit* hatte Goethe am 3. November 1812 geschrieben: »Wie vieles in diesem Werklein ist unmittelbar an Sie gerichtet! Wäre ich meiner abwesenden Freunde nicht eingedenk, wo nähm ich den Humor her, solche Dinge zu schreiben?« (286f.). Goethes Brief, dem das Zitat entnommen ist und mit dem er die Fortsetzung seiner Autobiographie nach Berlin schickt, trifft den Freund in einer furchtbaren Lage. Zelter berichtet in seiner Antwort von dem Selbstmord seines Stiefsohns Karl Flöricke, der als Maurergeselle im Betrieb des Vaters arbeitete und in seinem Haus lebte. Dieser und die folgenden Briefe führen auf engstem Raum

---

[20] Vgl. Reinhard Schuler, Das Exemplarische bei Goethe. Die biographische Skizze zwischen 1803 und 1809, München 1973, S.77: In Naturwissenschaft wie Biographik stelle das Vergleichsverfahren, die Bildung von Analogien den gewünschten Effekt des Exemplarischen her.

vor, wie vielfältig die Zusammenhänge zwischen Todeserfahrung, Briefwechsel und Autobiographik sind. Mit großer Insistenz stellen sie dem offensichtlich Sinnlosen und Desintegrierenden dieses Selbstmords die sinnstiftenden und integrierenden Potentiale entgegen, die einem dargestellten Lebens-zusammenhang und einem bewährten Freundschaftsverhältnis innewohnen. Zelters und Goethes wechselseitige Bemühungen, das Ereignis zu verarbeiten, beziehen sich einerseits sehr inhaltlich auf *Dichtung und Wahrheit*, zum anderen äußern sie sich in der Einordnung des Unbegreiflichen in biographische und gesellschaftliche Zusammenhänge. Dadurch erscheinen in bezug auf die Todeserfahrung Autobiographie und Briefwechsel in Motivation und Intention verwandt.

Als er den zweiten Band von *Dichtung und Wahrheit* mit Worten an Zelter schickt, die künstlerische Lebensdarstellung und freundschaftliche Kommunikation engführen, kann Goethe nicht ahnen, welche Hilfe und in welcher Situation er dem Freund damit leistet. Zelters Dank steht am Beginn seines langen Briefes vom 14. bis 17. November 1812 und läßt noch nicht vermuten, wovon dann gesprochen werden muß:

> So wie manche sonst wohlgesinnte Menschen mir Übel tun wenn sie es auch nicht wollen; so mögen Sie mein teurer Freund es anstellen wie Sie wollen, es muß mir Gutes heraus kommen. So eben kommt Ihr zweiter Teil an, den ich freilich schon gelesen habe; ich blättere hier und dort und finde hier und dort was mich an Sie, an mich erinnert und Ihr kleines Briefchen ist ein rechtes Labsal in so trüben Tagen.
> Mein Sohn den Sie kennen sollten, da Sie ihm in Weimar Gutes erzeigt haben, hat sich diese Nacht erschossen. Warum? weiß ich noch nicht eigentlich, denn seine Schulden sind zu decken und sein Rechnungswesen in Ordnung. Er hatte eben angefangen mir hülfreich zu werden wie er denn, im Verhältnis zu den Seinigen, konnte ein geschickter Mensch genannt werden. Und nun verläßt er mich, eben da ich ihn recht heranzuziehen wünschte. (287f.)

Nur schwach sind die beiden Absätze miteinander verbunden. Buch und »Briefchen« sind ein »Labsal in so trüben Tagen«, doch die Ursache der Trübnis wird dann erst in ihrer Gewalt benannt. Je weiter Zelter aber in der Darstellung der Ereignisse fortschreitet und je mehr er sich auf die Lektüre des Buches einläßt, desto deutlicher wird das Zwingende hinter den Bezügen, die er implizit zwischen dem Tod des Sohnes und dem »Leben« Goethes herstellt. Die Fortsetzung des Berichtes unter dem Datum des 15. November verhält zunächst noch bei Auflösung und Zerstörung:

Zwei Briefe hat er am Tage vor seinem Tode geschrieben: einen an seinen Bruder in dessen Gegenwart er sich den Tod gegeben hat. Darin empfiehlt er dem Bruder seine natürliche Tochter, ein Kind von drittehalb Jahren und eine geliebte Witwe der er die Ehe versprochen und die schon 2 Männer tot hat. An diese Witwe ist der 2te Brief gerichtet. Er stellt darinnen einen Ring zurück; beklagt, daß er ihren liebevollen Ermahnungen keine Folge geleistet und sagt Lebewohl. Auf seinem Schreibpulte lag der Don Carlos aufgeschlagen. Auf dem Blatte stand: *So ist denn keine Rettung? auch durch ein Verbrechen nicht? – Keine!* (288)

Das Ende dieses einen Lebens schneidet tief in das anderer Menschen ein; auch für Zelter ergeben sich erhebliche Belastungen:

> Nun muß ich mich ganz neu wieder auf mich selber einzurichten suchen. Er war mir unentbehrlich worden. Seinetwegen hatte ich alles Geschäftswesen von dem er den halben Nutzen gewann beibehalten. Vorgestern hatte er seine Aufgaben zum Meisterstücke bekommen, die er vor vielen andern mit Ehren würde bestanden haben. So verläßt er mich, indem er sich befreit. (289)

Zur Trauer und zu den immensen praktischen Schwierigkeiten kommen aber noch tiefe Zweifel. Hinter dem Selbstmord wird auch ein Generationenkonflikt erkennbar, an dem sich Zelter doch einige Schuld zumißt:

> Einige Mal ist mir das unangenehme Gefühl gekommen: ob ich durch strengen Ernst etwas bei ihm versehn? Seine vielen leidenschaftlichen, sinnlichen Verhältnisse waren nicht zu billigen. Obwohl er ganz von und mit mir lebte, war er vollkommen frei, hatte sein gutes Einkommen und eigene Ökonomie. In dem Briefe an seinen Bruder sagt er: er habe öfter versucht an mich zu schreiben, aber umsonst. (288)

Aus älteren Briefen war Goethe mit der problematischen Natur Karl Flörickes und der Sorge Zelters um diesen geliebten Sohn aus einer früheren Ehe seiner längst verstorbenen ersten Frau vertraut. Schon im Herbst 1802, als Zelter von den Schritten eines von Goethe empfohlenen Weimarer Zimmermanns in Berlin berichtet, kommt er auch auf seine Sorgen um die Zukunft Flörickes zu sprechen; er schildert ihn als problematischen, ja gefährdeten Charakter:[21]

> Er ist mein Stiefsohn und ich habe bis daher für ihn und seine zwei Schwestern getan was ich vielleicht für meine übrigen acht Kinder so nicht kann. Sein Vater und seine Mutter die die schönste Frau in Berlin war sind nicht mehr, aber

---

[21] Vgl. dazu auch Max Hecker, Vater und Sohn. Briefe Carl Friedrich Zelters an seinen Stiefsohn Carl Flöricke, in: Funde und Forschungen. Festgabe für Julius Wahle, Leipzig 1921, S.17–36

ich liebe diese Kinder mit Zittern und es würde mich zum unglücklichsten Manne machen, wenn dieser junge Mansch ganz umschlüge, was sehr leicht möglich ist. (26)

Goethe muß Zelter seine Bitte, er möge aus Weimar brieflich auf den jungen Mann günstigen Einfluß nehmen, abschlagen, da er an »ein schriftliches Wirken gegen Entfernte und gewissermaßen Fremde« (27) nicht glaubt. Aber der Brief ist voller Verständnis für Zelters Bedenken, und bei einer Reise Flörickes, die ihn auch durch Weimar führt, nimmt sich Goethe für ihn Zeit.

Zelters Brief vom November 1812 kann aus diesem, aber auch aus weiteren Gründen mit Goethes Teilnahme und Verständnis rechnen. Der Generationenkonflikt, wie er hier erscheint, bricht gewaltsam in einem Selbstmord ab, den Zelter nicht als Ende des wenn auch schwierigen Verhältnisses begreifen will. Daher begegnet er diesem radikalen Rückzug des Sohnes, der sich zuletzt noch in der Unfähigkeit zu einem Abschiedsbrief an den Vater äußert, nicht etwa mit einer Distanzierung seinerseits oder mit einem moralischen Urteil. Vielmehr stellt er die Problematik der Beziehung als eine Gemeinsamkeit hin, an der er weiterhin teilhat. Die Gedanken gehen dahin, noch den Unerreichbaren einzuholen und die Einsamkeit des Selbstmörders zugleich mit der Verlassenheit des Zurückgebliebenen zu überwinden:

> Ich hätte nicht geglaubt, daß ich des bitteren Neides fähig wäre, womit ich seine schöne Leiche gleich nach seinem Verscheiden ansah und hätte ich in diesem Augenblick an das andere Gewehr gedacht was im Pulte zur Reserve lag – nein, es ist hart, grausam: Hätte er gewußt wie ich ihn liebe, er könnte nicht selig sein. (289)

Von der Not, sich den Suizid eines geliebten Menschen verstehend oder gar »nachvollziehend« anzueignen, weiß auch Goethe zu berichten, wie seine Antwort zeigen wird.

Zelter aber greift zunächst zum bewährten Mittel, sich die Gegenwart des Freundes vorzustellen. Zwar wirken allein die genaue Schilderung der Todesumstände und der neuen Lage, und selbst noch die Artikulation der Zweifel und Schuldgefühle wie ein erster Schritt zur Selbsthilfe, so sehr sie zunächst noch im Heillosen befangen bleiben. Aber mit den Sätzen, die sich mit einer Bitte um Hilfe an Goethe wenden, ist der Blick erstmals über das Zuständliche des Falles hinaus gerichtet.

Schon vorab wurden ja der zweite Band der Autobiographie und das begleitende »Briefchen« als unbeabsichtigter Trost aufgenommen. Nun kommt ein dringender Appell um weitere Hilfe:

> Sagen Sie mir ein heilendes Wort. Ich muß mich aufrichten, doch ich bin nicht mehr was ich vor Jahren war. Ich habe Kraft aber zu andern Sachen; hier will ich gehalten sein. Seit neun Monaten habe ich meine einzige höchst geliebte Schwester; deren Sohn; (der zugleich mein Tochtermann war) und nun diesen geliebten Frevler verloren. (289)

Stück für Stück zieht nun Zelter die Freundschaft mit Goethe in seine nächste Umgebung hinein. Bei dem Versuch, dem Leben eine neue Ordnung zu geben, ist das Bild des Freundes im wörtlichen Sinne gegenwärtig:

> Ich habe mir das Kind bringen lassen; es ist von stillem und gedrängtem Wesen und hat Augen die den Ihrigen ähnlich sind. Ihr Bild welches in meiner Stube hängt sieht sie unablässig an, ich werde es wohl zu mir nehmen, damit ich wieder zu verlieren habe. (289f.)

Anstelle des Sohnes nimmt Zelter dessen verwaistes Kind ins Haus und sucht dem Mädchen einen Vater zu ersetzen. Augen und Blicke machen Goethe zum Kronzeugen dieses neuen und bis zu Zelters Tod sehr herzlichen Verhältnisses zur adoptierten Enkeltochter. Der Verfasser des Briefes arbeitet gleichzeitig an neuen Lebensverhältnissen und sprechenden Sinnbezügen, deren Zusammenhang er durch die Formulierungen und die mehrschichtigen Projektionen auf den Freund objektiviert. An diese Konzentrierung von Todeserfahrung, neuer Lebensrichtung, quasi-sinnbildlicher Ordnung, Bezogenheit auf Goethe und brieflichem Ausdruck schließt sich daher ganz folgerichtig ein Referat über *Dichtung und Wahrheit* an. Nur bei oberflächlicher Durchsicht des Briefes überrascht der ausführliche Bericht von Zelters schöner Lektüre im Kontext des düsteren Ereignisses. »Abends. Um meinen Gedanken eine Richtung nach vorn zu verschaffen habe ich Ihr Buch angefangen und lese es nun mit doppeltem Nutzen« (290). Das Lesen verspricht um so mehr eine sinn- und zweckvolle Lektüre zu sein, als es der kunstvollen Erzählung eines folgerichtigen und geglückten Lebens, und speziell auch der Schilderung eines gelungenen Vater-Sohn-Verhältnisses gilt. Hier ist es nicht die Identifikation mit einer gleichfalls schwierigen Lage beim Freund, sondern die Betrachtung eines Gegenbeispiels, die hilft: »Ihre Erziehung, in soweit sie von Ihrem Vater ausging flößt mir nach Haltung und Methode Ehrfurcht ein. Ihr Vater scheint mir zum Vater geboren gewesen zu sein; ja zum Vater eines solchen Sohnes« (290). Über den Charakter dieses Vater-Sohn-Verhältnisses hinaus ist es die Kunst der Darstellung, die noch nach langer Zeit den Erfolg der ersten Erziehung bestätigt: »Wie herrlich und ruhig Sie das alles zu Tage gelegt haben ohne zu loben, dafür sei Ihnen ein langer Dank den wenige noch zu geben wissen« (290). Der so für die Erinnerungen eines Sohnes dankt, berichtet in der Fortsetzung des tagebuchartigen Briefes vom Ergebnis der Obduktion und der Beisetzung des eigenen Sohnes. »Dienstag früh. Jetzt bringen sie ihn zur Ruhe. Ich bin in der Qual und muß denken: ich hätte es hindern können« (291).

Der folgende Brief vom 18. bis 21. November kommt auf den Tod Flörickes nicht mehr zu sprechen, doch geben die Ausführungen über die Abschnitte von *Dichtung und Wahrheit*, die Goethes Verhältnis zu Herder schildern, später dann die Passage über Klopstock wieder ein bedeutungsvolles Gegengewicht zur seelischen Unruhe, wie überhaupt die etwas unverbundenen Teile dieses Briefes Sprache und Mitteilung als zweckvoll an sich ausgeben. Das Referat des Buches und die Berichte vom eigenen Leben beschwören stets die Gegenwart des Abwesenden: »Schelten Sie nur, daß ich so oft schreibe, wenn es mir übel ergeht. Ich will nicht gern allein sein, und nur mit Ihnen bin ich zu zwei« (293).

Dieses Bekenntnis liegt Goethe noch nicht vor, als er auf den Brief mit der Todesnachricht antwortet; aber er macht die Entschuldigung Zelters von vornherein gegenstandslos, da er öfter als sonst und ausführlicher schreibt, von der Intensität seiner Sendungen ganz zu schweigen. Der bemerkenswerte und unvermittelte Anfang des Briefes vom 3. Dezember mit dem erstmals gebrauchten Du – »Dein Brief, mein geliebter Freund« (294) – wurde schon zitiert. Der Wortlaut dieses Briefes erklärt sich aber erst vor dem Hintergrund der autobiographischen Reflektiertheit der Korrespondenz richtig. Bei der Interpretation des Briefes ist von Phase zu Phase zu bedenken, daß er den von Zelter in mehrfachen Parallelen und Bezügen hergestellten Zusammenhang von Todeserfahrung und Autobiographik erfaßt, aufnimmt und erwidert. Goethe hat einen starken Eindruck von der Präsenz seines eigenen »Lebens« in Zelters Brief erhalten. Das offensichtlich Produktive, ja Heilsame der Projektionen, die Zelter mit *Dichtung und Wahrheit* vornimmt, erleichtert es Goethe, sich seinerseits mit Zelter zu identifizieren und Wiederspiegelungen zwischen den Freunden zu entfalten. Tatsächlich argumentiert Goethe durchgehend auf einer autobiographischen Ebene, und nur insofern er sein eigenes Leben deutend entfaltet, eignet er sich das fremde Leid an. Was auf den ersten Blick als Egozentrik erscheinen könnte, wirkt in Wahrheit aber als Sympathie und als Unterstützung derjenigen Energien, die Zelter von sich aus schon auf die sinngebende Beschäftigung mit der Lebensgeschichte verwendet. Goethe schreibt:

> Über die Tat oder Untat selbst, weiß ich nichts zu sagen. Wenn das taedium vitae den Menschen angreift, so ist er nur zu bedauern, nicht zu schelten. Daß alle Symptome dieser wunderlichen, so natürlichen als unnatürlichen Krankheit auch einmal mein Innerstes durchrast haben, daran läßt Werther wohl niemand zweifeln. Ich weiß recht gut, was es mich für Entschlüsse und Anstrengungen kostete, damals den Wellen des Todes zu entkommen; so wie ich mich aus manchem spätern Schiffbruch auch mühsam rettete und mühselig erholte. Und so sind nun alle die Schiffer und Fischergeschichten. Man gewinnt nach dem nächtlichen Sturm das Ufer wieder, der Durchnetzte trocknet sich, und den andern Morgen, wenn die herrliche Sonne auf den glänzenden Wogen abermals hervortritt, hat das Meer schon wieder Appetit zu Feigen. (294)

In Goethes eigener Person scheint zusammengeführt, was Zelter und seinen Stiefsohn tödlich trennt und verbindet: der Selbstmord und sein Überleben. Da Werther nachdrücklich als autobiographische Figur ausgegeben ist, identifiziert Goethe Flörickes tatsächlichen Suizid mit einer Möglichkeit seines eigenen Lebens.[22] Es ist ein Versuch, das, was am Selbstmord mehr pathologisch als sündhaft erscheint, zum Bestandteil mitteilbarer Erfahrung zu machen. Und in der Tat sind Goethes erstaunlich ausführliche Bemerkungen zum Selbstmord dahin gerichtet, an die Stelle des moralischen Urteils eine verstehende Beschreibung in termini der Pathologie und sogar der Zeitkritik[23] zu setzen:

> Wenn man sieht, wie die Welt überhaupt und besonders die junge, nicht allein ihren Lüsten und Leidenschaften hingegeben ist, sondern wie zugleich das Höhere und Bessere an ihnen durch die ernsten Torheiten der Zeit verschoben und verfratzt wird, so daß ihnen alles, was zur Seligkeit führen sollte, zur Verdammnis wird, unsäglichen äußern Drang nicht gerechnet, so wundert man sich nicht über Untaten, durch welche der Mensch gegen sich selbst und gegen andere wütet. Ich getraute mir, einen neuen Werther zu schreiben, über den dem Volke die Haare noch mehr zu Berge stehn sollten als über den ersten. (294)

---

[22] Vgl. Müller, Drei Briefe Goethes an Zelter, S.169.
[23] Eda., S.171.

Diese Argumentation entlastet den individuellen Selbstmörder, indem sie seine Handlung als Untat ausgibt, die *der* Mensch gegen sich selbst begeht. Sie zieht ihn wiederum in das eigene Dasein mit hinein, diesmal nicht in die überwundenen Gefährdungen der eigenen Jugend, sondern in eine allgemeine Zeitlage, deren Haltlosigkeit und Belastungen den Schriftsteller provozieren. Und noch ein drittes Mal setzt Goethe an, Zelters Stiefsohn vom Kainsmal verschuldeter Vereinzelung zu befreien:[24]

> Laß mich noch eine Bemerkung hinzufügen. Die meisten jungen Leute, die ein Verdienst in sich fühlen, fordern mehr von sich als billig. Dazu werden Sie aber auch durch die gigantische Umgebung gedrängt und genötigt. Ich kenne deren ein halb Dutzend, die gewiß auch zu Grunde gehn und denen nicht zu helfen wäre, selbst wenn man sie über ihren wahren Vorteil aufklären könnte. Niemand bedenkt leicht, daß uns Vernunft und ein tapferes Wollen gegeben sind, damit wir uns nicht allein vom Bösen, sondern auch vom Übermaß des Guten zurückhalten. (295)

Vielfach also schließt Goethes ungewöhnlicher Kondolenzbrief den Selbstmörder in den Lebenszusammenhang ein, in dem sein Verfasser sich sieht und der alle Zeitgenossen betrifft. Jede Annäherung an die Umstände und Voraussetzungen, die einen jungen Menschen zum Selbstmord treiben können, sind aber darüber hinaus Versuche, das Gefühl des Scheiterns aufzulösen, das den zurückgelassenen Angehörigen bedrängen muß. Da ist einmal der Hinweis, daß auch das rechte Vorbild und die vermittelte Einsicht, das heißt eine im Grunde erfolgreiche Erziehung, sich nicht immer gegen die Belastung von Umwelt und Zeit durchzusetzen vermögen. Und weiter verwandelt sich das Überleben der eigenen Gefährdung in der Jugend – Goethe läßt Werther hinter sich – in die mit zunehmendem Alter immer längere Kette von Krisen und Rettungen. Die Teilbarkeit der Erfahrung des prekären Überlebens und ihre Wiederholbarkeit ziehen Zelter über den Moment und seine Isolation hinaus. Goethe faßt dies in einer Sentenz zusammen, die nur dem fortgeschrittenen Alter ansteht: »Und so sind nun alle Schiffer und Fischergeschichten« (294).

In einem vier Jahre später geschriebenen Brief, in dem Goethe Zelter über den Tod seines jüngsten, erst sechzehnjährigen Sohnes

---

[24] Überhaupt scheint Goethe schon früh von seiner Vorstellung des Todes Schuld- und Sühnegedanken abgelöst zu haben. Vgl. das Nachwort von Werner Keller, in: Meuer, Abschied und Übergang, S. 130.

trösten muß, der 1816 im preußischen Lager in Paris einer Seuche erlegen ist, – in diesem Brief wiederholt Goethe bis ins Detail die schon einmal vorgeführte Einbindung des Verlustes in die Autobiographie. Wieder ist der Tod eines viel jüngeren Angehörigen, den man nun überleben muß, dem Überleben der eigenen Jugend an die Seite gestellt, mit der die Biographie auch schon ihren Abschluß hätte finden können:

> Dir war freilich wieder eine harte Aufgabe zugedacht; leider bleibt es immer die alte Leier, daß lange leben so viel heißt als viele überleben und zuletzt weiß man denn doch nicht was es hat heißen sollen. Vor einigen Tagen kam mir zufälliger Weise die erste Ausgabe meines Werther in die Hände und dieses bei mir längst verschollene Lied fing wieder an zu klingen. Da begreift man denn nun nicht, wie es ein Mensch noch vierzig Jahre in dieser Welt hat aushalten können, die ihm in früher Jugend schon so absurd vorkam.
> Ein Teil des Rätsels löst sich dadurch, daß jeder etwas Eigenes hat, das er auszubilden gedenkt, indem er es immer fortwirken läßt. Dieses wunderliche Wesen hat uns nun tagtäglich zum besten und so wird man alt ohne daß man weiß wie oder warum. (405)

Die Struktur dieser Ausführungen ist längst vertraut: Das Isolierte und Desintegrierende der einzelnen Todeserfahrung ist durch Vergleich mit einer anderen subjektiven Wahrnehmung ins Exemplarische und in einen Lebenszusammenhang der Gleichzeitigkeit und der Kontinuität aufgehoben. Aus den Zufälligkeiten ersteht die Sinnkonstruktion mit der Reflektiertheit (Bewußtheit und Widerspiegelung) des Autobiographischen, das als tertium comparationis zwischen dem Leben der beiden Freunde vermittelt.[25]

Was im späteren Brief durch »etwas Eigenes, das er auszubilden gedenkt«, bezeichnet ist, ist im früheren Brief durch die Erörterung von *Dichtung und Wahrheit* und der diesem Buch immanenten Folgerichtigkeit vertreten. Denn nur scheinbar wendet sich Goethe im Brief vom Dezember 1812 nach den langen Ausführungen zu Flörikkes Selbstmord einem neuen Thema zu, wenn er schreibt: »Laß uns nun übergehn zu den andern Wohltaten Deiner Briefe, und ich danke Dir zuvörderst für die Betrachtungen über meine biographischen Blätter« (295). Auf den ersten Blick ist es nur der Dank eines Autors

---

[25] Metaphern wie »Spiegelung«, »Analogie«, »Wechselwirkung« werden seit langem als Schlüsselkonzepte in Goethes Spätwerk dargestellt. Vgl. etwa Hermann Schmitz, Goethes Altersdenken im problemgeschichtlichen Zusammenhang, Bonn 1959, S. 243–252. Der Zelter-Briefwechsel gibt ein bislang nicht berücksichtigtes Dokument ihrer Praxis.

für die Reaktion eines besonders teilnehmenden und aufmerksamen Lesers eines neuen Werkes.»Ich hatte darüber schon manches Gute und Freundliche im Allgemeinen erfahren, Du bist der erste und einzige, der in die Sache selbst eingeht. Ich freue mich, daß die Schilderung meines Vaters eine gute Wirkung auf Dich hervorgebracht hat« (295). Und da Goethe nun auf die literarische Konvention der »deutschen Hausväter, diese Lorenz Starke, und wie sie heißen mögen« (295) zu sprechen kommt, scheint sich alles im Rahmen eines literarischen Diskurses zu bewegen. Aber Goethe ist wohl kaum entgangen, daß die Schilderung seines Vaters ihre »gute Wirkung« auf einen ausübte, der sein Verhältnis zum Sohn zunächst als gescheitert betrachten muß. Gerade zu dem, was naturgemäß trennend und befremdend zwischen Vätern und Söhnen steht, äußert sich nun auch Goethe:

> In den folgenden zwei Bänden bildet sich die Gestalt des Vaters noch völlig aus; und wäre sowohl von seiner Seite als von der Seite des Sohns ein Gran von Bewußtsein in dies schätzbare Familienverhältnis getreten, so wäre beiden vieles erspart worden. Das sollte nun aber nicht sein und scheint überhaupt nicht für diese Welt zu gehören. (295)

Ob absichtlich oder unbeabsichtigt – mit dem Hinweis, daß Eltern und Kinder sich niemals kennen, ist ein Motiv für Zelters Kummer (»hätte er gewußt wie ich ihn liebe«; 289) nach altem Muster ins Allgemeine eingebunden und damit beschwichtigt.

Von Zelter erwartet sich Gothe nun weitere Resonanz:

> Habe ja die Güte, Deine Betrachtungen fortzusetzen: denn da ich, den Forderungen der Darstellung gemäß […] hinter dem Berge halte, um mit meinen Landsknechten und Reutern zur rechten Zeit hervorzurücken, so ist es mir doch höchst interessant zu vernehmen, was Du, als ein erfahrner Feldzeugmeister, dem Vortrabe schon anmerkst.
> Rezensionen dieses Werkleins habe ich noch nicht gelesen […]. (295f.)

Zelter qualifiziert sich nicht durch die Sicherheit seines literarästhetischen Urteils zum Kritiker, sehr wohl aber durch seine identifikatorische Lektüre zum Förderer von Goethes autobiographischem Projekt.[26] Denn gerade von der Distanziertheit und Öffent-

---

[26] Friedrich Rückert ist ein Ghasel eingefallen, mit dem er »Goethe und Zelter« – so der Titel – in sein »Pantheon« aufgenommen hat. Dort heißt es unter anderem von Goethe, er habe »Sich selbst im Widerschein erprobt, Im Wiederklang von Zelter«. Dem kann man in der Sache zustimmen. (Friedrich Rük-

lichkeit der Rezensionen, die er bis zum vorläufigen Abschluß des Buches gar nicht zur Kenntnis nehmen will, erwartet sich Goethe nichts. Man tut beiden Freunden Unrecht, wenn man unterstellt, daß hier ein narzißtischer Künstler die bedingungslose Anerkennung eines unmündigen Lesers herausfordert. Vielmehr hängt es mit der stets zwischen Persönlichem und Allgemeinem vermittelnden Literarität des Autobiographischen zusammen, daß Goethe bei diesem Leser eine Lektüre begrüßt, die weniger sub specie poiesis als vor dem Hintergrund individueller Lebenserfahrung vor sich geht. Damit wird auch verständlich, warum Trauerbotschaft und Kondolenzbrief nicht nur räumlich, sondern auch inhaltlich so eng mit dem Dialog um *Dichtung und Wahrheit* verschränkt sind. Zelter nämlich verhält sich noch in der heillosen Lage nach dem Selbstmord des Sohnes so, daß aus Zusammenhang- und Sinnlosigkeit ein waches Bewußtsein seiner selbst und unmittelbar darauf auch eine neue Intentionalität seines Lebens entsteht. Ja, er ist, und sei es auch nur halbbewußt, in der Lage, die symbolische Folgerichtigkeit der Autobiographie zum Anstoß eines Neubeginns zu machen: »Um meinen Gedanken eine Richtung nach vorn zu verschaffen habe ich Ihr Buch angefangen« (290). Insofern das Literarische dieses Buches mitten in Zelters beeindruckenden Versuchen zur Bewältigung äußerster Belastungen besteht, ist Goethe als Autor seiner Autobiographie gerechtfertigt. Vor den Rezensenten braucht sie sich nicht zu behaupten, wenn sie sich im Leben eines Freundes bewährt. Goethe scheint nicht nur darüber erfreut, sondern sogar darauf angewiesen, daß seine Kunst, und die autobiographische zumal, auch am Maßstab fremder Lebenserfahrung und ihrer Anschaulichkeit gemessen werden kann. Zelters Leben nun, wie er es lebt und zur Sprache bringt, stellt ein Phänomen dar, dem Sinn und Richtung unmittelbar abzusehen sind. Zur Positivität von Zelters Leben gehört es auch, daß er im Moment größter Niedergeschlagenheit die »Dichtung« nicht als Fiktion von sich weist, sondern sich an ihrer »Wahrheit«, einer der eigenen Lage kontrastierenden Kohärenz aufrichtet. Gerade angesichts der Gratwanderung, die Goethe in diesen Tagen zwischen symbolischer Ordnung und gelebter Vergangenheit absolviert, wird ihm die Anschauung des lebendigen Phänomens, das Zelters Brief ihm eröffnet, zur Ermutigung. Die bekannten Sätze bekommen vor dem Hintergrund

---

kerts gesammelte Poetische Werke in zwölf Bänden, Bd.7, Frankfurt a.M. 1868, S.71.

des Ineinanders von Lebensbewältigung und autobiographischer Anstrengung eine zusätzliche Nuance:

> Dein Brief, mein geliebter Freund, der mir das große Unheil meldet, welches Deinem Hause widerfahren, hat mich sehr gedrückt, ja gebeugt, denn er traf mich in sehr ernsten Betrachtungen über das Leben, und ich habe mich nur an Dir selbst wieder aufgerichtet. Du hast Dich auf dem schwarzen Probierstein des Todes als ein echtes geläutertes Gold aufgestrichen. Wie herrlich ist ein Charakter, wenn er so von Geist und Seele durchdrungen ist, und wie schön muß ein Talent sein, daß auf einem solchen Grunde ruht! (294)

Goethes Bewunderung gilt einem, der sich selbst nicht ablehnt und seine Existenz noch in den schwierigsten Momenten nicht verleugnet. Allenfalls in diesem Merkmal des Verhältnisses, daß es die niemals ernsthaft gefährdete Unangefochtenheit Zelters zur Voraussetzung hat, könnte man seine Schranken sehen. Der Schwachpunkt von Goethes Wahl gerade dieses einen Freundes liegt nicht in Zelters Abhängigkeit und Anpassung. Im Gegenteil, gerade daß er sich seinem Leben niemals wirklich entfremdet, in extremen Situationen noch ein höchst vitales Selbstgefühl und Selbstbewußtsein beweist, gerade das verdeutlicht ex positivo, was Goethe hier suchte und was er gegenüber anderen, problematischeren Freunden nicht vermocht hätte. Die Wahrheit ist, daß Zelter sich im Leben stets zu helfen wußte. Aber nur von dem aus, was in anderen Konstellationen nicht hätte sein können und nicht war, stimmt die Tatsache der glücklichen Veranlagung der Freunde und ihrer erstaunlichen Harmonie nachdenklich. Denn wenn Goethe sich jederzeit auf Zelters psychische Gesundheit, ja, Robustheit verlassen kann,[27] wird dies für Zelter wiederum ein Glück. Am 10. Dezember 1812 – Zelter wagt das Du noch nicht zu erwidern – schreibt er an Goethe:

> So hat mein tiefes Leid, das mich scheuselig von aller Welt abbog mir Ihr Vertrauen verdoppelt indem Sie mir ein Bruderherz offen zeigen; so habe ich gewonnen indem ich verlor und den Verlust kaum zu verwinden glaubte; so regt sich das Leben gewaltsam menschlich wieder in mir auf und, ich wills gern gestehen: ich habe mich wieder gefreut. (307)

---

[27] Unabhängig voneinander berichten Johannes Frommann und Luise von Löw von einer Bermerkung Goethes über Zelter am 2.8.1828: »Zelter, der sei immer ein Mann gewesen, habe sich durch das Leben durchgeschlagen [...], um den sei ihm nicht bange.«; »Um den ist mir nicht bange, der mag sich durchschlagen.« (Gespräche, Bd.III,2, S.325 und 327).

Noch 1831, als schon längst der Ton des Rückblicks und summarischer Lebensbetrachtung den Briefwechsel bestimmt, sieht der zweiundsiebzigjährige Zelter seine Freundschaft mit Goethe als unverhoffte Belohnung für erduldetes Leid. Schlicht und bündig ist alles noch einmal gesagt, was dieses Kapitel als eigenen Komplex im Briefwechsel beschreiben sollte: Die Autobiographie, der Tod als Grenzerfahrung, die den Lebensverlauf einerseits in Gefahr bringt und doch seine Reformulierung und Reintegration provoziert, vor allem aber auch die Freundschaft als Raison des Überlebens und Weiterlebens. Die besondere Zuneigung des großen Freundes ist eine reiche Entschädigung für alles erlittene Übel. Die schlichte Rede wird zum Schluß kindlich-fromm und kleidet die Autobiographik ins festliche Gewand einer säkularen Theodizee:

> Überseh' ich von hier aus mein freilich einfaches Leben, so müßte ich grämeln, daß nicht mehr, und wundre mich, daß doch manches geschehen. Seit 25 Jahren bin ich nun zum zweiten Male Witwer und hätte mich wieder verheuraten können. Ich war zweimal glücklich gewesen, das ist viel; man soll Gott nicht versuchen. Ich hatte drei Söhne wie die Kegel; sie sollten mir Handwerker werden [...]. Ich selbst bin kein Hexenmeister, das weißt Du, aber ich habe viel Geld erworben. In meinem Hause ging's bürgerlich zu und offen, doch meine zwei Gerichte und mein Wein schmeckten solchen Leuten, von denen ich lernen konnte. Da kommt der Tod und der Krieg und holt mir die Mutter meiner Söhne und diese dazu, und man hatte sich wieder zu rappeln. Diese Unbilden alle haben mir aber das Herz erworben, das kein Verdienst in mir hätte gewinnen können, und dieses Herz bist Du! (H 384f.)

Der Briefwechsel – ein Projekt

Achtundzwanzig Jahre liegen zwischen der zuletzt zitierten autobiographischen Summe und einer Bilanz, die Zelter am Beginn der Freundschaft mit Goethe in einem Brief von 1803 zieht:»Jeder Nerv meines Geistes fängt jetzt erst an, sich nach und nach loszumachen von den Bändern und Schienen die Zufall und Gehorsam ihm angelegt hatte und nun, da ich immer verständiger und zahmer werden sollte, fühle ich mich wie ein junges Pferd das zum ersten Male seine Freiheit ahndet« (45f.). Zelter läßt gar keinen Zweifel daran, daß seine Bekanntschaft mit Goethe den Abschluß eines früheren und den verheißungsvollen Beginn eines neuen Lebensabschnitts markiert:»Aus dieser Darstellung, sollen Sie mein ehrwürdiger Freund beurteilen, was Sie mir wert sind indem Sie mich wert achten. So viele Jahre habe ich mit Anstrengung mein Innerstes meinen nächsten Nachbarn verhehlt und Sie haben in der Ferne den Schleier hinweg gezogen« (46). Aus Zelters Perspektive bilden die Jahre der Freundschaft mit Goethe eine deutlich umgrenzte Epoche seines Lebens. Im Brief von 1803 ist die Orientierung auf eine Zukunft, die eine Höherentwicklung verspricht, nicht zu übersehen:»Von meiner Ergebenheit gegen Sie sage ich nichts, denn was sollte ich wohl sagen? Nur zeigen möchte ich Ihnen, was ich durch Sie sein könnte« (46). An eine solche Aussage schließt sich die erkannte und ausgesprochene Prozessualität des Briefwechsels an, die schon frühe Bemerkungen bezeugen. Schillers Tod und der daraufhin intensivierte Austausch verleihen dem Verhältnis und der Korrespondenz zusätzliche Konturen. Mit jedem Brief füllt sich der unbestimmt projizierte Zukunftsraum[1] von Freundschaft und Korrespondenz weiter an, wobei Goethe und Zelter immer mehr von einem tatsächlichen Bestand ausgehen können. Unter der Hand verändert dabei der zunächst von

---

[1] Von»Offenheit der Zeitstruktur« und einer »jeweils erneuerbaren Bezugsweite der als gegenwärtig vorgestellten Realität« spricht Peter Eichhorn in bezug auf Strukturen in Goethes Spätwerk; P.E., Idee und Erfahrung im Spätwerk Goethes, München 1971, S.170.

der Intentionalität des Briefwechsels her bestimmte Werkcharakter sein Gesicht.

Zelters Besuch in Weimar im Herbst 1823, der Goethe so offensichtlich über eine psychische und physische Krise hinweggeholfen hat, geht der spürbaren Veränderung des brieflichen Gesprächs voraus. Nicht nur war (nach Goethes schwerer Erkrankung im Frühjahr des Jahres und den Anspannungen des Sommeraufenthaltes in Böhmen) erneut der Abschluß eines Lebensabschnitts zu bewältigen. Die Freunde beschäftigten sich in diesen Tagen immer wieder mit dem Biographischen: dem *Mémorial de Sainte-Hélène* von Las Cases, dem »Lebensdiarium des Herrn von Schweinichen«, Goethes Chronik des Jahres 1908. Gemeinsam lasen sie Briefe Schillers an Wilhelm von Humboldt, eine Beschäftigung, die nicht zufällig neben die wiederholte Lektüre der *Marienbader Elegie* trat.[2] Die »elegische« Stimmung jener Wochen rief eine intensive Beschäftigung mit der Vergangenheit hervor und lenkte den Blick zurück auf jene Jahre, in denen die Bekanntschaft Goethes und Zelters noch neu und von der Gegenwart Schillers untrennbar war, zurück auch auf den biographischen Einschnitt von 1805, der für Goethe mit dem von 1823 vergleichbar gewesen sein mag. Zugleich ist die Lektüre der Schillerbriefe ein Vorklang auf das bald wachsende Interesse Goethes an dem noch aktuellen Briefwechsel mit Zelter und seine Publikationsfähigkeit.

Die nochmals erneuerte und gesteigerte Intimität im Verhältnis der beiden Freunde und die historisch-biographische Beschäftigung führt gewissermaßen zu einer Historisierung der eigenen Freundschaft, die von nun an den Briefwechsel prägt. Im Brief vom 27. Dezember 1823 erinnert sich Zelter an seine erste Reise durch das Saaletal nach Weimar im Winter 1802, und die Wiederholung der Reise veranlaßt ihn, über die Dauer des Verhältnisses nachzudenken. Goethe berichtet dagegen am 9. Januar 1824, wie er für die Arbeit an den *Tag- und Jahresheften* auf Zelters Briefe von 1802 zurückgreift, und gedenkt dabei gleichfalls der Dauer ihrer Freundschaft.[3] Ohne daß das Projektive der Korrespondenz aufgegeben würde, überlagert sich ihm mehr und mehr das Element der Retrospektion und versieht es mit zeiträumlicher Tiefe. Goethe fängt an, den Briefwechsel — wie gleichzeitig auch den mit Schiller — als gültiges

---

[2] WA III,9, S.149–153.
[3] Vgl. die Zitate aus beiden Briefen auf S.35 und 29 dieses Buches.

Dokument anzusehen, das er zunächst als Hilfsmittel zur autobiographischen Arbeit heranzieht. Doch kann es nicht ausbleiben, daß im Zusammenhang mit solchen Arbeiten die Korrespondenz als Akkumulation wertvoller Autographen in den Blick rückt, die nicht nur im materiellen Sinne ein Konvolut bildet, sondern sich immer deutlicher als eigenständiger Text bemerkbar macht.

Vorbereitet und begleitet wird diese neue Einschätzung der Korrespondenz durch die besonders dankbare Aufnahme von Zelters Reiseberichten in Weimar. Die Briefe von den Reisen nach Wien, an die Ostsee, nach Herrnhut, nach Holland und nach Süddeutschland heben sich durch ihre deutliche zeitliche und thematische Begrenzung von dem Kontext der Korrespondenz ab.[4] Goethe und seiner Familie erscheinen sie so lesenswert, daß er Abschriften von ihnen anfertigen läßt und sie broschiert an Zelter schickt.[5] Zur Kopie, Redaktion und Veröffentlichung des vollständigen Briefwechsels wäre es aber vielleicht nicht gekommen, wenn Goethe nicht auch die Herausgabe der Schillerschen Korrespondenz beschlossen und durchgeführt hätte. Es läßt sich wohl nicht endgültig klären, wann der Gedanke einer Publikation des Zelterbriefwechsels aus dem Nachlaß bei Goethe entstand und Formen annahm. Ohne Zweifel fallen aber der Entschluß und die ersten Vorbereitungen in die Zeit, in der Goethe auch mit dem Vorhaben des Schiller-Briefwechsels beschäftigt ist. Daß die Freunde sich im Herbst 1823 mit Schillers Briefen an Humboldt befaßten, wurde schon gesagt. Auch sonst ist die Nachbarschaft der beiden Publikationsprojekte keineswegs zufällig. Sie erweist sich für den weiteren Briefwechsel zwischen Goethe und Zelter als ähnlich richtungsweisend, wie es Schillers Tod in seinen frühen Jahrgängen war.

Schon aus chronologischen Gründen stellt die »Zelterische Correspondenz« (wie Goethe sie in den Tagebüchern nennt)[6] eine Fortsetzung der älteren mit Schiller dar. Wer mit der Rolle Zelters nach Schillers Tod vertraut ist, erkennt in dieser Fortsetzung auch eine in-

---

[4] Ein diesen Berichten vergleichbares Konvolut bilden Zelters Briefe aus Königsberg an seine Schwester Luise Syring: Joseph Müller-Blattau, Karl Friedrich Zelters Königsberger Briefe (1809), in: Altpreußische Forschungen 12(1935), S.256–276. Ebenfalls an Luise Syring sind Berichte von einer Reise nach Dresden und Prag von 1810 gerichtet (GSA 95,I,8).

[5] 23.3.1820 (594); 18.6.1820 (620); 27.9.1820 (642); 8.8.1822 (713); 9.1.1824 (775).

[6] Belegstellen bei Momme Mommsen, Die Entstehung von Goethes Werken, Bd.1, Berlin 1958, S.444–470.

nere Konsequenz. Goethe selbst stellte die beiden Briefwechsel wiederholt vergleichend nebeneinander, wobei er stets die Qualität und Eigenständigkeit des Zelterschen betonte. Nach dem Erscheinen des Schiller-Briefwechsels heißt es:»Doch will ich nicht verhehlen, daß ich Deine Korrespondenz und die Schillersche in Gedanken verglichen habe; wenn ich Dir das mitteile, so wirst Du Dich dabei ganz wohl befinden« (H 357). Und am 4. Januar 1831 schreibt Goethe: »Noch ein bedeutendes Wörtchen zum Schluß. Ottilie sagt, unsre Korrespondenz sei für den Leser noch unterhaltender als die Schillerische« (H 364).

Wie hat sich die ausdrückliche Nennung der beiden Briefwechsel in einem Atemzug und die geplante Veröffentlichung auf die Briefpartner ausgewirkt, die nunmehr als Autoren korrespondierten? Rein äußerlich fällt auf, daß die letzten Jahrgänge bedeutend umfangreicher sind als die früheren, was schon für eine Intensivierung der Korrespondenz im Hinblick auf die Publikation spricht. Während das erste Drittel noch den Zeitraum von zwanzig Jahren umfaßt (1799-1818), wird das letzte allein von den Jahren 1828 bis 1832 ausgefüllt. Was nun den Inhalt betrifft, so scheinen im Blick auf ein zukünftiges Publikum keine besonderen Rücksichten eingeführt. Trotzdem geht von der beabsichtigten Veröffentlichung ein neuer Themenkomplex in den Briefwechsel ein, einer, der ihn selbst betrifft. Nicht nur sind alle praktischen und juristischen Fragen der Publikation dieser Korrespondenz in ihr selbst mitgeteilt. Auch die Reflexion und Interpretation des Konvolutes wird zunehmend zum Gegenstand der Ausführungen. Schon der erste Brief Goethes vom 21. Mai 1825, der seine Absichten in bezug auf die Zelter-Korrespondenz erörtert (Abschrift, eventuell auch Veröffentlichung), bringt in dieser Hinsicht Grundsätzliches:

Ferner habe zu vermelden daß Gelegenheit und Möglichkeit die neue Ausgabe meiner Werke zu begünstigen scheint; nun arbeite ich fleißig an den Annalen meines Lebens, wovon schon eine große Masse, teils vorbereitet teils ausgeführt vor mir liegt. Nun find ich daß unser Verhältnis von 1800 an sich durch alles durchschlingt und so möcht ich es denn auch zu ewigen Zeiten erscheinen lassen, und zwar in reiner Steigerung, deren Wahrheit sich nur durch das vollkommenste Detail bezeichnen läßt. So eben studiere ich Deine Briefe, welche sauber geheftet vor mir liegen und nun äußere ich den Wunsch: daß Du mir die Meinigen, von fünf zu fünf Jahren, auf kurze Zeit mögest zukommen lassen. (844)

Das Konvolut der Zelter-Briefe soll also mit Abschriften der Goetheschen Originale interpoliert, zum Briefwechsel in einer Hand ergänzt werden. Die Briefe sind der Niederschlag eines Verhältnisses, das sich »durch alles durchschlingt«, was allein schon auf Bedeutung verweist. Im Akt der Aufarbeitung und Präsentation (»erscheinen lassen«) spricht ihm nun Goethe noch zusätzliche Strukturiertheit und Sinnfülle zu; dies um so mehr, als es »zu ewigen Zeiten« geschehen soll. Die Freundschaft wie ihr Medium, die Briefe, werden mit dem Attribut der »reinen Steigerung« versehen. Wenn Goethe nun behauptet, daß sich die »Wahrheit« dieser »Steigerung« nur durch das »Vollkommenste Detail bezeichnen« lasse, so erinnert dies an eine ganz ähnliche Bemerkung über den Schiller-Briefwechsel vom Januar 1830: »Die Einzelheiten sind eigentlich das Leben; die Resultate mögen schätzbar sein, aber sie setzen mehr in Erstaunen, als sie nutzen« (H 239).

Gerade aus der Extensität und Kleinteiligkeit ist die Kohärenz des Ganzen abzulesen; die ungegliederte Masse qualifiziert sich zum bedeutsamen Text. Außerordentlich aufschlußreich ist aber, wie in den anschließenden Bemerkungen des Briefes von 1825 Schillers Tod als Ziel- und Wendepunkt angegeben ist: »Ich bearbeite eben jetzt die Epoche von Anfang des Jahrhunderts bis zum Tode Schillers; hast Du die Papiere in Ordnung so sende sie mir baldigst« (844). Schillers Tod, das wurde schon bald erkannt, endete eine biographische und eine Kunst-Periode. Aber erst jetzt, nach der Krise von 1823 und vom Zeitpunkt ihrer umfassenden Dokumentation in den Annalen und später im Briefwechsel an, erscheint auch die an sie anschließende, von Zelter begleitete, als eigenständige, sie ablösende Epoche. Ein ausgeprägtes Bewußtsein von großräumigen biographischen Phasen steht hinter Goethes Briefwechsel-Editionen.[7] In fast identischen Formulierungen charakterisiert Goethe die beiden Briefwechsel: »Tritt [die Korrespondenz mit Schiller] hervor so wird sie dem Einsichtigen, den Begriff von einem Zustande geben und von Verhältnissen die so leicht nicht wiederkommen« (813); und: »wir werden, mit vielleicht noch Wenigen, die Letzten sein einer Epoche die sobald nicht wieder kehrt« (851). Aus der parallelen Betreuung beider Projekte wird erkennbar, daß Zelter noch einmal,

---

[7] Zastrau, Goethehandbuch, Bd.1, Sp.1432: Die Briefwechsel mit Schiller und Zelter seien »betontermaßen verschiedenen Epochen nicht nur des Goetheschen, sondern des geschichtlichen Daseins zugeordnet«.

nach zwanzig Jahren, dazu herangezogen wird, Schillers Tod überwinden zu helfen. Denn um diesen Verlust geht es erneut, nun in historischer Perspektive. Erst indem die Jahre seit 1805 als Epoche mit eigenen Konturen und eigener Kohärenz sichtbar werden, balancieren sie jene andere, mit Schiller verlebte, aus.[8] Die Zeit danach ist im Vergleich mit der vorangegangenen nicht mehr bloß defizitär, sondern wird von Goethes Wahrnehmung sinngebend umgriffen und als ganze auf das Subjekt der Autobiographie bezogen, das sich in diesem identifikatorischen Vorgang stabilisiert. Möglich ist dies nur, insofern es für die Konsistenz dieser Zeitspanne ein Substrat und Reflexionsmedium gibt, eben den Briefwechsel mit Zelter. Die Freundschaft mit ihm schlägt den Bogen von der letzten dramatischen Disjunktion der Zeiten um 1805/06 bis zur Gegenwart und bindet den Herausgeber der Briefe an seine Zeit zurück. Der Brief vom 21. Mai 1825, der Zelter den Plan der Abschrift des Briefwechsels darlegt, sagt es ausdrücklich: »Ich möchte diesen edlen Faden gern zart und sorgfältig durch- und ausspinnen; es ist der Mühe wert, und eigentlich keine Mühe, sondern die größte Genugtuung, und ich freue mich schon die große Kluft vom Anfang des Jahrhunderts bis heute stetig ausgefüllt zu sehen« (844). Die Grußworte bestätigen noch einmal das gesteigerte Selbstgefühl, das mit dem autobiographischen Projekt des Briefwechsels einhergeht: »Lebe wohl! Ich freue mich auf das Von vorne-leben wodurch das Gegenwärtige nur um soviel teurer werden kann. und so fort und fort G« (844).

Wenn Goethe mit der Herausgabe des noch aktuellen Briefwechsels eine autobiographische Rückbindung an die Epoche, an das erste Viertel des 19. Jahrhunderts, intendiert, so ist der Leser aufgerufen, die Korrespondenz eben nicht nur als bloß »privates« Dokument aufzunehmen. Man hat sich lange gesträubt, diesem langjährigen Verhältnis eine ähnliche Repräsentanz zuzusprechen,[9] wie sie für den

---

[8] Zur Ausprägung und Interpretation des Epochenbegriffs im Spätwerk Goethes vgl. Eichhorn, Idee und Erfahrung, S.21.

[9] So neuerdings wieder Friedrich Sengle, der einmal mehr die Meinung von der »relativ geringen gedanklichen Bedeutung« Zelters wiederholt, weshalb denn das Editionsprojekt nur aus »persönlichen Gründen« in Angriff genommen worden sei. (F.S., Das Genie und sein Fürst. Die Geschichte der Lebensgemeinschaft Goethes mit dem Herzog von Sachsen-Weimar-Eisenach, Stuttgart 1993, S.492.). Sengles weitgehende Unkenntnis des Verhältnisses Goethes zu Zelter zeigt sich auch darin, daß der durch Schönes Analyse berühmte Brief anläßlich des Todes von Carl August, der doch bei Sengle Titelfigur ist, keinerlei Berücksichtigung findet.

Schillerbriefwechsel in Hinblick auf die Weimarer Klassik geradezu zur Ideologie erhoben wurde. In Zelter oder in Goethes Verhältnis zu ihm kann keine Epoche auf ihren Begriff gebracht werden, obwohl die spätere und umfangreichere Korrespondenz »welthaltiger« und vielseitiger ist als die Schillersche. Goethes rückhaltlose Anerkennung des Zelterbriefwechsels und seiner Qualität, für den Leser eine Epoche und die komplexe Biographie der Korrespondenten zu reintegrieren, läßt jedoch erkennen, daß hier gegenüber dem Schillerbriefwechsel ein anderes Verständnis von Repräsentanz, gegenüber der klassischen Periode eine neue Sicht der Epoche angesetzt wird. Die ältere Korrespondenz erscheint durch die durchgängige ästhetische Programmatik einheitlich, die spätere gewinnt ihre lockere Einheitlichkeit nur durch die Autoren, die ihren jeweiligen Standpunkt zum Berichteten ins Verhältnis setzen. Der Schillerbriefwechsel ist polemisch, der Zeltersche zunehmend »exzentrisch«. Die Verschiebung der Wertungen und Perspektiven, die sich zwischen dem einen und dem anderen Briefwechsel vollzieht, könnte man auch als Wendung von der Politik der Klassiker zur Historie der gegenklassischen Periode darstellen. Im Mittelpunkt steht keine »gemeinsame Sache«, sondern ein autobiographisch strukturierendes Doppelsubjekt, das sich seine Zeit aneignet.

Das Autobiographische rückt seit Mitte der zwanziger Jahre verstärkt in den Vordergrund. Es geht jetzt nicht mehr allein um die gesprächsweise geleistete Einordnung eines einzelnen Falles in den Zusammenhang von Lebenslauf und Mitwelt, sondern um die Wahrnehmung der gesamten Freundschaft als umfassender, auch historisch identitätsverbürgender Epoche. Von radikaler Neuheit scheint dabei der Gedanke, daß sich bei der Ansicht der zufälligen Teile des Konvolutes das alltäglich Disparate des Lebens ohne weiteres Zutun der Autoren zur Bedeutsamkeit zusammenschließt. Die Persönlichkeit als solche genügt, damit (unabhängig von Themen und Tätigkeiten) die »Versicherung eines wohlzugebrachten Lebens« möglich wird. Am 5. August 1826 diktiert Goethe:

> Erwünschte Abendunterhaltung mit Freund Riemer gewährt uns jetzt die belobte Korrespondenz; wir gehen sie durch, revidieren, korrigieren, interpungieren und so gibt es ein reines Manuskript für jede Zukunft. Dein Portrait steht auf der Staffelei, teilnehmend und Zeugnis gebend. Gewiß ist diese bildliche Gegenwart, als Fortsetzung der wirklichen, höchst erfreulich. Nichts kann die Versicherung eines wohlzugebrachten Lebens mehr gewähren als ein so unmittelbarer Blick an die dreißig Jahre hinterwärts, wenn uns da ein reiner

mäßiger aber aufs Gute und Vortreffliche unverwandt gerichteter Schritt zur Ansicht kommt. Ich freue mich den Überrest des Jahrs dieser belohnenden Sorgfalt für das glücklich abgeschlossene Manuskript zu widmen. (928f.) Daß ein Porträt die Persönlichkeit sinnfällig repräsentiert, ist offensichtlich. Schwieriger gestaltet sich die Anwendung der Rede von der »bildlichen Gegenwart, als Fortsetzung der wirklichen« auf den Briefwechsel, den Goethe mit dieser Formulierung sicherlich mitmeint. Hier ist das Repräsentative des Bildlichen nicht unmittelbar gegeben; es muß durch den Leser aus der Fülle der Einzelheiten rekonstruiert werden. Gerade dieses Ansinnen stellt der späte Goethe aber auch in anderen Werken, in deren Zusammenhang der Briefwechsel gesehen werden darf. In die späte Autobiographik gehört er nicht nur, weil er Zeiten, Ereignisse und Themen dokumentiert, die durch andere Texte noch nicht abgedeckt sind, sondern auch und vor allem durch die Reflexionen, die der Korrespondenz eine latente, durch den Leser zu ermittelnde Folgerichtigkeit zusprechen. Wenn sich Goethes Autobiographik − so wie übrigens auch seine erzählende Prosa, Lyrik und Dramatik − im Alter durch zunehmende Bereitschaft auszeichnet, Formen aufzulösen, Diskurse und Gattungen zu vermischen, mit dem Bild des Autors »Mystifikationen« anzustellen, die Schließung offener Form den Lesern zu überlassen,[10] so müssen auch die zur Veröffentlichung vorgesehenen Briefwechsel als konsequente Fortsetzungen dieser Tendenz angesehen werden. Sowohl die geteilte Autorschaft, die Vielfalt der Themen und integrierten Kleinformen als auch die akkumulative Form offenbaren beim Überblick über das Ganze eine phänomenale Logik und Absichtlichkeit, eine virtuelle Geschlossenheit des Textes. Der Leser soll und kann die Konsistenz aus der Fülle einzelner Eindrücke erschließen und intentional rekonstruieren. Von ihrer virtuellen Stringenz her sind die Briefwechsel mit Schiller und Zelter kein bloß dokumentarisches Material, sondern Bestandteil des Werks. Auf halbem Wege begegnen sich die formalen Auflösungen in Goethes dichterischem Spätwerk und die fortschreitenden Konsistenzbildungen, die Goethe und Zelter ihrem eigenen Briefwechsel gleichzeitig und dem mit Schiller im Nachhinein beifügen.

---

[10] Vgl. Eichhorn, Idee und Erfahrung, S.170, »die Entbergung des Kunstnotwendigen aus dem Horizont der Offenheit wird vom Autor, Leser wie Interpreten gefordert«.

Es überrascht nicht, daß Briefe autobiographischen Inhalts sind; aber hier geht es weit mehr um die Frage, inwieweit ein Briefwechsel über jedes einzelne Schreiben hinaus das Potential zur umgreifenden autobiographischen Form in sich trägt. Für die Stabilisierung des Briefwechsels im Sinne eines in gegenläufigen Verstrebungen verdichteten Textes sorgt nun in der Zeit, in der die Veröffentlichung beschlossen ist, die ständige Gegenwart Schillers. Schon insofern sie die Evidenz sukzessiver und kontrastierender Epochen hervortreibt, ist die Nachbarschaft des Schillerschen und Zelterschen Briefprojektes wichtig für die Aufwertung der noch aktiven Korrespondenz. Der frische Eindruck des im Buch wiederbelebten Verhältnisses zwischen Goethe und Schiller versichert die älter Gewordenen ihrer biographischen Stellung. Goethe spricht mit Blick auf Schillers Tod von der Folgerichtigkeit der seither verbrachten Jahre: »Laß uns das dankbar erkennen, daß wir, soviel Jahre ihn überlebend, von einer unglaublich fortschreitenden Einsicht und Tatgeschicklichkeit so manches Unerwartete genießen« (H 221). Und ganz besonders ein Brief vom 4. März 1829 gibt die Vergegenwärtigung Schillers und seiner Zeit als Grundlage autobiographischer Selbstvergewisserung aus: »Eigentlich für solche alte Käuze, wie Du bist, hab' ich, mein Teuerster, die Schillerische Korrespondenz schon gegenwärtig drucken lassen«, schreibt Goethe an Schillers Altersgenossen Zelter, und weiter:

die Jetzt- und Folgewelt mag sie hinnehmen, wie sie kann, für sie bleibt dies Wesen alles historisch, und so wird es manchem Verständigen dienlich und heilsam werden; denen aber, die damals schon lebten und wirkten, dient es zu größerer Vollständigkeit und Bequemlichkeit, wenn auch sie [so wie offenbar Goethe durch die Edition des Briefwechsels!] das Fazit ihres Lebens zu ziehen Lust haben. (H 126)

Und Zelter hat Lust zu einem solchen Fazit. Ein nicht genau zu datierendes Konzeptblatt gibt den starken Eindruck wieder, den Zelter vom Schillerbriefwechsel erhalten hat; er vergewissert sich dabei der seither vergangenen Lebensspanne und übt den großen Gestus des Historikers:

Was verlang ich denn von der Ewigkeit wenn es die 30 Jahre nicht sind die ich in wenigen Tagen und Stunden durchgeschwelgt habe. Die Briefsammlung mit Schiller allein ist ein solches Gewicht in der Wage, gegen Deine anderen Geistesproduktionen und wenn sie der Nachwelt zu erkennen geben was von Dir in limbo geblieben ist so enthalten sie den gesunden Sammen der durch alle Zeit noch wachsen muß, wie sich auch alles drehen und verdrehen möge. Man wird die Jugend und das reife Alter der Deutschen Literatur in Deine Periode sezzen und Weimar wird der Tiegel bleiben woraus das Gold der Weisheit über die ewig neue Welt hervorgegangen ist.[11]

Mit vollem Recht gibt sich Zelter in diesem Konzept als »mitlebende Seele« aus, ohne die historische Selbstvergewisserung auch für Goethe unbefriedigend bliebe: »Es müßte schlimm seÿn wenn Du das nicht so gut und besser wüßtest als ich; noch schlimmer aber wenn Du es selbst laut sagen müßtest und keine mitlebende Seele es voraussehn und offenbaren könnte.«[12]

Auch sonst fühlt sich Zelter durch den Schillerbriefwechsel zu zahlreichen Revokationen aus jener Zeit angeregt.»Der 4. und 5. Band der Korrespondenz ist mir noch nicht zugekommen; mich interessiert diese Sammlung ganz besonders, weil sie in die Jugend meiner geistigen Bildung fällt und mir so manches vergegenwärtigt, das man in der Gegenwart selber übersieht« (H 208).

Wohl unbeabsichtigt füllt Zelter mit seinen in den Briefen von 1829 bis 1831 niedergelegten lebendigen Erinnerungen an die Schiller-Zeit den Rahmen aus, der für Goethe im Zusammenhang mit der Abschrift und Kompilation des zweiten großen Briefwechsels historisch signifikant wurde. Aus dem Abstand von ungefähr dreißig Jahren beschwört Zelter Szenen aus dem Umfeld des Schillerbriefwechsels und erhebt sie über ihre Zufälligkeit ins Markante und Typische. Sie bezeichnen nun Konstellationen, die in der Zwischenzeit eine beachtliche Entwicklung aus sich entlassen haben. Die Distanz wertet die erinnerten Szenen als biographisch erschließend auf, während zugleich im Lichte dieser Szenen die seitdem vergangene Zeit die Qualität vollzogener Finalität annimmt; Goethe sprach von »fortschreitender Einsicht« (H 221) und »reiner Steigerung« (844).

Unter dem Eindruck der Briefe Goethes und Schillers über *Wilhelm Meister* läßt Zelter die Zeit erstehen, in der er selbst mit dem Roman bekannt wurde, »da auch ich zum ersten Male Dir hinter die obere Haut gekommen bin« (H 157). Aber weniger um das Buch selbst und seinen Inhalt drehen sich Zelters Erinnerungen; es geht viel mehr um seine damaligen Lebensumstände:

> Ich hatte so viele Kinder, soviel Brot, soviel Arbeit, soviel Lust an meiner Kraft und wieder eine sanfte Frau, welche die Kinder in Zucht hielt, und wenn der Vater zurück ins Haus kam, ging alles drunter und drüber. Ich baute Leu-

---

[11] GSA 95,I,8,4.
[12] Eda.

ten Häuser, die mir das ausgelegte Geld noch heute wiedergeben sollen. Wenn andere sich kümmerten, wie wir enden wollten, so war ich obenauf. Freilich war mir nicht immer wohl; ich verdarb meine Leute, die es zu gut hatten und haben wollten, was ich selber nicht hatte. Das war der Humor davon. Da kommt der "Wilhelm Meister" mit seiner bunten Gesellschaft vernünftiger und unvernünftiger Bestien über mein Haus. Die Leute sagten, mein Witz sei abhanden gekommen. Ich sah nur grüne Wiesen und den Himmel voll Geigen. (H 158)

Rund um die geschilderten Reaktionen auf *Wilhelm Meister* und die *Xenien* entfalten sich lebhafte Szenen, oft in direkter Wechselrede wiedergegeben; ein Milieu, eine psychologische Befindlichkeit, ein geistiges Klima:

Und denn die "Xenien", wo meine Freunde Nicolai und Reichardt und andere wie lebende Schatten zitiert waren. Und ich sollte nicht auflachen, weil ich nicht wie andere gute Menschen an mich und meine nächste Umgebung verfallen war. Ich sollte den Blitz verfluchen, der eingeschlagen, und war froh, sein Leuchten zu sehn. "Wie können Sie dergleichen in Musik setzen?' Musen und Grazien in der Mark'! Sind Sie nicht ein Märker? Sind Sie nicht ein Maurer?" Ja, Gottlob, und ein Narr dazu: Denn wer sich ärgerte, freute sich auch, daß ein anderer getupft ward. Mein Schwager Spener hat mir's niemals ganz verziehen, und um mir's nicht merken zu lassen lud er mich zu Tische, und in seinem Weine trank ich die Gesundheit – der "Xenien". Was keiner leugnete, was auf jeder Zunge lag, war heraus wie ein Lotterielos. Dann ging's ans Raten: diese Xenie ist von Ihm; nein, die muß vom andern sein, und so weiter. (H 160)

Zelter, nicht Goethe, gelingt es, die Vergangenheit körperlich erstehen zu lassen und damit auch die Körperlichkeit der sich Erinnernden in den Briefwechsel einzubringen. Zwar trägt auch Goethe viel zur Vergegenwärtigung der mit Schiller verlebten Zeit bei, häufig angeregt durch Zelters Resonanz auf den Briefwechsel. Man erfährt Interessantes über Schillers Kontroverse mit Bürger (H 328), über sein Verhältnis zu den Schlegels (H 496) und anderes. Aber ein Brief vom 9. November 1830 macht auf Goethes Seite Bedenken deutlich, die die Grenzen in der Vergegenwärtigung Schillers bezeichnen. Es geht um private Aufzeichnungen einer jungen Frau,

die eine Zeitlang in seiner Familie lebte. Diese hat einfach und treulich notiert, was er zu ihr sprach, als er mit ihr aus dem Theater ging, als sie ihm Tee machte und sonst [...] Nun male man Schillern beim Teetisch einem jungen Frauenzimmer gegenüber! Was ist denn da auszudrücken? (H 331).[13]

---

[13] Es handelt sich um die Aufzeichnungen Christiane Abekens, geb. von Wurmb, einer Nichte Charlotte von Schillers, die unter dem Titel »Erinnerungen aus

Goethe entscheidet, es sei kein malerischer Gegenstand. Zelters schriftstellerisches Talent schließt ohne eigentliches Besinnen auf das Verfahren die Lücke zwischen Goethes abstrahierenden Rekapitulationen und dem, was gemalt banal erschiene:

> Du erinnerst Dich wohl noch, wie einst unser Schiller auf mich losfuhr als ich, unbedachtsam genug geringschätzig von der Geschichte sprach: sie sei nur lehrend, wenn sie nicht wahr sei und sie vom Geschichtschreiber zugerichtet werde wie sie ihm am besten schmecke.
> Dies aber sind Geschich*ten* die Du Dir würzen magst nach Belieben [...] (627)

So heißt es schon 1820, und fünf Jahre später:

> Sehr wohl erinnere ich mich wenn ich Schillern und Dir Eure Gedichte vortrug, daß Ihr dabei nicht ohne Gebärden wart; ja ihr agiertet, als wenn Ihr unwillkürlich darstellen müßtet, was ihr empfandet, und was konntet ihr natürlichermaßen empfinden, wenn es nicht der Grund war, auf welchem sich euer eigenes Ideal abgebildet fand? (868)

Zelters biographisches Talent liegt in der szenischen, nicht diskursiven Präsentation der Figuren, deren Gedanken dabei nicht bloß referiert sind, wie etwa in Goethes Ausführungen über Schiller und Bürger, sondern der gesamten Person zugeordnet.

So geschieht es auch in Zelters Brief vom 13. November 1830, der unter anderem auch auf Goethes Bemerkungen reagiert, die er über »Schiller am Teetisch« machte. Dieses Schreiben führt einmal mehr die dichte Verknüpfung von Todeserfahrung, autobiographischer Integration und Freundschaft vor, die aus vorangegangenen Darstellungen bereits bekannt ist. In diesem Brief hebt sich durch die ausführliche Vergegenwärtigung der ersten, gemeinsam mit Schiller verbrachten Zeit die Bedeutung wechselseitiger Verankerung der Existenz in der Vergangenheit besonders hervor. Denn am 13. November erreicht Zelter die Nachricht vom Tod Augusts von Goethe in Rom und veranlaßt ihn – ein Brief mit gleichem Datum ist eben erst befördert worden –, noch einmal zur Feder zu greifen. »Eben hatte ich gierig angefangen, des Thomas Carlyle "Leben Schillers" zu lesen, als der Brief aus Weimar wie Blitz und Schlag mir das Buch aus der Hand schleudert. // Unsere Bruderschaft, mein Guter, bewährt sich ernsthaft genug« (H 336). Davon, daß Zelter schon alle drei Söhne verloren hat, wo Goethe seinen einzigen verliert, muß

Schillers Gesprächen im Jahre 1801« erschienen in: Karoline von Wolzogen, Schillers Leben, Tübingen 1830.

gar nicht erst gesprochen werden. Sofort kommt die Rede auf eine zugleich distanzierende und identifikatorische Lektüre, die – ganz ähnlich wie nach dem Selbstmord Karl Flörickes *Dichtung und Wahrheit* – die Erfahrung des Todes zu kompensieren sucht. Zelters Überlegungen zu Carlyle sind für Goethe gedacht und sollen ihm einen biographischen und psychologischen Halt anbieten:

> Nun habe das Buch wieder aufgenommen und glaube es besser zu verstehn, ja ich finde mich selber in ihm wieder. Wenn Du mit Schiller zwei Perioden, der Entfernung und Nähe, bestanden hast, so waren es mit mir drei, ohne mich darum neben oder zwischen euch beide zu drängen, da jeder von euch sich seiner Wirkung auf die Welt bewußt sein durfte. (H 336f.)

Mit der inzwischen historischen Geltung von Goethes Freundschaft mit Schiller versucht Zelter die Erfahrung des Todes zu relativieren. Der eine Freund lebt weiter, der andere ist noch fünfundzwanzig Jahre nach seinem Tode lebendig in der Erinnerung dessen, der die Freundschaft bezeugen kann. Zelter erzählt, wie er nach und nach durch Lektüre und Theaterbesuche mit dem Werk Schillers bekannt wurde, »ich summierte mir alles bis jetzt Vernommene von Schiller, und es entstand das größte Verlangen, den Dichter persönlich zu kennen« (H 337). Die anschließende Schilderung seines ersten Besuches bei Schiller gibt ein Bild von dem längst Verstorbenen und erinnert an die Rolle, die er bei der ersten Bekanntschaft zwischen Goethe und Zelter spielte. Er ist physisch vergegenwärtigt so wie seine Frau, wie Zelter selbst, so als sei es möglich, Überleben über den geistigen Nachlaß hinaus zu simulieren.

> Schiller war nicht längst in Dresden gewesen. Naumann hatte die "Ideale" in Musik gesetzt und sie dem Dichter durch seine Schülerin, Mademoiselle Schäfer, vorsingen lassen. Das erste, wovon Schiller zu mir sprach, war diese Komposition, über welche er ganz entrüstet war: wie ein so gefeierter berühmter Mann ein Gedicht so zerarbeiten könne, daß über sein Geklimper die Seele eines Gedichts zu Fetzen werde, und so ging's über alle Komponisten her.
> Den Effekt solcher tröstlichen Oration brauch' ich nicht zu beschreiben; ich hatte Schillers und Deine Gedichte im Sacke mitgebracht und mit einem Schlage die Lust verloren, sie auszupacken. Es war vor Tische. Schiller und ich sollten bei Dir essen.
> Die Frau kam und sagte: "Schiller, du mußt dich anziehn, es ist Zeit". So geht Schiller ins andere Zimmer und läßt mich allein. Ich setze mich ans Klavier, schlage einige Töne an und singe ganz sachte für mich den "Taucher". Gegen das Ende der Strophe geht die Tür auf, und Schiller tritt leise heran, in der Linken die halbaufgezognen Hosen, mit der Rechten nach obenauf schwingend: "So ist's recht, so muß es sein!" und so weiter. Dann wieder die Frau:

"Lieber Schiller, es ist nach zwei Uhr, mach' doch nur, daß du erst angezogen bist; du weißt, Goethe wartet nicht gern zu lange", und nun war die Sache in Ordnung. Wie oft ich ihm und Dir und euch allen damals meine Späße vorgemacht habe, wirst Du wissen; doch Du schicktest mir den Ehlers auf die Stube, dem ich die Stückchen eingeübt habe und der auch manche davon recht gut herausgebracht hat. (H 338)

Vielleicht unbeabsichtigt kontrastiert dieser Brief die gehobene Stimmung eines guten Anfangs mit der aktuellen Todesnachricht, setzt das Gedächtnis eines unvergessenen Freundes gegen die Nähe des neuen Trauerfalles, die Weiträumigkeit des Bezuges auf längst Vergangenes gegen die zunehmende Enge verbleibender Lebenserwartung, die Körperlichkeit der Erinnerung gegen das Zersetzende des Todes.

In der Tat ist es nun nicht mehr allein die Belastung durch die Tode Nahestehender, die alle Vermögen zur Sinngebung herausfordert. Mehr und mehr verengt sich auch der Horizont der eigenen Lebenserwartung und läßt den Begriff des Lebens zunehmend mit dem erkennbar und bleibender Bedeutung verfließen. Die Konsistenz des Nachlasses rückt für den schwindenden Zusammenhang des Körpers ein. »Übrigens begreifst Du, daß ich ein testamentarisches und kodizillarisches Leben führe, damit der Körper des Besitztums, der mich umgibt, nicht allzu schnell in die niederträchtigsten Elemente, nach Art des Individuums selbst, sich eiligst auflöse«, schreibt Goethe am 23. November 1831 (H 511). Und was die juristische Form des Nachlasses betrifft, gilt noch viel mehr für die Konsistenz seines Inhalts. So ist auch die unermüdliche, sogar beständig gesteigerte Briefproduktion zu verstehen und die reflektierende Überwölbung des ganzen Briefwechsels mit Sinnfülle. Die Annahme einer genuinen Bedeutung und virtuellen Geschlossenheit des gemeinsamen Textes stemmt sich gegen die zunehmende Bedrohung durch altersbedingten Verfall. Diese Bedrohung wird vor allem von Goethe empfunden, der in Briefen an den doch einige Jahre Jüngeren halb befremdet die Zersplitterung von Alltag und Biographie in Einzelheiten zur Kenntnis nimmt und sie wohl nur zum Teil in behagliche Lässigkeit und ironische Distanz von den Anforderungen der Welt kleiden kann: »Je älter ich werde, seh' ich mein Leben immer lückenhafter, indem es andere als ein Ganzes zu behandeln belieben und sich daran ergötzen« (H 455). Weniger gelassen klingt der Brief vom 14. Januar 1832: »Gesteh' ich's nur: meine Zustände sind aus so viel kleinen Teilen zusammengesetzt, daß man beinahe fürchten müßte, das Ganze würde sich zunächst verkrümeln« (H 532). Zu einer solchen Selbstwahrnehmung paßt es, wenn Goethe sich Zelter gegenüber mehr als einmal für das Unzusammenhängende und Abstruse seiner Mitteilungen entschuldigt: »Erlaube mir diese wunderbar hin- und herspringende Manier, es gibt sonst kein Gespräch und keine Unterhaltung: ich erlaube Dir desgleichen ohne viel Besinnen« (H 329). Das Befremdliche der Darstellung vertraut sich der Nachsicht eines Freundes an, dessen Sympathie die Mängel der brieflichen Rede schon auszugleichen verstehen wird.

Überhaupt wird der Briefwechsel gerade angesichts immer enger gesteckter Lebensgrenzen und darum immer offensichtlicherer Kleinteiligkeit des Daseins wichtig. Er kann bestätigen, daß noch im Minimalen und im Zufälligsten ein Potential an Kohärenz liegt, und jenen Zustand überlisten, den Eduard Spranger als »das ständige Existieren im Anblick der Grenze« bezeichnete, »wo alles Schaffen zur leidigen Bedrängnis wird, ob auch die Zeit zur Vollendung reiche.«[14]

Ein geschriebener und erhaltener Brief ist stets ein Beweis des eigenen Lebens, ein Lebenszeichen, erst recht dann, wenn der Tod greifbar nahe tritt. So kann ein Brief, möglichst ein Autograph, Gerüchte von einer lebensbedrohlichen Krankheit dementieren. Auf ein Minimum reduziert zeigt sich die Korrespondenz im März 1823, als Goethe sich von schwerer Krankheit zu erholen beginnt. Zelter schreibt am 19. März:

> Mit welcher Freude ich Dein eigenhändiges G auf der Außenseite von Augusts Briefe vom 16. März, sogleich wiedererkannt habe wissen die Götter. Dieses G verrät die alte feste Hand an der ich Dich wieder erkenne wo ich Dich finde. Dieses G habe mit Deinem Siegel ausgeschnitten und außen an meine Türe geheftet damit jeder Zumirkommende sogleich erfahre und erkenne daß bei mir das Leben wohne, daß Du lebst. (731)

In diese Zeit fällt auch der knappste Brief der gesamten Korrespondenz, ein Lebenszeichen tout court:

> Erstes Zeugnis
> erneuten Lebens und Liebens
> dankbar, anhänglich
> JWGoethe (732)

---

[14] E. Spranger, Goethe als Greis [1932], in: E.S., Goethe. Seine geistige Welt, Tübingen 1967, S.318–349, S.321f.

Aber die Anstrengungen, die Goethe mit Hilfe Zelters, Riemers und seiner Sekretäre unternimmt, den Briefwechsel zur Veröffentlichung vorzubereiten, gelten einem anders gemeinten »Zeugnis erneuten Lebens«, nämlich dem Über- oder Weiterleben nach dem Tode. Ein Werk entsteht, in dem die Freunde fortleben werden. Darum schreiben sie so viel, und darum auch statten sie das Vorliegende des Briefwechsels fortlaufend mit zusätzlicher Bedeutung aus. Dabei wird erkennbar, was außer der bloßen Materialität und Vitalität den Lebensbegriff ausmacht. Es ist ständig neu sich zeigende Sinnfülle und Bedeutung. Die Reflektiertheit der autobiographischen Integration, die sich in Rückblicken und Übersichten, in der Konkretisierung des Briefwechselprojektes manifestiert, ergänzt die vitale Intentionalität des Briefwechsels durch eine formale. Die stilisierenden und integrierenden Operationen haben einen doppelten Zweck: Zum einen erweitern sie den Text zum Werk, zum andern reichern sie den durch fremden und eigenen Tod geschwächten Begriff des Lebens an. Das Bewußtsein, das seinen Stoff immer weniger aus der Zukunft, immer mehr aus der Vergangenheit bezieht, inszeniert eine Dynamik von Freundschaft und Briefwechsel, von der das Dasein an seiner Grenze zehrt. Noch einmal zeigt sich der fast zwangsläufige Zusammenhang von Tod und Text: Je weniger von der Biographie noch zu leben bleibt, desto intensiver wird ihre Rekapitulation, das »Von vorne-leben« betrieben.

In zwei der spätesten Briefe geht das hohe Alter der beiden Freunde gewissermaßen in die Offensive, indem es sich selbst die Fähigkeit zur Bildung von Bedeutungen zuspricht. Diese Briefe können es nicht besser beglaubigen als durch die Spiegelung in literarischen Vorbildern und eine Stilisierung, die wie eine metaphorische Verdoppelung der Sinngebung, von der sie sprechen, wirkt.

Im September 1831 schreibt Goethe an Zelter: »Die Tage und Stunden bisher waren sehr lebhaft angesprochen. Dem älteren Manne drängt sich immer Bedeutenderes zu, so daß man das Vorzügliche selbst für trivial achten muß« (H 483). Keineswegs trivial aber erscheint Goethe eine Lektüre dieser Tage: »Ich erinnerte mich an einem stillen Abend, Cicero habe ein kleines Werklein hinterlassen: "De senectute". Das wollt' ich mir zum erstenmal zu Gemüte nehmen und fand es allerliebst« (H 484). Der Lesende freut sich daran, »wie [Cicero] dem Alter hoch anrechnet: die Würde, die Achtung, die Verehrung, die man ihm nach anständig vollbrachter Lebenszeit erweist« (H 484). Das Lesen aber oder der Inhalt oder vielleicht beides ist eine Beschreibung von Goethes Leben: »So sieht es bei mir, in einsamen und doch gedrängten Stunden, aus« (H 484). In jedem Fall ist die Art der Beschäftigung – mit Cicero und anderen erwähnten Arbeiten – eine Bestätigung des Gelesenen: »Hierinne bekräftigt mich das mir eben wieder erneuerte Wort des Alten: "Ich lerne immer fort; nur daran merke ich, daß ich älter werde"« (H 485). Das erinnert an einen Brief Goethes vom Vorjahr, in dem er Zelter anvertraute: »Und dann darf ich Dir wohl ins Ohr sagen: ich erfahre das Glück, daß mir in meinem hohen Alter Gedanken aufgehen, welche zu verfolgen und in Ausübung zu bringen eine Wiederholung des Lebens gar wohl wert wäre« (H 289f.). Der spätere Brief bestätigt diese Erfahrung; er bezieht sie nun aber weniger auf den Wert des vergangenen Lebens, sondern vor allem auf ein literarisches Vorbild, wobei er vollzieht, was er referiert: die literarische und überlieferbare Form lebendigen Alters. Und er tut es über die Grenzen dieses einen Briefes hinaus; denn in diesem einen Schreiben wird der gesamte Briefwechsel zwischen Goethe und Zelter implizit in die Nachfolge Ciceros und seiner Episteln *De senectute* gestellt.

Wirklich erkennt sich Zelter, der »auf [Goethes] Anregung die Dialogen des Cicero über das höhere Alter und über die Freundschaft« (H 485) liest, durchaus darin wieder, muß jedoch bekennen, »weder Sokrates noch Cato machen mir Lust, so wie sie zu reden« (H 485). Zelter hält sich lieber an Goethe und an ein Zitat aus *Euphrosyne*, als er seinerseits Überlegungen zum Sinnvollen seines bejahrten Alters anstellt: »9. Oktober. Für Dein poetisches Zeugnis in meinen Stammbaum geb' ich Dir ein nicht schlechteres zurück, das ich nicht vergessen hatte: "Wen der Dichter aber gerühmt, der wandelt gestaltet." (Goethes "Euphrosyne".)« (H 492)

Zelter ist sich des Zusammenhangs, aus dem er zitiert hat, wohl bewußt. Er weiß – die Fortsetzung des Briefes belegt es –, daß es sich um ein Gedicht zum Gedächtnis der früh verstorbenen Schauspielerin Christiane Becker-Neumann handelt, daß der Vers also eine Antithese von Dichtung und Tod meint. Im literarischen Vorbild Cicero versuchte Goethe das Alter aufzuwerten; Zelter scheint dagegen geradezu den eigenen Tod vorwegzunehmen, sich mit der Besungenen zu identifizieren, die er zwar überlebte, aber nur, um selber einst auf das Überleben in gestalteter Sprache angewiesen zu sein. In der Tat ist der ganze Brief eine Selbstverteidigung gegen den Tod im Medium gestalteter Sprache. Den anfänglichen Gegensatz von

Dichtung und Tod verwandelt er zunächst in eine Erzählung von
Flucht vor dem Tod und Bergung durch das Leben:

> Das Gedicht hatte mir einen Eindruck unsterblicher Seligkeit hinterlassen. In
> den ersten Jahren meiner öftern Besuche bei euch fand ich mich wie von einer
> Sibylle zu dem Monumente des Parks [das Grabmonument der Schauspielerin]
> in frühster Morgenstille hingezogen, ohne das liebe Wesen gekannt zu haben.
> Einmal war's wie eine Erscheinung; ich sah nicht mehr den Stein, und als ob
> mir's zuwehte: Bleibe fern, du gehörst der Erde! Schauerte ich von dannen.
> Als ich zurückekam durch den Garten, fand ich Dich im offnen Fenster Deines
> Zimmers, und Du riefst mir entgegen: "Guten Morgen, alter Herr!" (H 492)

Der Morgengruß ist ein Zeichen des Lebens, das Zelter durch Goethes Worte so freundlich aufnimmt, während das Monument des Todes ihn von sich wies. Ganz ähnlich wie in vielen früheren Briefen eröffnet die Plastizität der einen biographischen Reminiszenz auf der Grenze von Körperlichkeit und Sinnbild eine Zukunftsperspektive, die den gesamten seither vergangenen Zeitraum durchmißt und noch über die Gegenwart hinausweist:

> Das war ein g u t e r Morgen, der ist mir geblieben, und von der Zeit her ist
> meine Neigung zu Dir im Wachstum geblieben. Wenn ich unter Menschen von
> Dir hörte: so und so, dies und das, das war mir Salz in meiner Glut. Ich
> konnte den Leuten nicht gram werden; mich selber mußt' ich höher achten,
> weil ich allein Dich und mich zu verstehn glaubte. So ist es noch, und wir
> beide sind doch keine Kinder mehr, und auch wieder wie Kinder; denn wir
> wachsen noch und üben uns in der Erkenntnis des Wahren und Rechten und
> denken nicht fertig zu werden, weil wir hoffen, fertiger zu werden. (H 492)

Zelter spricht der Vergangenheit zukunftsweisende Eigenschaften zu; sie ist niemals abgeschlossener Bestand, sondern immer als Potential vorgeführt, das über den gegenwärtigen Augenblick hinaus seine Wirkungen entfaltet. Die Betrachtung des Früheren gilt Möglichkeiten und Entwicklungen, die seither sichtbar wurden und die nun weitergeführt werden können. Auch in diesem Punkt stimmt Zelter mit Goethe überein. »Es gibt kein Vergangenes, das man zurücksehnen dürfte, es gibt nur ein ewig Neues, das sich aus den erweiterten Elementen des Vergangenen gestaltet, und die echte Sehnsucht muß stets produktiv sein, ein neues Beßres erschaffen.«[15] Kanzler von Müller, der diese Äußerungen am 4. November 1823 verzeichnet, schildert auch die besondere Emphase, mit der sie vorgebracht wurden. Bei Zelter gibt es ebenfalls das Pathos der ständig zu erweitern-

---

[15] Gespräche, Bd.III,1, S.611.

den Elemente des Vergangenen. So ist es möglich, daß seine so wie Goethes Reflexionen über das eigene Alter in Schilderungen seiner fortgesetzten Beweglichkeit münden. »Das *war* ein g u t e r Morgen, der ist mir *geblieben* [...] So *ist* es *noch* [...] wir wachsen *noch* [...] wir *hoffen*, fertiger *zu werden*«: Ob man die Formulierung nun auf den Lebensweg oder die Korrespondenz bezieht – eines spricht sie deutlich aus: So wie die Vergangenheit nicht abgeschlossen ist, so ist auch das Ende von Briefwechsel und Leben niemals absolut zu denken, immer nur relativ. Die Steigerungsform »fertiger« weist das Endgültige von sich und läßt sogar eine durchaus lebenszugewandte Nebenbedeutung des Wortes anklingen. Diese dynamische Tendenz der ambivalenten Begriffe, die Leben, Bildung und Kunstwerk zugleich bezeichnen, wird Stifter im *Nachsommer* umdrehen, wenn er sich in unheimlicher Weise so vieles vom »Abschluß des Menschlichen« verspricht,[16] wobei man unwillkürlich an Mortifikation und Stillstand denken muß. Hier bei Goethe und Zelter ist es genau umgekehrt. Der Weg läßt das Ziel versinken, zumindest aber verdrängt die Rhetorik des Fortschreitens die Möglichkeit des tatsächlichen Todes. Goethes Grußformeln sind sprechend: »Und so fortan!«, »Und so fort und fort!« gehören zu den häufigsten. Einmal, nach dem Tod des Sohnes, heißt es gar: »Und so, über Gräber, vorwärts!« (H 395)

Die Unausdenklichkeit des eigenen Todes bezeichnet eine dilemmatische Struktur des Briefwechsels von dem Zeitpunkt an, von dem er zur Veröffentlichung aus dem Nachlaß bestimmt wird. Denn von nun an wird er im Hinblick auf seine Vollendung, und das kann nur heißen, in Erwartung des eigenen Todes, fortgesetzt. Jeder Brief schiebt das Datum dieses Endes weiter hinaus, indem er zugleich, als Bestandteil eines projektierten Buches, diesem Ende zustrebt. Wenn Goethe Zelter wiederholt bittet, ja häufig zu schreiben und die Jahrgänge zu füllen, so bezeichnet das ein Paradox: zum einen das Festhalten am Leben (»Halte doch ja noch ein bißchen aus! Inständige Bitte!«, H 369), zum anderen die Antizipation einer Veröffentlichung, deren Bedingung der Tod beider Verfasser ist. Bislang war der Briefwechsel eine Funktion des Weiterlebens, des Überlebens, nun ist er zugleich eine des Nachlebens.[17]

---

[16] Adalbert Stifter, Der Nachsommer, München 1978, S.388.
[17] Hans Georg Gadamer drückt das Paradox umgekehrt aus: »Einer hat Zukunft, solange er nicht weiß, daß er keine Zukunft hat. Die Verdrängung des Todes ist der Wille des Lebens. Insofern steht das Wissen um den eigenen Tod unter

Nur in einer Hinsicht ist die Undenkbarkeit des eigenen Todes umgangen, insoweit nämlich die Veröffentlichung eine juristische Angelegenheit ist. Im Herbst und Winter 1830 und 1831, und gewiß nicht zufällig in der Zeit nach Augusts Tod, in der Goethe sich erneut intensiv der Autobiographie zuwendet,[18] werden testamentarische Verfügungen über den Briefwechsel getroffen. Sie bestimmen die Veröffentlichung aus dem Nachlaß nach dem Ableben beider Verfasser, weiterhin Riemer als Herausgeber, sein Honorar und schließlich diejenigen Erben, die in den Genuß des Erlöses gelangen sollen.[19]

Von vorneherein zum Scheitern verurteilt sind dagegen alle Versuche, das erwartbare Ende des Lebens und das Ende des Briefwechsels in literarische Übereinstimmung zu bringen. Zwar konnte die retrospektive Aufwertung der Anfänge und die reflektierte Übersicht über das Ganze den Text in sich verfestigen. Es liegt aber in der Natur dieses beständigen »work in progress«, daß es seinen eigenen Abschluß nicht projektieren kann. Alle Briefe, die dieses Ende vorwegnehmen − es sind gar nicht wenige −, entwerfen entweder Antibilder des Todes oder Bilder der Paradoxie. Etwa bei Zelter, der 1825 anläßlich neuer Posttarife und Beförderungszeiten die Überlegung anstellt: »Über unsere Postangelegenheit bitte, außer Sorge zu sein und ja keinen Brief eine Stunde länger liegen zu lassen. Hat unsre Korrespondenz keine Eile so haben wir beide keine Zeit zu verlieren und ich möchte mich im Grabe umwenden wenn ein Brief von Dir nach meinem Tode käme« (874).

Eine ähnliche paradoxale Struktur bestimmt Goethes gern verwendete Metapher vom Gänsespiel. Es handelt sich um das Brettspiel, bei dem die kleinen Holzgänschen nach der Augenzahl der Würfel vorrücken, aber aus dem Spiel ausscheiden, »sterben«, wenn sie auf ein mit einem Gerippe bezeichnetes Feld kommen. Goethes Gedicht aus dem *Diwan*, »Das Leben ist ein Gänsespiel« entfaltet die

---

merkwürdigen Bedingungen«; H.-G. Gadamer, Die Erfahrung des Todes [1983], in: H.-G.G., Über die Verborgenheit der Gesundheit. Aufsätze und Vorträge, Frankfurt a.M. 1993, S.84–94, S.88.

[18] Vgl. den Brief vom 14.12.1830: »Das Außenbleiben meines Sohns drückte mich auf mehr als eine Weise sehr heftig und widerwärtig; ich griff daher zu einer Arbeit, die mich ganz absorbieren sollte. Der vierte Band meines "Lebens" [...]« (H 352).

[19] Briefe, die diese Verfügungen betreffen, und viele weitere, die nach dem Tode der Autoren in Angelegenheiten der Publikation geschrieben wurden, sind abgedruckt bei: Hecker, Zelters Tod.

im Spiel sinnbildliche Spannung von Weg und Ziel des Lebens, während doch eigentümlicherweise das Gesellschaftsspiel die Tendenz hat, das Konkrete von Tod und Leben um so mehr zu verflüchtigen, je krasser es sie benennt. Goethes Brief an Zelter vom 14. Dezember 1830, der das Gänsespiel zitiert, berichtete vom »Außenbleiben des Sohnes«, von Goethes Krankheit, die als psychosomatische Erscheinung erläutert wird, kommt dann auf das fortgesetzte ironische Gespräch der beiden Alten in Weimar und Berlin und nicht zuletzt auch auf die Arbeit an der Ausgabe letzter Hand. »Möge uns beiden soviel Kraft und Behagen verliehen sein, um bis ans Ende wirksam auszudauern! // Deshalb denn, manchmal zurückschauend, in diesem Gänsespiel getrost v o r w ä r t s!« (H 353). Die Rede bezeichnet das Ende wie eine sichere Zielmarke, die zu erreichen sei, während doch die Ungewißheit über »Kraft und Behagen« dieses Ende als durchaus relativen Begriff in bezug auf den Weg entwirft. Die gleiche Ambivalenz von Finalität und Unbestimmtheit verbirgt sich hinter dem Gänsespiel, denn es verbildlicht in Brett und Figuren, in Ablauf und Regel das Prinzipielle und Unausweichliche des Zufalls.[20]

Nur eine einzige wirkungsvolle Maßnahme läßt sich im Hinblick auf einen wünschenswerten Abschluß des Briefwechsels treffen. Die Briefproduktion muß gleichbleibend, womöglich sogar zunehmend intensiv sein bis zum Ende. Und vorab muß alles, was noch kommen könnte, als gültig für die Publikation bestimmt werden. Goethe, der unmittelbar nach Schillers Tod von seiner Befürchtung sprach, man könne sich unversehens »ins ewige Leben hinein« »pausieren«, hält sich nun an die ununterbrochene Abfolge von Briefen. Noch im Februar 1832 schreibt er, »eine unterbrochene Korrespondenz ist keine« (H 547). Wiederholt fordert er Zelter zu unermüdlichem Schreiben auf. Es geschieht im Blick auf eine erwünschte Selbstvergewisserung, die mehr und mehr mit der Anreicherung des geplanten Buches verschwimmt. Wie eng hierbei Todesangst und literarische

---

[20] Ein ähnliches, gleichzeitig verdichtendes und verflüchtigendes Bild des Todes gab das Spiel mit Abzählreim »Stirbt der Fuchs so gilt der Balg«, über das sich Zelter und Goethe in ihren Briefen vom April und Mai 1807 austauschten. Der jeweilige Schreiber des Briefes ist gewissermaßen für den Ernst des Todes, der hier in spielerischer Drastik zitiert wird, blind. Trotzdem steht die ambivalente Bewegung von Verdichtung und Verflüchtigung des Todes in einer signifikanten Umgebung. In beiden Briefen ist nämlich das aufrichtige Bedauern über den Tod der Herzogin Anna Amalia von Weimar zum Ausdruck gebracht, und zwar in fast ungebührlicher Nähe zum Text des Liedes. (146 und 150f.).

Überlegung zusammenfallen, zeigt wiederum die Parallele mit Schiller. Die »Pause«, die durch Schillers Tod verewigt wurde, hat nämlich ihre Entsprechung am Ende seines Briefwechsels mit Goethe, von dem dieser bedauernd schreibt: »Trauriger weise verliert sich diese bedeutende freundschaftliche Unterhaltung zuletzt wie der Rhein, und doch mußte auch dieses mitgeteilt und dargestellt werden« (H 182). Ähnliche Worte verbindet Goethe am 27. März 1830 mit einer Ermahnung an Zelter: »Die Korrespondenz von 1828 ist abgeschrieben; Deine Originale erhältst Du zunächst; sende sodann das Jahr 1829 und sorge, daß das laufende 1830 hübsch reich werde, damit unser Briefwechsel dereinst nicht endige wie der Schillerische: dem Rhein gleich sich im gemeinen Sande des Tages verlierend« (H 277). Hinter solchen Äußerungen steht eine Vorstellung, wo nicht vom Ende selbst, so doch von dem gewünschten Verhältnis zwischen Tod und Text: Es soll ein paradoxes Ende sein, in dem der Abbruch der Korrespondenz die Schreibenden mitten aus der scheinbar unaufhaltsamen Dynamik und Produktivität ihres Lebens reißt. Das Ende des Briefwechsels wird nicht durch eine inhaltliche, logische oder formal begründete Grenze bezeichnet, sondern durch die seit anfangs wirksame Intentionalität des Lebens, die nun über die ausschließlich äußerlich, durch den unvermittelt abschließenden Buchdeckel des letzten Bandes bezeichnete Grenze des Todes weit hinausweist.[21] Und tatsächlich schreibt Zelter noch im letzten Brief mit dem Datum von Goethes Todestag: »Wir haben noch zu säen und zu pflanzen und vom Erdreiche zu lernen, was ihm frommt« (H 569). Nicht weniger ist Goethes letzter Brief an Zelter vom 11. März 1832 auf fortgesetzte Beschäftigung ausgerichtet.

Der Schluß des Briefwechsels illustriert die Paradoxie dieser privaten Literaturgattung zwischen Lebensäußerung und Buchform. Sie ist in diesem Fall noch besonders hervorgetrieben durch die ganz erstaunliche Aktivität der beiden Alten bis in die letzten Lebenstage und durch eine Selbstinterpretation, die Tätigkeit und Steigerung des Individuums über die Grenze des Todes hinaus verlängert denkt. »Wirken wir fort bis wir, vor oder nacheinander, vom Weltgeist berufen in den Äther zurückkehren! Möge dann der ewig Lebendige

---

[21] »Die Spannkraft der Steigerungsspirale schnellt über die Grenze hinaus.«: Bruno Hillebrand, Die Hoffnung des alten Goethe, Mainz 1983, S.3. (=Abhandlungen der Akademie der Wissenschaft und der Literatur, Mainz, Nr.5) Vgl. auch Keller, Nachwort, in: Meuer, Abschied und Übergang, S.147: »Begriff der Tätigkeit, die keine irdische Grenze anerkennt«.

uns neue Tätigkeiten, denen analog in welchen wir uns schon erprobt, nicht versagen!« (981f.); so schrieb Goethe im März 1827 an Zelter. Wer die Korrespondenz vor allem als Kunstwerk betrachten möchte, sieht es von der Absurdität des Todes zerstört, der ihm die logische und formale Geschlossenheit verweigert. Als Dokument des Lebens betrachtet, spricht der Briefwechsel von einer Vitalität, die Struktur und Bedeutung noch über die biologischen Grenzen des Lebens hinaus projiziert. Die Frage ist, ob im Grunde nicht gerade die paradoxe Form des Schlusses dem Begriff des Briefwechsels und des Lebens, den beide Verfasser verfolgt haben, entspricht.»Die entelechische Monade muß sich nur in rastloser Tätigkeit erhalten, wird ihr diese zur anderen Natur so kann es ihr in Ewigkeit nicht an Beschäftigung fehlen« (982). Ein Briefwechsel, dessen materielles Ende durch eine bewußt gezogene Grenze erreicht würde, müßte mit einer definitiven Absage entweder an das Briefverhältnis oder an das Leben schließen. Für beides mag es Beispiele geben. In diesem Briefwechsel ist es nicht zu denken.

Die Sprache der Natur und der Kunst.
Zur Anthropologie des Briefwechsels

Zelters Brief an Kanzler von Müller vom 31. März 1832 ist nun allerdings eine dem Briefwechsel gewissermaßen nachgereichte Absage an das Leben. Der Schreiber sagt von sich, er sei »wie eine Wittwe, die ihren Mann verliert, ihren Herrn und Versorger«, und schickt sich an, den Freund »einzuholen«, »den holden Frieden zu verewigen, der so viel Jahre nach einander den Raum von sechsunddreyssig Meilen zwischen uns erheitert und belebt hat.«[1] Der Brief an Friedrich von Müller bestätigt das Ende des großen Textes und stellt zugleich seine unendliche Fortsetzung, die Verewigung in Aussicht. Die Solidarisierung, die die Korrespondenz so oft bewerkstelligte und dokumentierte, bestätigt sich zuletzt in der entschlossenen Nachfolge. Es ist vielfach bezeugt, daß Zelter, der noch im letzten Brief an Goethe von bester Gesundheit sprach, nach der Nachricht vom Tod des Freundes unverzüglich eine Grabstelle aussuchte.[2] Im Brief an Müller vom 21. April wird ein »solider unbequemer Schnupfen« erwähnt,[3] und Zelter ließ es zu, daß sich die Bagatelle zu einer tödlichen Infektion auswuchs. Er erfüllte sich einen Wunsch, den er Goethe gegenüber schon längst geäußert hatte: »Wenn Du gehst, nimm mich mit; nimm den treuen Bruder mit« (538). Die Bewußtheit dieser Nachfolge in den Tod rückt das paradoxale Ende des Briefwechsels in ein verändertes Licht. Insofern Sympathie und Analogie wirklich bis in den Tod gehen, wird das Zufällige des Schlusses zum bloßen Wendepunkt des fortgesetzten Verhältnisses. In seinem Brief an Ottilie von Goethe vom 3. April hatte Zelter selber geschrieben: »Was mir fast wunderbar vorkommt, ist der Abschluß der Ihnen so bekannten Correspondenz, der nun wie eine offene Bezahlung zwischen zwey Leben steht.«[4] Einerseits er-

---

[1] Riemer, Bd.6, S.430.
[2] Vgl. Hecker, Zelters Tod.
[3] Max Hecker, Goethes Tod und Bestattung, in: GoetheJb 14(1928), S.208–229, S.229.
[4] Eda., S.221.

scheint der Briefwechsel noch einmal als Werk im literarischen Sinne ausgewiesen, als Metapher, die dem Leben bewußt überlagert wurde. Andererseits stößt der existentielle Ernst dieser über die Grenzen des Briefwechsels hin fortgesetzten »Korrespondenz« den Leser auf ein Faktum, das aus dem Blick zu geraten drohte. So sehr nämlich die Briefe in ihrer Gesamtheit zur literarischen Form, zur metaphorischen Selbstbespiegelung tendierten, so sehr die Autoren durch Abgrenzungen und Verstrebungen die innere Konsistenz des Konvolutes an seine Oberfläche trieben: Sie sind niemals Produkte eines ausschließlich künstlerischen Aktes, noch viel weniger Zeugnisse »ästhetischer Subjektivität«,[5] von welchem Begriff der Subjektivität auch immer sich dieses Konzept abzusetzen versucht. Im Gegenteil unterscheiden sich Goethes und Zelters Briefe durch die Kontinuität, die sie zwischen dem praktischen und sozialen Ansinnen und der Formalität des Sprachmaterials suchen, deutlich von den ungleich »poetischeren«, ja poetologischen Briefen der Romantiker oder Kleists. Sie sind einer engen Zusammengehörigkeit von physischer und geistiger, individueller und sozialer Existenz verpflichtet, einem Nexus von Sprache und Anthropologie, wie er in veränderter Form vielleicht erst wieder bei Nietzsche auftaucht. Der Briefwechsel ist ein Dokument der Lebenswelt, kein poetischer oder philosophischer Text. Seiner Publikation geht ein Bewußtsein von dem öffentlichen Interesse von Selbstaussagen im Sinne persönlicher Erfahrung voraus, das heißt, ein Wissen um die Zugehörigkeit der Korrespondenz zu anthropologischer Literatur.[6] Es ist eine Besinnung auf Lebenswelt, zugleich aber auch auf die Natur des Menschen.

Die schon mehrfach erwähnte Intentionalität des Briefwechsels im Sinne der Integration diverser Wissens- und Lebensbereiche meint nichts anderes, als die gleichzeitige Entfaltung unterschiedlicher, in der Natur angelegter menschlicher Vermögen, die die Individualität erst ausmessen. Zelter sagt es fast programmatisch in dem Brief vom Oktober 1827, der Walter Benjamins Bewunderung fand:

---

[5] Vgl. Karl Heinz Bohrer, Der romantische Brief. Die Entstehung ästhetischer Subjektivität, Frankfurt a.M. 1989.
[6] Odo Marquard verbindet das wachsende Interesse an philosophischer Anthropologie im 18. Jahrhundert mit »Abkehr der Philosophie einerseits von der "traditionellen Schulmetaphysik", andererseits von der "mathematischen Naturwissenschaft". Diese Doppelabkehr ist faktisch eine Wende zur Lebenswelt«. Odo Marquard, Schwierigkeiten mit der Geschichtsphilosophie, Frankfurt a.M. 1973, S.124.

> Du bist im Mutterleibe der Natur so hübsch zu Hause und ich höre Dich so gerne reden von Urkräften die, von Geschlechtern der Menschen ungesehn durch das Universum wirken, daß ich ein Gleiches ahne, ja Dich im Tiefsten zu verstehen meine und doch zu alt und viel zu weit zurücke bin um ein Studium der Natur anzufangen. [...]
> Da wir doch nun einmal zusammen sind wie wir sind, so dächte ich Du ließest Dich herab, da ich Dich so gern verstehe, mir einen Grundstein zu legen um mein innerstes Sehnen zu festen: wie Kunst und Natur, Geist und Körper überall zusammenhangen, ihre Trennung aber – Tod ist. (1062)

Ganz unmißverständlich ist die Ergänzung unterschiedlicher Disziplinen und Fähigkeiten einem umfassenden Verständnis des Menschseins zugeordnet, wobei der Übergang von Natur zu Kunst, Körper und Geist genau die Verbindung zwischen den verschiedenen Elementen der individuellen Existenz bezeichnet. Ein Drittes kommt hinzu: Der Prozeß, der sie vermittelt, ist zugleich ein sozialer Vermittlungsprozeß. Nicht nur die Semantik von Erklären und Verstehen, der gegenseitigen Hilfeleistung in Vorgängen der Erkenntnis und des Empfindens, weist darauf hin. Denn vom »befühlen, beschauen« und dem im Tausch sich Ergänzenden kommt die Rede auf die Korrespondenz und – die Spannung von Körper und Geist wieder aufgreifend – auf ihre »Materie«:

> So habe auch diesmal wieder indem ich wie ein Zwirnfaden das Thüringische Gebirge von Coburg bis hieher durchzogen bin schmerzhaft an den Werther gedacht: daß ich nicht überall mit Fingern der Gedanken was unter und neben mir ist, befühlen, beschauen kann, was mir aber so natürlich vorkommt als Körper und Seele Ein Wesen sind.
> Freilich hat es unserer vieljährigen Korrespondenz nicht an Materie gefehlt; Du hast so redlich Teil genommen an meinem Stückwissen in musikalischen Dingen, wo wir Andere freilich noch immer umherschwanken; – wer hätte es uns denn sagen sollen? (1062)

Vom Verlauf des Briefes gewichtet sich sein Anfang noch einmal neu. Nicht nur der Forscher ist offenbar gemeint, wenn Zelter von Goethe sagt, er sei »im Mutterleibe der Natur so hübsch zu Hause«; und nicht nur der reisende Beobachter, wenn Zelter »wie ein Zwirnfaden das Thüringische Gebirge« durchzieht: Beide sind Teil der Natur, um deren Erkenntnis sich der knapp Neunundsechzigjährige bemühen will, als sei eine solche »Grundsteinlegung« allen Grenzen des Alters und des Wissens zum Trotz noch möglich.

Die Intentionalität des Briefwechsels, die den projektiven Werkcharakter und damit eine literarische Form mit sich brachte, ist kein primär ästhetisches Prinzip. Sie läßt sich anderseits auch nicht auf

Psychologie reduzieren. In der Sicht Goethes und Zelters entspringt sie der Natur nicht nur des Menschen und ist ihr analog zum Prinzip von Handeln und Erkennen gemacht. Dieser Natur fühlen sich beide Freunde verpflichtet; und je deutlicher die Erscheinungsformen der modernisierten Gesellschaft und des spezialisierten Wissens von der Entfremdung von der Natur zeugen, desto bewußter suchen Akte der Kommunikation und des Sozialen den Begriff des Menschen an diese Natur zurückzubinden. Zelters Wahlspruch auf seinem von Goethe entworfenen Wappen lautet: »Getreu der Natur und Kunst«.[7] Die Kontinuität von Physis und Psyche, von Kunst und Wissenschaft und die ihnen zugeordnete Sozialität von Produktivität, Erkenntnis und Selbstwahrnehmung, die Zelters Brief vom Oktober 1827 auf engstem Raum durchführt, rücken ihn in größte Nähe zu Goethes Spätwerk, zumal zu den *Wanderjahren*. Nicht zufällig ist ja in Zelters Brief die Reflexion über die Ergänzung des Individuums im sozialen Akt der Vermittlung von Körper und Geist, Kunst und Wissenschaft einem reisenden Subjekt zugeordnet. »Komm ich nun auf einsamen Reisen über Höhen, Bergspitzen; durch Schluchten und Täler so werden mir Deine Worte zu Gedanken die ich Mein nennen möchte« (1062). In der Wahrnehmung des Reisenden schließt sich die Welt zu einem Ganzen zusammen, das der individuellen Natur entspricht.

Alles hier Ausgesprochene weist den Brief dem Gegenstand wie der Form nach dem Anthropologischen zu. Darum soll es nun zum Abschluß gehen: Inwiefern hinter Goethes Plan der Veröffentlichung, hinter dem ausgedünnten Begriff eines »menschlichen Dokumentes« auch ein dezidiertes Interesse an einem anthropologischen Text stehen könnte. In dem Sinne, daß von Brief zu Brief und oft ausdrücklich die soziale Ergänzung und Verallgemeinerung empirischer Individualität gesucht wird, ist er es zweifellos. Was zwei Menschen betrifft, soll etwas über *den* Menschen aussagen. Wenn der Briefwechsel darüber hinaus aber auch vollzieht, was Zelters Schreiben vom Oktober 1827 programmatisch ausspricht, nämlich aus der Synthese von »Kunst und Natur, Geist und Körper« den Begriff des Lebens zu entfalten, »ihre Trennung aber – Tod ist«, dann ist die anthropologische Grundlage und Zielrichtung des Briefwechsels ein letztes, das konsequenteste Mittel gegen den Tod.

---

[7] Brief Goethes vom 9.6.1831 (H 423).

Es war schon wiederholt davon die Rede, daß Zelter allgemeine Beobachtungen aus der szenischen Vergegenwärtigung von Personen entwickelt. Wolfs Widerspruchsgeist ist seiner bettlägerigen Hinfälligkeit und seinem Appetit auf Makkaroni zugeordnet; Schillers Ansichten zur Liedkomposition seinen lebhaften Gestikulationen; Goethes Freundschaft für Zelter aus einem »guten Morgen« hergeleitet, das dem Spaziergänger durchs Fenster entgegenklingt. Ungezählte Male benennen Zelters Berichte Situation und Bewegung – wie und wohin er ging, wo er stand oder saß, von wo aus er etwas sah oder hörte, wie er sich körperlich zu seinen Gesprächspartnern verhielt. Er genießt Landschaft und Madeira, läßt sein Augenpaar spazieren, während die Kinnbacken arbeiten etc. Sobald die Publikation des Briefwechsels zur Debatte steht, nimmt Zelter halb unbehaglich die Unmittelbarkeit und Plastizität seines Schreibens als mögliches Hindernis des Literarischen war. Er schreibt mit Blick auf die Redaktion des Konvolutes am 1. Februar 1831 an Goethe: »Was Du davon hinwegtust oder verschleierst, wird mir stets recht sein, da es an Derbheiten nicht fehlen kann und man nicht gedacht, in purer puter Leiblichkeit an die Lampe zu treten« (H 376). Am 19. August 1831 äußert Zelter ähnliche Bedenken und wieder ist die Wortwahl bezeichnend:

[S]o weiß ich nicht, ob ich mich je entschlossen hätte, meine Briefe an Dich zur Publizität gelangen zu lassen, selbst wenn ich die Deinigen an Deine Erben ausgeliefert hätte, woran ich wirklich gedacht habe. Durch Dich ist nun die vieljährige Korrespondenz zum Kodex worden, der von meiner Seite Kruditäten in Menge enthalten muß. Daß Du manche davon beseitigt hast, weiß ich; nun aber fällt mir ein, ob nicht von Deiner Seite ein Entsündigungswort für alles Übrige zu geben wäre, da ich in petulanter Ergießung einem oder andern zu viel oder wehe getan. Ich sollte mich hüten, könnte man's nur halten! (H 456f.)

»Kruditäten«, »pure pute Leiblichkeit«, »petulante Ergießung« und die Vergeblichkeit »sich zu hüten« sind in Zelters Sicht offenbar kaum vereinbar mit dem, was nun Kodex sein soll. Das Gegenteil von Dezenz und literarischer Dignität ist nicht nur ein niedrigeres Sprachniveau, sondern »Leiblichkeit«, das körperlich Gesättigte der Rede, die nicht kontrollierbare Natur. Doch gerade um die Sprache der Leiblichkeit, ja um den Zusammenhang von Rede und Natur scheint es Goethe gegangen zu sein, als er sich zur Publikation des Briefwechsels entschloß und Riemer anwies, »nicht allzuängstlich bey der Redaction zu verfahren.«[8] Kanzler von Müller, der diese Bitte Goethes nicht unbedingt zustimmend in einem Brief an Doris Zelter wiedergibt, bestätigt auch eine weitere bezeichnende Äußerung aus einem Brief Goethes an Zelter vom 8. April 1812: »Ich höre es gar gern, wenn Sie von der Leber weg referieren und urteilen« (270).[9] In einem anderen Brief dieser Zeit lautet der Gruß: »Leben Sie recht wohl und fahren Sie fort zu scheinen, liebe Sonne.« (251). Die Wortwahl deutet darauf hin, daß Zelters Sprache als natürlich begrüßt wird, wobei »natürlich« keine stilistische Konvention bezeichnet, sondern die Präsenz des ganzen, körperlich-geistigen Menschen in seinen Schriften.

Den Begriff »Natur« hat man sich schon im Wort »Charakter« mitzudenken, wenn Goethe im November 1812 an Zelter schreibt, »wie herrlich ist ein Charakter, wenn er so von Geist und Seele durchdrungen ist« (294). Wenn Goethe 1825 die Formulierung von »reiner Steigerung« (844) auf den Briefwechsel bezieht, ist damit ein Konzept seiner Naturforschung zitiert. Steigerung sei »der Materie [...], insofern wir sie geistig denken, angehörig«, sie sei im »immerstrebenden Aufsteigen. Weil aber Materie nie ohne Geist, der Geist nie ohne Materie existiert und wirksam sein kann, so vermag auch die Materie sich zu steigern«, schrieb Goethe zur Erläuterung von Toblers Aufsatz *Die Natur* am 24. Mai 1828 an Friedrich von Müller.[10] Und als Goethe im Januar 1831 die gemeinsame Korrespondenz wegen ihrer Konsequenz und Zielstrebigkeit würdigt (H 363), ist es Zelter selbst, der dieser Beobachtung den Begriff der »Natur« hinzufügt: »Deine Bemerkung über unsre Korrespondenz, über die gleiche Richtung und Tätigkeit zweier Naturen auf ein wie zufälliges Zenit, ist eben so zufällig-natürlich, daß man nur bei Übersicht des Ganzen darauf fällt, wie alles Verwandte immer näher aneinander rückt, um eins und dasselbe zu sein« (H 366). Das Natürliche ist dabei offenbar nicht als das Selbstverständliche gedacht, sondern als ein latentes Strukturprinzip. Wenn das Individuum der

---

8 Friedrich v. Müller an Doris Zelter am 8.1.1834: »Ich will nicht läugnen, daß ich wohl wünschte, Riemer hätte manche Namen weggelassen; allein er fürchtete, daß man dadurch den Briefen das Pikante nehmen würde, und fügte sich auf Goethes Instruktion: nicht allzuängstlich bey der Redaction zu verfahren« (Hecker, Zelters Tod, S.169).
9 »Goethe pflegte zu sagen: "Im Leben waren wir oft genug gênirt; nach dem Tode wenigstens wollen wir frey von der Leber weg sprechen dürfen."« (Fr.v. Müller an D. Zelter, in: Hecker, Zelters Tod, S.170).
10 HA 13, S.48.

phänomenalen Natur zugerechnet wird, so manifestieren sich in ihm folgerichtig auch die Prozesse, die dem Naturkonzept analog sind. Manifestationen menschlicher Natur sind in dem Briefwechsel dokumentiert, sofern er von dem Entwicklungsgang des Lebens der beiden Autoren spricht. Darüber hinaus ist Natur in der Sprache selber präsent, die sie pflegen. Diese Sprache bewegt sich immer wieder betont auf dem Übergang von Körper zu Geist, von Physis zu Psyche. Sie ist als psychophysisches Phänomen in den Briefen präsent; oft genug finden sich außerdem von beiden Seiten Reflexionen über die Mittlerstellung der Stimme und der Sprache zwischen Geist und Körper; sie ist als Schlüssel des Humanen ausgegeben, und in Szene gesetzt. Die Briefe, die sich mit diesen Zusammenhängen befassen, sind deswegen gleichermaßen Gegenstände anthropologischer Betrachtung wie Zeugnisse anthropologischer Reflexion. In Praxis und Thematisierung von Sprache und Stimme und ihres Zusammenhangs mit der menschlichen Natur zeigt sich noch einmal die Selbstreflexion des Briefwechsels: Es wird erörtert, was er sprachlich vorführt und versucht.

»Seine Reden sind handfest wie Mauern«, schrieb August Wilhelm Schlegel 1898 über Zelter an Goethe,[11] bevor dieser den Musiker kennenlernte; und kein Geringerer als Friedrich Schleiermacher pries an Zelters Sarg den Verstorbenen als einen Meister der Sprache: »Wie ist er in der fernen Betrachtung der Dinge, wir können wohl sagen, ohne es selbst zu wissen, einer unserer ersten Meister geworden in der vaterländischen Sprache.«[12] In den vielen Jahren, die zwischen beiden Zeugnissen liegen, lernte Goethe Zelters Briefkunst und seine persönliche Stimme schätzen. So sehr er ihre Spontaneität bewundert haben mag, sah er in Zelter doch zunehmend auch den Könner und Experten in Sachen der Sprache, ihres Geistes, ihrer Natur und ihres Vehikels, der Stimme; anders als Schleiermacher, der hinter Zelters plastischer Sprache kein kritisches Urteil und literarisches Selbstbewußtsein zu erkennen scheint. Die zahlreichen Berichte über Goethes Reaktionen auf briefliche und mündliche Bemerkungen Zelters markieren dagegen die Geschichte der zunehmenden Hochschätzung einer Kunst, die die natürliche Disposition verwirklicht.

---

[11] Schlegel, in: Schüddekopf, Walzel, Goethe und die Romantik, S.22.
[12] Rede am Sarge Zelters, gehalten von Schleiermacher. Am 18. März [Mai!] 1832, in: Rintel, Carl Friedrich Zelter, S.300–304, S.301.

Goethes Äußerung gegenüber Soret vom 3. Juni 1824 faßt seine Eindrücke erstmals zusammen — wohl nicht zufällig in der Zeit, in der die Arbeit an den Annalen die Originalität der Briefe seit 1802 so offensichtlich gemacht hatte. Soret notiert:

> Mon ami Zelter est l'un de mes correspondants les plus précieux, j'ai de lui une collection de lettres dès le commencement de ce siècle, toutes aussi pleines d'esprit que celle-ci: Chose bien remarquable avec une langue aussi peu favorable que la nôtre au genre épistolaire.[13]

Was aber fasziniert so an dieser ausnahmehaften Sprache? Einen indirekten Hinweis geben Goethes lobende Äußerungen über Zelters Reisebriefe. Am 9. Juni 1827 schreibt er:

> der Musiker, wenn er sonst sinnlich und sinnig, sittlich und sittig begabt ist, genießt im Lebensgange große Vorteile, weil er dem Lebendig-dahin-fließenden und aller Art von Genüssen sich mehr assimilieren kann. Einen ganz eignen Reiz haben daher Deine Reiseberichte und zwar einen doppelten. Dem wackern Manne hat sich der Architekt und der Musiker zugesellt und der Bereich dieser Sozietät ist gar nicht auszumessen (1006).

Das Reisen macht darauf aufmerksam, daß Wahrnehmung und Erfahrung stets auf die besondere Konstitution des Menschen (»wackerer Mann, Architekt und Musiker«) bezogen sind und auf seine gesamte empirische Existenz (»sinnlich, sinnig, sittlich, sittig«). Die Erkenntnis ist auf der Reise eine Funktion der Bewegung in Raum und Zeit und der individuellen Voraussetzungen. Diese strukturieren die Wahrnehmungen, indem sie sie dem persönlichen Lebenszusammenhang einfügen. Zelters briefliche Relationen von seinen Reisen zeichnen sich durch das gleichzeitig Konkrete und Repräsentative ihrer Sprache aus. Goethe schätzt im Briefwechsel mit Zelter den »anmutigste[n] Gegensatz von einem Lebe-, Lust- und Reisemann und immerfort welttätigen Künstler gegen einen mehr oder weniger stationären, nachdenklichen, die Gegenwart aufopfernden, der Zukunft sich widmenden Freund« (H 375). Goethe geht so weit, Zelter um dieser Qualitäten, der Lebendigkeit, Körperlichkeit und Gegenwärtigkeit, willen zum Reisen zu ermuntern:

> Gleich nach dem neuen Jahr, mein Teuerster, werde ich zu der Frage veranlaßt, ob Du nicht etwa Zeit hättest eine kleine Reise vorzunehmen, wo es auch in die Welt hin wäre? Zu diesem wunderlichen Ansinnen ward ich gestern Abend aufgefordert, als ich mit Riemer Deine allerliebste Relation von Baden,

---

[13] Gespräche, Bd.III,1, S.695.

Wien, Prag u.s.w. durchlas und wir uns daran höchlich ergötzten. Es geht daraus hervor, daß Du niemals liebenswürdiger und mitteilender bist als unterwegs (956).[14]

Gerade aus der Intensität und Individualität der Wahrnehmung und Darstellung entsteht das Repräsentative der Briefe Zelters. Je eigenständiger der Autor schreibt, je weniger er sich auf literarische Konventionen verläßt, desto natürlicher wirkt, was er schreibt, desto durchlässiger wird es für Anthropologisches, desto kunstvoller in einem bestimmten Sinn erscheinen auch die Briefe.

Von Kunst darf auch insofern gesprochen werden, als Zelter ein keineswegs so naiver Autor ist, wie etwa Schleiermacher vermutete und bis heute meistens behauptet wird. Die erhaltenen Konzepte zu vielen Briefen verraten, daß Zelter einerseits mühelos und schnell schrieb, andererseits aber höchst bewußt einen »natürlichen Stil« pflegte. So finden sich zu einer Briefstelle, in der Zelter versucht, seine persönliche Bekanntschaft mit Goethe und Schiller weniger als intellektuelle denn als emotionale Wahrnehmung zu schildern, zwei aufschlußreiche Textvarianten. Zunächst hieß es im Konzept zum Brief vom 1. Mai 1825 über die erste Begegnung mit den Weimarer Dichtern: »und weis mir etwas damit Euch beÿde um eben diese Zeit persönlich gesehen zu haben.«[15] Aber der Ausdruck »persönlich« muß Zelter zu farblos erschienen sein. Noch im Konzept verbessert er zu »in meinem Fleische gesehen«. In der abgeschickten Fassung heißt es dann gar »in meinem Fleische erkannt« (842). Es geht Zelter um die körperliche, ja erotische Aneignung des Begegnenden, der er einen höheren Erkenntniswert zuspricht als der intellektuellen Beschäftigung mit den Schriften der Weimaraner. Das Bibelzitat,[16] die sprachliche Archaik, die reiche Semantik der Körperlichkeit, die hier wie auch sonst durchaus humoristisch gemeint sein können, sprechen für bewußtes Stilempfinden. Sie wären als altväterliches Gebaren des Handwerkers völlig mißverstanden. Auch die Fortsetzung des Briefes vom Mai 1825 beweist, daß Zelters naturalisierender Stil einer Programmatik entspricht und nicht etwa naiv unterläuft. Von Schillers »nachtretende[r] Philosophie« und »Fichtes Wissenschafts Lehre« distanziert sich Zelter; von Goethe aber sagt er: »Dagegen sitzest Du

---

[14] Vgl. auch das Gespräch mit Eckermann, MA 19, S.227.
[13] GSA 95,8,4.
[16] Leider bleiben R. Hermanns Beobachtungen zur Funktion der Bibelzitate im Briefwechsel im Ansatz stecken (R. Hermann, Die Sprache der Bibel).

wie eine Spinne in stiller Zelle und was Dir kommt ist Dir auch da und wo die Kunst ist wird auch die Philosophie sein.« (842) Um die Präsenz des Körperlichen, die als Garant gegen Ideologie und Entfremdung angesehen wird, ist es Goethe offenbar zu tun, wann immer er sich der Familie und Bekannten gegenüber begeistert über Zelters Briefe äußert – und das geschieht oft. So legt Goethe einmal Eckermann ein Autograph vor:»Nun, was sagen Sie zu der Handschrift? Ist das nicht ein Mensch, dem es groß und frei zu Sinne war, als er die Adresse schrieb?« Und als Eckermann auf Merck als Schreiber tippt, berichtigt ihn Goethe:»Nein, [...], der war nicht edel und positiv genug. Es ist *Zelter*!«[17] Auch dies steht also hinter dem ausgeprägten und geteilten Interesse der beiden Freunde an Autographen.[18] Sie sind, auch und erst recht, wenn es sich um den eigenen Briefwechsel handelt, wichtige Dokumente, die den flüchtigen Zusammenhang von Körper und Geist evident werden lassen. In der sinnfälligen Synthese von natürlicher Disposition und willkürlichem Ausdruck sind überzeugende Schriftzüge gewissermaßen ein Wahrheitskriterium.

Johann Sebastian Grüner berichtet schon 1822 davon, wie Goethe ihm einen Zelterbrief vorliest, wobei offenbar nicht nur die inhaltlichen Qualitäten des Textes ins rechte Licht gerückt werden sollen. Goethe versucht mit großem schauspielerischem Aplomb, Habitus und Tonfall des Freundes zu treffen. Wieder handelt es sich um einen Reisebrief:

> Wenn auch der Brief weniger witzig, weniger mit drolligen Einfällen versehen gewesen wäre, so hätte schon das bloße Vorlesen Goethes dafür einnehmen und einen angenehmen Eindruck hervorbringen müssen; denn er konnte sich dabei so ganz in die Stimmung seines Freundes versetzen und demgemäß die Stimme modulieren; kurz er hatte einen vortrefflichen, mir noch niemals vorgekommenen Vortrag.[19]

Es geht um die Rückverwandlung der geschriebenen in mündliche Sprache, der begrifflichen in expressive. Die Sprache der Briefe wird als präsentisch, präsentabel vorgeführt, das heißt, als jederzeit aktualisierbar. Goethe, dem die Skepsis gegenüber dem mortifizierenden Effekt des Geschriebenen so wenig fremd ist, wie die

---

[17] MA 19, S.301f.
[18] Zur Hochschätzung der Autographen des eigenen Briefwechsels vgl. die Briefe vom 21.5.1825 (843f.) und 28.5.1825 (845f.).
[19] Gespräche, Bd.III,1, S.398.

Einsicht in die Vergänglichkeit gesprochener Rede,[20] erkennt in Zelters Briefen eine besondere Qualität: Sie eignen sich zur Aktivierung, sie vermitteln eine fortgesetzte Vitalität. An Sulpiz Boisserée schreibt Goethe 1826 von der Korrespondenz mit Zelter, daß sie »noch so frisch ist, als wenn sie gestern auf die Post gegeben wäre.«[21]
Aber auch Zelter interessiert sich für die Unterschiede zwischen mündlicher und schriftlicher Rede, genauer, für die Zwischenstellung des Briefes zwischen beiden. 1826 schreibt er etwa mit Bezug auf Goethes Briefe »aus Rom vom Jahre 1786«:

> Das Wort des Mundes ist ein Anderes als das Wort in Buchstaben; doch Deine Buchstaben sind neue Worte des Lebens ich weiß es nicht anders auszudrücken aber wahr ist es.
> Und darin ist die rohe Kunst der Ausgebildeten vorzuziehn, als notwendiges Naturerzeugnis nur dessen was wahr ist wenn auch ungeschickt, weil nichts ausgedrückt werden soll als was ausgedrückt werden will. So mit der Sprache: diese flüchtigen Briefe welche oft nur den ersten Eindruck angeben in der Sprache die das Bild selber redet sind auch eben so zugänglich und Tausend gehn daran vorüber mit dem Gefühle: so hätte ichs auch gekonnt! und vergessen es und wenn es ihnen wieder einfallen muß so meinen sie: Ja, so mein' ichs auch, und habe es längst gewußt. (916f.)

Zelter ist hier Goethes spätester Ästhetik dicht auf der Spur, die auch bei der Redaktion der viel älteren Italienbriefe geübt wurde. Das Zufällige der Briefform assoziiert er der Notwendigkeit eines »Naturerzeugnisses«, künstlerische und mündliche Rede führt er im Lebensbegriff zusammen, die Flüchtigkeit der Form bezieht er auf die Sozialität eines halb unbewußten Rezeptionsprozesses,[22] der zum Erweis des anthropologischen Gehaltes der Briefe führt. Dabei liegt die Tendenz dieser Sprache zum Sozialen nicht nur in ihrer Verständlichkeit. Ihre natürliche Grundlage ermutigt zur erwidernden Teilnahme. Zelters Briefe versuchen allenthalben zum Indikativ zu

---

20 Vgl. Gerhard Neumann, Ideenparadiese. Untersuchungen zur Aphoristik von Lichtenberg, Novalis, Friedrich Schlegel und Goethe, München 1976, S.629f.
21 HA, Briefe, Bd.4, S.208.
22 Zum produktiven Aspekt in der Rezeption von Goethes Alterswerk vgl. auch Zelters Brief vom 24.2.1821: »Das Leben ist viel zu kurz, zweideutig und gemein um im Zusammenhange zu erscheinen. So nutze ich Deine fragmentarischen Hefte, die ich, ohne Anstrengung immer wieder ansehe und nach Zeit und Ort sondere, um mir wie ein alter Maurer Dein geliebtes Ganze daraus aufzubauen. Laune, Mutwillen, Derbheit und Scherz erfinde ich mir dazu als Locken- und Blätterwerk um die Knäufe der Säulen und Pfeiler damit zu verzieren« (656).

machen, was hier noch im Konjunktiv steht: »so hätte ichs auch gekonnt«, denn »so mein' ichs auch«. Insofern Goethe den Brief im zunehmenden Alter immer weniger als Kunstform, immer mehr als Lebens- bzw. Naturform inszeniert, lädt er zur Demokratisierung der literarischen Produktion ein.

Beide Briefpartner pflegen demnach, wenn auch in höchst unterschiedlicher Weise einen »naturalisierenden Stil«. Goethe postuliert im Spätwerk mit der symbolischen Konzeption von Mensch und Leben eine Kontinuität von Natur und Kunst, wobei die Natur als Analogie und Metapher auf die Struktur und Dynamik der Kunst übertragen wird. Zelter dagehen setzt überall und daher auch im Sprachlichen die Körperlichkeit des subjektiven Weltverhaltens voraus. Die Vitalität seines Weltverhältnisses und sein Temperament kann er in virtuose Sprachgebung übersetzen. Von einer eigentlichen Ästhetik, wie sie sich für Goethe aus seiner Naturkonzeption herleitet, wird man mit Bezug auf Zelters Briefe nicht sprechen können. So wenig wie in der Epistolographie des Sturm und Drang hat man es in seinen Briefen aber mit reinem »Naturgeschehen« zu tun. Das Natürliche ist – bei aller Originalität und Mühelosigkeit der Produktion – stilistischer Gestus. Diesen Stil konnte Goethe als überzeugendes Abbild des Naturphänomens Zelter ansehen und weitgehend mit seinem hochreflektierten Konzept einer im Sprachlichen veräußerten entelechischen Natur identifizieren.

Ähnliches wie für das Verhältnis von Natur und Kunst gilt auch für das von Natur und Wissenschaft, die ebenfalls durch »Mensch« und »Leben« miteinander vermittelt sind. Menschliche Wahrnehmung und Erkenntnis der empirischen Natur werden durch die Zugehörigkeit beider zur selben Natur enggeführt. Damit erübrigt sich das Problem einer definierten Expertenrede oder speziellen Sprache, die der Wissenschaft, der Kunst, der Autobiographie jeweils gerecht wird.[23] Das universale Humanum der Sprache vermittelt zwischen allen Bereichen so wie menschliche Selbstwahrnehmung den Drehpunkt zwischen den unterschiedlichen Gebieten abgibt.[24] Wer sich selber als Natur wahrnimmt, kann auch kompetent über sie sprechen, wenn er sie beobachtet. Von da ist es freilich noch ein

---

[23] Vgl. Koranyi, Autobiographik und Wissenschaft, S.135–138.

[24] »Der Mensch in seinen Verhaltensweisen als einzelner und als Gruppe, in seinen Konstellationen zu anderen, in seinen Aktionen und Reaktionen wird selbst zur "Methode" des Erkennens.« (Neumann, Ideenparadiese, S.609).

weiterer Schritt zur programmatischen Darstellung der Sprache
selber als eines an die Natur gebundenen Kulturphänomens.
Goethe konnte sich auch über diesen für die autobiographische
Anthropologie so kardinalen Punkt mit Zelter verständigen, denn er
hatte es bei dem Berliner nicht nur mit Originalität und einem bemerkenswerten Stil zu tun, sondern dazu mit dem Wissen und der
Erfahrung des Gesangs- und Sprechpädagogen. Goethes Tagebücher
vom Herbst 1823 dokumentieren, wie sich die Freunde der natürlichen Grundlagen der Sprache im Theoretischen wie im Praktischen
gemeinsam versichern. Der Eintrag vom 30. November verzeichnet,
wie Zelter, der zu Besuch in Weimar ist, seinem Freund durch
mehrfaches Vorlesen der *Elegie* über eine schwere Krankheit hinweghilft. Das Tagebuch belegt aber auch, daß an diesem Tag Gespräche über die Veränderung der menschlichen Stimme bei wechselndem Barometerstand stattfanden. Die Notizen haben vordergründig nichts miteinander zu tun, doch weisen sie Zelter in jeder Hinsicht als Praktiker und Experten der Stimme und ihrer Vermittlungen
zwischen Körper und Geist aus. Der Dichter muß Zelters Wiedergabe des schwierigen Gedichtes loben[25] und erinnert sich im Brief
vom Januar 1824:

Daß Du mir die Mitteilung des Gedichtes durch innige Teilnahme so treulich
wieder gabst war eigentlich nur eine Wiederholung dessen was Du durch Deine
Kompositionen mir so lange her verleihest; aber es war doch eigen daß Du lesen und wieder lesen mochtest, mir durch Dein gefühlvolles sanftes Organ
mehrmals vernehmen ließest was mir in einem Grade lieb ist den ich mir selbst
nicht gestehen mag, und was mir denn doch jetzt noch mehr angehört da ich
fühle daß Du Dirs eigen gemacht hast. Ich darf es nicht aus Händen geben,
aber lebten wir zusammen so müßtest Du mirs so lange vorlesen und vorsingen
bis Dus auswendig könntest. (775)

Zelter stellt sich durch seine Kenntnis und seine Kultur der Stimme
am Übergang von Natur und Kunst aufs beste dar. Der Chorleiter
macht seine Interpretation und sein Dirigat von der Witterung abhängig. Die genaue Kenntnis der Stimmphysiologie ist es aber auch,
die die Sprache des Gedichts erst zur Kunst macht. Erst wenn die
Poesie gelesen und gesungen wird, erscheint sie als das, was sie ursprünglich schon ist: als Natur. Dabei ist der Vermittlungsprozeß
von Natur und Kunst zugleich ein sozialer von gegenseitiger Übereignung; dieselbe Bewegung, die das Innere in das Äußere wendet

---

[25] Vgl. Gespräche, Bd.III,1, S.648.

und wieder zurück, faßt Anwendung und Zuwendung im Prozeß wechselseitiger Selbsterkenntnis zusammen. Die soziale Praxis entsteht dort, wo das Vorlesen das Geistige der Sprache ins Physische der Stimme zurückholt, in die Präsenz zweier Menschen im selben Raum. In den Novembertagen des Jahres 1823 wird dieser Vorgang der physischen Belebung geschriebener Sprache zum psychophysischen Heilungsprozeß.

Goethe sprach von »vorlesen und vorsingen«. In der Nachbarschaft mit dem musikalischen Vortrag zeigt sich eine Qualität des Vorlesens, die vom Logischen, Begrifflichen der Sprache weg- und zu ihren affektiven und expressiven Werten zurückführt. Tatsächlich erinnert sich Zelter nicht an den Wortlaut der *Elegie*. Mit Goethe ist er darin einig, daß etwas Unbegriffliches, Unbewußtes wesentlich an den Vorgängen von Produktion und Rezeption und ihrer Wechselseitigkeit beteiligt ist, daß gerade in diesen Qualitäten ein Schlüssel zur menschlichen Sprache und Kunst liegt:

> Daß meine Vorlesungen Dir wohlgetan haben erkenne ich mit Dank gegen Gott, denn auch mein Herz lebt und webt in Liebe die, jemehr sie gibt jemehr sie hat. Ich hätte Dir die Strophen jedesmal gern zehnmal wiederholt und glühe immerfort davon, ja ich habe es, ohne ein Wort davon behalten zu haben so ganz rund und globisch in mir aufgenommen, daß ich Zeitlebens davon zu zehren haben werde. Es lebt ein Gott in uns. Der Mensch muß alt werden<,> der Gott wird jünger, blüht jährlich wieder auf<,> wer das nicht weiß und kann und glaubt dem können nicht Propheten und nicht Auferstandene helfen. (784)

Zelter muß sich von Berufs wegen für das interessieren, was an der Sprache Ausdruck, musikalisch, lyrisch ist. Genau diese Aspekte der Sprache machen sie auch zum Gegenstand der historischen Anthropologie. Zelter berichtet in seinem Brief vom 27. September 1827 von Überlegungen zu dieser Frage. Der Anlaß ist eine Unterhaltung mit dem Botaniker Carl Friedrich Philipp von Martius am Rande der Münchner Tagung der Gesellschaft der Naturforscher und Ärzte. Schon diese Situation und die Tatsache, daß Zelter an dieser Tagung großen Anteil nimmt, sprechen dafür, daß er sich nicht nur als Praktiker, als Gesangspädagoge und Liedkomponist zu diesen Fragen zu äußern versteht, sondern auch ein theoretisches Interesse an der Genese der Sprache hat.

> Mit Prof. *Martius* der vier Jahre in Indien [richtig: Brasilien] gewesen ist geriet ich in ein Gespräch über den Ursprung der Sprache. Wenn ich ihn recht verstanden habe so glaubt Er, hier noch die Kindheit der Menschheit gefunden

zu haben indem er ihre Art sich untereinander zu verständigen, durch bloßen Laut und körperliche Bewegung, unserer Musik entgegen setzte und daraus zu schließen schien daß die Sprache älter sei als das Singen, auch wußte er mit vielen Beispielen zu dienen die ich nicht behalten habe die aber dem was lyrisch sein könnte entgegen sein sollten.

Meine Meinung war daß, was im Menschen bei einander liege zum Menschen gehöre und es nicht darauf ankomme welches Einzelne sich eher oder später entwickle. Wolle man jedoch darüber auf Untersuchung sich einlassen so fände ichs wenigstens näher das Verhältnis der jungen Mutter zum ersten Kinde zu beobachten, das ich als vollkommen lyrisch anzusprechen geneigt wäre weil sich ohne Sprache und ohne Begriff die vollkommenste Übereinstimmung zu immer fortschreitender Bildung erhöbe woraus endlich Gesinnung Begriff Sprache und was Alles sich von selbst ergäbe. (1050f.)

Zelter führt beides, Sprechen und Singen, auf einen gemeinsamen Ursprung in emotionalen und expressiven Funktionen des menschlichen Verhaltens zurück.[26] An diese Überlegungen schließt sich unmittelbar eine für Zelter charakteristische Beobachtung an: »Ich war sehr heitern Sinnes, ich saß neben Cottas Nichte einer Generalstochter, Fräul. v. Hügel die mir ausnehmend wohlgefällt. Sie singt recht artig und schien uns aufmerksam zuzuhören« (1051). Unbewußt läßt sich Zelter das theoretisch Erörterte von der individuellen Erscheinung bestätigen; denn die junge Frau verkörpert die behauptete Kontinuität der Eigenschaften, die zum Menschen gehören, von Natur, »fortschreitender Bildung«, »Gesinnung, Begriff, Sprache«. Zelter ist sich der geleisteten Assoziation von Diskurs und Situation wohl nicht bewußt. Er bringt bestätigend ein Beispiel, »daß endlich die Sprache zum natürlichen Verständnisse des gesellschaftlichen Menschen nicht absolut notwendig wäre« (1051). Zwei italienische Sänger haben sich nämlich in einem Gasthof ihren Zuhörern, die doch kein Wort verstanden haben, durchaus mitteilen können, während es sehr fraglich ist, ob die Sprache der Wissenschaft immer ihren sozialen Zweck erreicht:

Daß hingegen die Sprache und das Sprechen in fortgesetzter Ausbildung auch wohl umgekehrt wirke, lasse sich von den Beschäftigungen der nächsten Tage abnehmen, deren Inhalt weit mehr in Relationen und Widerlegung fremder Ansichten als wirklich neuer Beobachtungen (wie man mir gesagt habe) bestanden hätte. (1051)

---

[26] Vom »symbolhaften Verhalten« könne man annehmen, »daß es ursprünglich nur expressive Funktionen besessen hat«; Edward Sapir, Die Sprache, in: Wilhelm Emil Mühlmann und Ernst W. Müller (Hg.), Kulturanthropologie, Köln Berlin 1966, S. 108–136, S. 115.

Durch die Art der Betrachtung, das heißt durch die Verankerung jeder einzelnen Aussage in konkreter Erfahrung und autobiographischem Exempel erweist sich Zelter als Anthropologe, mehr als durch den theoretischen Diskurs. Mit einem anthropologischen Argument, nämlich mit der Einordnung seiner begrenzten Sicht in die Summe aller menschlichen Vermögen und Disziplinen, rechtfertigt Zelter auch seine Gegenwart mitten unter der Prominenz der damaligen Naturwissenschaft:

> Apropos sagte Martius (welcher Protokollführer des Vereines ist) wie kommt es daß ich Ihren Namen nicht in der Liste der Naturfreunde habe? Wenn ich die Ehre gehabt habe mit zwei Naturforschern [...] nach München zu reisen und hier eine unerwartet ehrenvolle Aufnahme unter den würdigsten Männern unserer Zeit gefunden, so bin ich höchstens ein Naturaliste der gern mitgenießt was andere gefunden und er bedarf, um zu vervollständigen was ihm eigen ist. Der Künstler kann nur suchen was er täglich braucht. (1052f.)

Als »Natur« ist Zelter von seinen Zeitgenossen immer wieder identifiziert worden, als »Natur« bezeichnete er sich auch selber. Zu Recht zählt er sich nun auch zu den »Naturalisten«, denn er läßt sowohl im autobiographischen Verfahren als auch in der Reflexion Kunst und Sprache stets der Natur, das heißt dem lebendigen Körper des Menschen entwachsen. Der Briefwechsel dokumentiert, wie Zelter von Jahr zu Jahr, je mehr er mit den Berliner akademischen Kreisen ins Gespräch kommt und je weniger er durch die Erfordernisse unmittelbaren Gelderwerbs bedrängt ist, sich weiter in Reflexionen hineinarbeitet, wo er früher nur praktisch tätig war.[27] Gewiß schließt sich Zelter bei vielem, was er sagt, dem Denken des bewunderten Freundes an. Auch der Brief vom Oktober 1827, der Benjamins Staunen erregte, scheint Goethes Meinung wiederzugeben. Wenn schon eine so einläßliche Anverwandlung fremder Vorstellungen unmöglich ist ohne eine ursprüngliche Disposition zu ähnlichem Denken, so beweisen Zelters Briefe oft genug, daß auch er es sein kann, der durch kompetente Bemerkungen eine Reaktion bei Goethe erst hervorruft. Gerade wenn es um sein Verständnis von Sprache

---

[27] Vgl. Rintel, Carl Friedrich Zelter, S.279. Nach Rintel befinden sich in Zelters Nachlaß Korrespondenzen mit mehreren Angehörigen der Berliner Universität, die von diesem Übergang von der Praxis zur praktisch orientierten Theorie zeugen. Der im Weimarer GSA vorliegende Nachlaß zeugt eher mittelbar von einer solchen ausgedehnten Korrespondenz. Zahlreiche Dokumente befinden sich (vielfach noch unzureichend oder gar nicht erschlossen) in verschiedenen Archiven und in Privatbesitz.

geht, eifert Zelter Goethe nicht nach, vielmehr konvergieren beider Vorstellungen in einem überaus lebhaften Dialog, der sich in den Briefen des letzten Jahres sogar noch intensiviert. Zelter stellt immer wieder die Physiologie des Sprechens zur Debatte, jene Grundlage, die der Sprache in Kunst, Wissenschaft und sozialem Verkehr gemeinsam ist. 1814 schreibt Zelter über eine Auseinandersetzung mit dem Altphilologen Friedrich August Wolf:

> Wenn die Philologen reden, möchte man sich die Ohren zu halten. Sie wissen weder was sie mit dem Munde noch mit der Zunge anfangen sollen, weil <sie> sich gewöhnt haben alles mit den Augen zu tun: lesen, fühlen, gehn, stehn und darüber kurzsichtig lahm und trocken werden.
> Seit dieser Zeit (doch will ich hoffen auch vorher) beschäftigt sich W.[olf] wie ich merke mit dem Klange des Alphabets und wir führen darüber manches für mich lehrreiche Wort. Kommen wir endlich dahin daß dies Alphabet ein Werk des Mundes und das Metrum ein Werk des Pulses also etwas ist das von Innen heraus, nicht von außen herein kommt: Da mögen die Herren ihre Theorie (d.h. mit der Praxis) anfangen. (331)

Ein Jahr später heißt es ganz analog über die Ausbildung von Schauspielern:

> Wenn die guten Leute nur erst wollten reden lernen! Dieses Stoßen und Holpern und Stolpern und Drücken und Quetschen der Konsonanten, das sie wie ein Pfahlwerk vor der Luftröhre stehn haben, hindert jede gute Intention und ihr eignes Gefühl. Deutlichkeit, Freiheit und Anmut sind unerreichbar wenn der Redner mehr Zeit und Kraft zum Atmen als zum Sprechen braucht. Wozu sind denn Leseproben wenn das Notwendigste nicht geübt wird? Was jeder gute Bereiter seinem Pferde zuerst beibringt ist ein stehender Atem; und der ausübende Artist zerstört seine Brust indem er das Gedicht entstellt und dem Zuhörer seine Brustschmerzen mitteilt. (373)

Die Rede muß mit der Physiologie übereinstimmen, sie muß im wörtlichen Sinne anthropometrisch sein. Am Maßstab des menschlichen Körpers erweist sich die Vernehmlichkeit und mehr noch die Verständlichkeit der Sprache. Noch im Mai 1830 greift Zelter das Thema erneut auf, indem er zur Kritik an einem Wissenschaftsbetrieb ausholt, der zu seinem Nachteil auf Kunst und Soziales der Sprache verzichtet und sich auf die bloße Begrifflichkeit verläßt.

> Außerdem habe ich die alte Lust wieder bekommen, eine Sprechklasse zu etablieren, wozu ich mir fürs erste ein paar junge Talente philologischer und theologischer Konfessionen heranrufen werde. Gelingt die Sache, so sollst Du mehr von uns vernehmen; denn das Geschnarre, Gekrächze und Gewimmere von Kanzeln und Kathedern herab müßte doch einmal angelassen werden. (H 294)

Goethe ist für Zelters Gedanken aufgeschlossen. Neben ihrem Inhalt schätzt er auch ihre Sprachform, die beglaubigt, wovon die Rede ist. Denn so wie Zelters Vorlesen den Zusammenhang von Körper, Geist, Natur und Kunst offenlegt und im Akt der Zwischen-Menschlichkeit praktiziert, so sind auch seine Briefe körperlich-geistig, natürlich-künstlerisch — und kommunikativ. Sie geben der Anthropologie, von der sie sprechen, ihre Form.

Kanzler von Müller berichtet im Tagebuch mehrfach, daß Goethe ihm aus Briefen Zelters vorgelesen hat. Einmal handelt es sich um einen Brief vom 26. April 1819, in dem steht: »Weiter wüßte ich für heute nichts zu sagen. Es ist niemand zu Hause. Die Welt ist auf Universitäten und wir beide sind nicht jung genug um auf ihre Heimkehr zu warten« (558). Die Sätze, die Goethes Begeisterung wecken, tendieren zum Aphorismus und damit zu einer Sprachform, die vorzugsweise den Zusammenhang von Natur und Geist, Individualität und Allgemeinheit, Schrift und »lebendigem Wort«[28] repräsentiert. So auch hier: Da ruft ein konkreter Anlaß eine generelle Aussage hervor, der Gegensatz von »Welt« und »wir« setzt das Menschliche von der Masse ab und rückt es lieber in die Nähe zweier Individuen und ihrer Solidarität. Die große Prätension der »Universitäten« — schon der Plural relativiert den Anspruch des Unteilbar-Universalen, das sie vertreten. Schließlich wird der ironische Blick auf das nahe Ende der eigenen Biographie paradox zur Beruhigung. Die existentiellen Grenzen des individuellen Lebens bleiben auch dort der Maßstab, wo die »Welt« glaubt, mit »Universitäten« rechnen zu können. Erkenntnis und Erfahrung, Einsicht und Mitteilung sind untrennbar, und was sich erreichen läßt, bleibt immer dem individuellen Lebenslauf verbunden. Zu einem solchen Begriff von Erkenntnis gehört auch, daß sie sich zunehmend autobiographisch, fragmentarisch oder aphoristisch ausdrückt. Die Wahl der Briefform ist daher für Zelter so wenig zufällig wie für Goethe, die Kultur des Briefwechsels aber mehr als ein Zeichen der Übereinstimmung in diesem Punkt: Der kommunikative, auch im sozialen reflektierende Charakter der Sprache gehört zu ihrer autobiographischen und anthropologischen Orientierung mit dazu.

Mehrfach wiederholt der Praktiker Zelter, der seit 1809 selbst der Berliner Akademie als ordentlicher Professor angehörte, seine Vor-

---

[28] Neumann, Ideenparadiese, S. 42 und 630.

behalte gegenüber einer Bildung und Ausbildung, die nicht im Sinne der Natur ist, und verbindet sie fast immer mit einer Kritik am Versagen der kommunikativen Funktionen von Sprache. Noch einmal faßt er diese Kritik in aphoristische Form in den letzten Briefen von 1832. Zelter weiß nicht, daß seine Korrespondenz mit Goethe in dieser Sache das (ungleich bescheidenere) Pendant zur gewichtigen Auseinandersetzung bildet, die der Dichter in seinem letzten Briefwechsel mit Wilhelm von Humboldt führt. Wenn er es aber gewußt hätte, so hätte er sich – wie Goethe anläßlich eines Vergleichs des Zelterschen mit dem Schillerschen Briefwechsel sagte –»dabei ganz wohl befinden« (H 357) können. Denn Goethe bestätigt Zelter in einer Frage, in der er Humboldt widerspricht.

In seinem Brief an Zelter vom 9. Juni 1831 kommt Goethe auf einen Artikel über Paganini zu sprechen, dessen Virtuosentum beide Freunde erlebt und in den Briefen mehrfach kommentiert hatten.[29] Die *Revue de Paris* vom 1. Mai 1831 behauptet nun nicht nur eine typische Physiognomik des Geigers, sondern »setzt auf eine gar kluge Weise heraus, wie dieses merkwürdigen Mannes musikalisches Talent durch die Konformation seines Körpers, durch die Proportionen seiner Glieder bestimmt, begünstigt, ja genötigt werde, das Unglaubliche ja das Unmögliche hervorzubringen« (H 421). Goethe fügt diesem Referat, von dem er weiß, daß es Zelter interessieren muß, bei:

Hier will ich nun, da noch etwas Raum ist, eines der größten Worte niederschreiben, welches uns unsre Vorvordern zurückgelassen haben:
"Die Tiere werden durch ihre Organe unterrichtet."
Nun denke man sich, wieviel vom Tier im Menschen übrigbleibt und daß dieser die Fähigkeit hat, seine Organe zu unterrichten, so wird man gern auf diese Betrachtungen immer wieder zurückkehren.
Und nun schnell ins Kuvert, damit es mich nicht reue, so Wunderliches auf das Papier gebracht zu haben. (H421f.)

Zelters Antwort bekräftigt Goethes Ansicht (H 427), womit das Thema in dieser Korrespondenz für ein halbes Jahr ruht.

Indessen schreibt Goethe aber am 1. Dezember 1831 an Wilhelm von Humboldt, unter anderem auch über die Vollendung des *Faust* und den Anteil, den das Unbewußte an der Zielstrebigkeit dieses Lebenswerkes wie des Lebens überhaupt hatte. Goethe wendet in die-

---

[29] Briefe über Paganini.: H 146, 151, 154, 201, 207.

sem Zusammenhang den aristotelischen Ausdruck vom Wahnsinn des Dichters auf sich selbst an.[30] Gerade mit dieser dunklen Passage des Briefes hat Humboldt größte Schwierigkeiten, vor allen Dingen, weil sie die Souveränität des Bewußtseins in Prozessen der Bildung und Kunst in Frage zu stellen scheint. »Aber die geistige Natur der Menschen oder der höhern Geschöpfe, als sie, wenn es solche gibt, ist meiner Meinung nach die einzige Seele in der Welt«,[31] schreibt Humboldt, und weiter oben heißt es: »Die Klarheit vor mir selbst bleibt mir daher, wenn ich nicht glaube, viel versäumt zu haben, das dringendste Motiv zur unausgesetzten Arbeit.«[32] Von Goethe hofft Humboldt die Antwort auf die Frage zu bekommen, ob ihm »jene Art der Produktion mit völligem Bewußtsein wohl immer beigewohnt hat«.[33] Goethe jedoch antwortet in dem letzten Brief, den er überhaupt diktiert hat, mit der Klarheit seiner Maximen:

> Die Tiere werden durch ihre Organe belehrt, sagten die Alten, ich setze hinzu: die Menschen gleichfalls, sie haben jedoch den Vorzug ihre Organe dagegen wieder zu belehren.
> Zu jedem Tun, daher zu jedem Talent, wird ein Angebornes gefordert, das von selbst wirkt und die nötigen Anlagen unbewußt mit sich führt, deswegen auch so geradehin fortwirkt, daß, ob es gleich die Regel in sich hat, es doch zuletzt ziel- und zwecklos ablaufen kann.
> [...] Das beste Genie ist das, welches alles in sich aufnimmt sich alles zuzueignen weiß ohne daß es der eigentlichen Grundbestimmung, demjenigen was man Charakter nennt, im mindesten Eintrag tue, vielmehr solches noch erst recht erhebe und durchaus nach Möglichkeit befähige.
> Hier treten nun die mannigfaltigen Bezüge ein zwischen dem Bewußten und dem Unbewußten; denke man sich ein musikalisches Talent, das eine bedeutende Partitur aufstellen soll, Bewußtsein und Bewußtlosigkeit werden sich verhalten wie Zettel und Einschlag, ein Gleichnis das ich so gerne brauche.
> Die Organe des Menschen durch Übung, Lehre, Nachdenken, Gelingen, Mißlingen, Fördernis und Widerstand und immer wieder Nachdenken, verknüpfen ohne Bewußtsein in einer freien Tätigkeit das Erworbene mit dem Angebornen, so daß es eine Einheit hervorbringt welche die Welt in Erstaunen setzt.[34]

Mit dem Argument der Natur werden dem Humboldtschen Bildungsideal seine Grenzen gewiesen. Nicht nur die bereits früher an Zelter übermittelte Maxime und das Exempel aus dem Bereich der

---

[30] HA, Briefe, Bd.4, S.463.
[31] HA, Briefe an Goethe, Bd.2, S.608.
[32] HA, Briefe an Goethe, Bd.2, S.607.
[33] HA, Briefe an Goethe, Bd.2, S.607.
[34] HA, Briefe, Bd.4, S.480.

Musik, vor allem die Rede von der »freien Tätigkeit« der Organe und ihrer »Übung, Lehre, Nachdenken, Gelingen, Mißlingen, Förderniss und Widerstand« verweisen auf eine Konzeption, die Goethe in jener Zeit im Briefwechsel mit Zelter gründlich abgesichert hat.
Am 14. Februar 1832 schrieb Zelter nämlich an Goethe: »Zu meinen Erfahrungen gehört auch, daß ein echtes Naturell, ohne Gelegenheit sich fortzubilden, sich nemesisch an der ganzen Organisation rächt, da es nicht jedem Individuum gegeben ist, sich aus eigener Kraft aus- und durchzuarbeiten« (H 554). Als letztes von drei Beispielen schildert Zelter den Fall einer einundzwanzigjährigen Sängerin,

> die an einer Nervenkrankheit gestorben ist. Als ich sie unter uns aufnahm, sang sie hohe Sopranarien und bezwang sie mit aller Kraft eines jugendlichen Körpers. Ich riet ihr, sie möge ihrem schönen Mezzosopran keine Gewalt antun. Die Freunde aber und Freundinnen, und wie sich das Geschmeiß nennt, wußten es besser, und ich kann die Ahnung nicht loswerden, meine liebe Ulrike Peters habe sich totgesungen. (H 554)

Der Brief insinuiert einen geradezu hoffmannesken Zusammenhang von Gesang und psychosomatischer Erkrankung. Goethe antwortet schnell und zustimmend.

> Man hat schon vor alters gesagt: die Grammatik räche sich grausam an ihren Verächtern, Du sprichst es in Deinem letzten Briefe durch das Wort n e m e - s i s c h gar vortrefflich aus; denn durch ein falsches Bestreben wird der ganze Organismus, Leib und Geist, aus den Fugen gerückt, und es ist gleich, ob eins oder das andere erkrankt und zuletzt bei verworrener Anstrengung zugrunde geht. (H 557)

Zur Bestätigung der längst gehegten Übereinstimmung fügt Goethe nun eine längere Überlegung an, die sich durchaus in Zelters Sinne mit der Ausbildung des »Naturells« zum Künstler befaßt.

Zelter läßt sich in seiner Antwort um so lieber noch einmal auf das Thema ein, als er inzwischen von ersten Erfolgen berichten kann, die seine Sprecherziehung bei einer Klasse von Studenten unterschiedlicher Disziplinen zeitigt. »Und doch kann ich von Glück sagen, mir das Fach bereiten zu dürfen, woran hier sonst niemand gedacht hatte, und die mittelbare Wirkung mit Zufriedenheit besonders im Theater bemerke« (H 561). Was Zelter im Unterricht »bildlich hinstell[t]«, legt er im Brief an Goethe als eine Reihe von Maximen nieder:

daß ein Redner, dem ein Buchstabe des Alphabets fehlt, gleich sei einem Instrumente, dem ein Ton der Skala fehlt;
daß die Zunge der Lenker der Rede sei und einen geschickten Steurer fordre;
daß der Vokal sich zum Konsonanten verhalte wie die Glocke zum Kleppel;
daß die Sprache ein Sprechen ist und die Rede vom Munde zu Munde über alles Lesen stehe;
[...]
daß der innere Bau des menschlichen Mundes der Wissenschaft der Akustik die erste Richtung gebe;
daß der Gebrauch des Odems sein Verhältnis zum Periodenbau habe;
daß ein Redner, dessen Odemzüge laut vernommen werden gleich sei einem Pferde, das keiner kaufe, und einer Frau, die man nicht heurate [...] (H 562)[35]

Goethes Antwort vom 13. März 1832 ist sein letzter Brief an Zelter. Sie lokalisiert die derzeitigen Beschäftigungen beider Freunde an den äußersten Enden des Spektrums künstlerischer und wissenschaftlicher Arbeit: Zelter ist mit Gesang und Stimmbildung befaßt, Goethe mit Archäologie und Paläontologie. Die Flüchtigkeit der musikalischen Produktion scheint dabei genauso wie die Unergründlichkeit der Antike und der Urzeit eine Herausforderung, wenn nicht gar eine Infragestellung des Geistes, der sich seiner selbst gewiß zu werden sucht. »Fossile Tier- und Pflanzenreste versammeln sich um mich, wobei man sich notwendig nur an Raum und Platz des Fundorts halten muß, weil man bei fernerer Vertiefung in die Betrachtung der Zeiten wahnsinnig werden müßte« (H 665). Dieser Gefahr stellt Goethe nun eine plastische Vorstellung entgegen, die die unvorstellbare Weite und extreme Gegensätzlichkeit der das Menschliche umfassenden Phänomene zum »Scherz« macht: »Ich möchte wirklich zum Scherze Dir einmal, wenn Du mit Deinen lebendigen Jünglingen lebenstätige Chöre durchprüfst, einen uralten Elefantenbackenzahn aus unsern Kiesgruben vorlegen, damit ihr den Kontrast recht lebhaft und mit einiger Anmut fühlen möchtet« (H 565). Weiter schreibt Goethe: »Nun bitte ich aber: fahre fort, wie Du in Deinem letzten Briefe getan, die alten ewigen Naturmaximen, wornach der Mensch dem Menschen durch die Sprache verständlich wird, aphoristisch auszusprechen, damit in der Folge auch wohl einmal erfüllt werde, was geschrieben steht« (H 566).

---

[35] Goethes *Maximen und Reflexionen* seien »naturbedingte« Produkte des Alters, Reflexionen der Sprache, »Elemente geselliger Bildung«, Mittel einer »Diätetik der Seele«. So charakterisiert Walter Müller-Seidel (Maximen und Reflexionen). Der Aphorismus als Form der Bewußtseins- und Kulturkritik, in: GoetheJb 97 [1980], S.114–123) Goethes späte Aphoristik. Die Beschreibung trifft auch auf Zelters »Naturmaximen« in diesem Brief an Goethe zu.

Der Übergang zwischen den Absätzen scheint unvermittelt und ist es doch nicht; denn was allein zwischen den ältesten Zeugnissen organischen Lebens und den jüngsten und flüchtigsten Äußerungen der Kultur vermitteln kann, ist eben die Kommunikation der Menschen, die sich damit befassen, und die Sprache, durch die »der Mensch dem Menschen [...] verständlich wird«. Gewiß meint Goethe mit der Erfüllung dessen, »was geschrieben steht«, zunächst und vor allem den Erfolg von Zelters Sprecherziehung. Aber der Freund wird ja gebeten, so wie er es in der Klasse tut, auch im Brief seine Naturmaximen »auszusprechen«, wodurch der Inhalt, die klare Artikulation von Körper und Geist über den Aphorismus auf die Briefform überwechselt. Damit erbringt sie den Beweis der Gültigkeit ihrer Aussage, denn was wäre ein Briefwechsel im Verständnis Goethes anderes, als ein Versuch des Menschen, sich dem Menschen verständlich zu machen; und was suchte dieser eine Briefwechsel mehr, als die soziale Vermittlung von Körper und Geist, Natur und Kunst, die Integration unterschiedlicher Lebens- und Wissensgebiete durch Sprache? Und noch eine Eigenschaft der Sprache wird in diesem Briefwechsel vorgeführt, eine Paradoxie, die Goethe in der Charakterisierung der Naturmaximen als »alt« und »ewig« ausdrückt: Die Sprache, die Goethe und Zelter sprechen, sucht die Öffentlichkeit auch späterer Leser, sie sucht ihr Altern zu überstehen, während sie sich doch ausdrücklich zu ihrer Historizität bekennt. Es sind nicht mehr bloß Goethe und Zelter, die sich einander »verständlich« machen, seit Jahren sind Redakteur und Sekretäre beteiligt in Hinsicht auf ein zukünftiges Publikum. Goethes Brief spielt vielleicht auf diese Öffentlichkeit einer möglicherweise fernen Zukunft an, wenn er Zelter bittet fortzufahren,»damit in der Folge erfüllt werde, was geschrieben steht« (H 566).

Der Briefwechsel, der die Weite menschlicher Beschäftigungen mit den Überlieferungen der Natur und der Kultur ausmißt und sie alle, so unterschiedlich sie sein mögen, auf das Sprachvermögen des Menschen und die Lebendigkeit dieser Sprache in der Gegenwart der Kommunikation bezieht – dieser Briefwechsel ist schon längst selber zum Gegenstand zukünftiger historischer Beschäftigung erklärt, zum geschichtlichen Beispiel für eben dieses Sprachvermögen. Ein Prolegomenon zu *Dichtung und Wahrheit* macht deutlich, wie gerade auch die Form des Briefes sich dem Unmöglichen annähert, »vergangenes Leben« wieder hervorzubringen, das heißt, auch die Natur des Menschen unter den Bedingungen der Historizität zu retten: »Alles wahrhaft Biographische, wohin die zurückgebliebenen Briefe, die Tagebücher, die Memoiren u<nd> so manches andre zu rechnen sind, bringen das vergangene Leben wieder hervor, mehr oder weniger wirklich oder im ausführlichen Bilde. Man wird nicht müde, Biographien zu lesen so wenig als Reisebeschreibungen: denn man lebt mit Lebendigen.«[36] Anthropologie ist hier kein Gegenbegriff zum Historischen,[37] vielmehr gibt sie erst der Geschichte ihr Leben. »Soll aber und muß Geschichte sein, so kann der Biograph sich um sie ein großes Verdienst erwerben, daß er ihr das Lebendige, das sich ihren Augen entzieht, aufbewahren und mitteilen mag.«[38] Was Goethe hier vom Biographen sagt, gilt von den Autoren dieses Briefwechsels zweifellos genauso. Von Anfang an war es Goethe und Zelter in ihren Briefen darum zu tun gewesen, die Erinnerung an Verstorbene zu bewahren. Je mehr sich der Briefwechsel seinem Ende näherte, desto mehr wurde die Rede über sich selbst zum »Bewahren« eines »Lebendigen«, das sich auch schon den »Augen der Geschichte« zu entziehen drohte. Der Briefwechsel sucht buchstäblich die zwingenden Grenzen des materiellen Lebens durch die scheinbar gleitende Umwandlung des Biologischen ins »wahrhaft Biographische« und Historische zu überlisten. Das Leben, das hier gemeint ist, ist keine Metapher, sondern die physische Existenz, die sich nur behelfsweise »im ausführlichen Bilde« ausspricht.

Goethe schrieb im Dezember 1831 an Humboldt, daß ihm in seinen »hohen Jahren [...] alles mehr und mehr historisch« werde.[39] Auch Zelter versetzt sich noch im letzten Brief an Goethe »beiher« in die Lage der Späteren: »Es wäre recht artig, wenn man von Jahrhundert zu Jahrhundert auf die Oberwelt zurückkehren könnte, welches Korn aufgegangen und fortgegangen ist?« (H 569).

---

[36] MA 16, S.861. Der Text stammt vermutlich aus der Zeit zwischen Frühjahr 1811 bis März 1812.
[37] »Diese Wende zur Natur durch Abkehr von der Geschichtsphilosophie ist eine zweite Bedingung der Notwendigkeit und des Wichtigwerden der philosophischen Anthropologie.« (Marquard, Schwierigkeiten mit der Geschichtsphilosophie, S.124). Wolf Lepenies dagegen plädiert für die Vereinbarkeit von Anthropologie und geschichtlichem Denken, für die »anthropologische Begründung der Historizität«; W.L., Probleme einer historischen Anthropologie, in: Reinhard Rürup (Hg.), Historische Sozialwissenschaft. Beiträge zur Einführung in die Forschungspraxis, Göttingen 1977, S.126–159, S.130.
[38] MA 16, S.862.
[39] HA, Briefe, Bd.4, S.463.

Den Revenant Zelter könnte man heute über das Schicksal seines Briefwechsels mit Goethe beruhigen. Er behauptet als historische Überlieferung wie als Werk auf der Schwelle von Natur und Kunst eine beachtliche Stellung zwischen »lebenstätigen Chören« und einem »uralten Elefantenbackenzahn«. Gewiß, es ist nur ein dickes Buch, so viele bedruckte Seiten; doch wie oft erliegen Leser bei ihrer Lektüre noch heute der Suggestion eines wieder hervorgebrachten Lebens, eines Lebens, das die Verfasser der Briefe in ihren späten Jahren so insistierend beschworen haben. Man möchte sich an die Worte halten, die der Musiker einmal zum Lobe des Dichters fand,[40] man möchte dieses Lob auf beide Freunde anwenden und belügt sich nur zu gerne, indem man Zelter nachspricht: »Eure Buchstaben sind das Leben selber.«

---

[40] Im Brief vom 25.1.1826 (904).

Siglen

(...)	Einfache Seitenzahlen in Klammern beziehen sich auf: Der Briefwechsel zwischen Goethe und Zelter, hg. von Hans-Günter Ottenberg und Edith Zehm, München (Hanser) 1992 (=MA 20.1).
FA	Goethe. Sämtliche Werke. Frankfurter Ausgabe, 2. Abteilung: Briefe, Tagebücher und Gespräche, hg. von Karl Eibl u.a., Frankfurt a.M. (Deutscher Klassiker Verlag) 1991ff.
GA	Goethe. Gedenkausgabe der Werke, Briefe und Gespräche, hg. von Ernst Beutler, Zürich (Artemis) 1948ff.
Gespräche	Goethes Gespräche. Eine Sammlung zeitgenössischer Berichte aus seinem Umgang auf Grund der Ausgabe und des Nachlasses von Flodoard Freiherrn von Biedermann ergänzt und herausgegeben von Wofgang Herwig, Zürich und Stuttgart (Artemis) 1965ff.
Gräf	Goethes Briefwechsel mit seiner Frau, Frankfurt a.M. (Insel) 1916.
GSA	Goethe- und Schiller-Archiv, Weimar.
H	Briefwechsel zwischen Goethe und Zelter, hg. von Max Hecker, Leipzig (Insel) 1913–1918.
HA	Goethes Werke. Hamburger Ausgabe, hg. von Erich Trunz, München (Deutscher Taschenbuchverlag) 1982.
HA, Briefe	Goethes Briefe. Briefe an Goethe. Hamburger Ausgabe, hg. von Karl Robert Mandelkow, München (Beck) 1982.
MA	Goethe. Sämtliche Werke nach Epochen seines Schaffens. Münchner Ausgabe, hg. von Karl Richter u.a., München (Hanser) 1985ff.
Riemer	Briefwechsel zwischen Goethe und Zelter in den Jahren 1796–1832, hg. von Friedrich Wilhelm Riemer, Berlin (Duncker und Humblot) 1833f.
WA	Goethes Werke. Weimarer Ausgabe, hg. im Auftrag der Großherzogin Sophie von Sachsen-Weimar, Weimar (Böhlau) 1887ff. III. Abteilung, Tagebücher; IV. Abteilung, Briefe.

Literatur

Ganz gegen die alphabetische Ordnung soll das Literatur- und Quellenverzeichnis mit Zehm, Edith beginnen. Ihr danke ich herzlich für großzügig gewährte Einblicke in die Welt der Zelterischen Quellenforschung.

Anonym: [Rezension des Briefwechsels zwischen Goethe und Zelter], in: The Foreign Quarterly Review 32(1836), S.328–360.
Ariès, Philippe: Geschichte des Todes, München 1980 (Frz. 1978).
Bamberg, E.v., und P. Weizsäcker: Zum Goethe-Zelterschen Briefwechsel hg. von Ludwig Geiger, in: GoetheJb 1901, S.91–109.
Barner, Wilfried, Eberhard Lämmert und Norbert Oellers (Hg.): »Unser Commercium«. Schillers und Goethes Literaturpolitik, Stuttgart 1984.
Becker, Wolfgang: »Denn man lebt mit Lebendigen«. Über Goethes »Dichtung und Wahrheit«, in: Helmut Holtzhauer, Bernhard Zeller (Hg.): Studien zur Goethezeit. Festschrift für Lieselotte Blumenthal, Weimar 1968, S.9–29.
Benjamin, Walter: Deutsche Menschen, Frankfurt a.M. 1962 (1936).
– Goethe, in: W.B., Gesammelte Schriften II,2, hg. von Rolf Tiedemann und Hermann Schweppenhäuser, Frankfurt a.M. 1977, S.705–739.
Bode, Wilhelm: Die Tonkunst in Goethes Leben, Berlin 1912.
Boerner, Peter: Goethes Briefwechsel mit Zelter, in: Jahrbuch des Wissenschaftskollegs Berlin 1986/87, S.27–29.
– Musikalisches, Märkische Rübchen und sehr ernste Betrachtungen über das Leben. Goethe korrespondiert mit Carl Friedrich Zelter, in: JbFDH 1989, S.127–146.
Bohrer, Karl Heinz: Der romantische Brief. Die Entstehung ästhetischer Subjektivität, Frankfurt a.m. 1989.
Boisserée, Sulpiz: Briefwechsel/Tagebücher, Göttingen 1970.
Bollert, Werner (Hg.): Sing-Akademie zu Berlin. Festschrift zum 175jährigen Bestehen, Berlin 1966.
Brockmeyer, Rainer: Geschichte des deutschen Briefes von Gottsched bis zum Sturm und Drang, Diss. Münster 1961.
Bürgel, Peter: Der Privatbrief. Entwurf eines heuristischen Modells, in: DVjs 50(1976), S.281–297, S.290.
Conrady, Karl Otto: Goethe. Leben und Werk, Frankfurt a.M. 1988 (1985).
Deetjen, Werner: Immermann über den Briefwechsel zwischen Goethe und Zelter, in: Jahrbuch der Goetheges. 2(1915), S.246–249.
Eberle, Gottfried (Hg.): 200 Jahre Sing-Akademie zu Berlin. »Ein Kunstverein für die heilige Musik«, Berlin 1991.

Eichhorn, Peter: Idee und Erfahrung im Spätwerk Goethes, München 1971.
Eitner, Robert: Karl Friedrich Zelter, in: Allgemeine deutsche Biographie, Bd.45, Berlin ²1971 (1898), S.46–52.
Friedenthal, Richard: Goethe. Sein Leben und seine Zeit, Stuttgart Hamburg 1963.
Friedländer, Max: Goethe und die Musik, in: GoetheJb 3(1916), S.275–340.
Gadamer, Hans Georg: Die Erfahrung des Todes [1983], in: H.G.G., Über die Verborgenheit der Gesundheit. Aufsätze und Vorträge, Frankfurt a.M. 1993, S.84–94.
Geck, Martin: Zelter, in: Musik in Geschichte und Gegenwart, Bd.14, Kassel 1968, Sp.1208–1215.
Gersdorf, C.G.: Repertorium der gesammten deutschen Literatur, Leipzig 1834.
Gervinus, G.[eorg] G.[ottfried]: Geschichte der Deutschen Dichtung, Leipzig ⁵1874 (1842).
– Ueber den Göthischen Briefwechsel, Leipzig 1836.
Goethes Briefe. Briefe an Goethe. Hamburger Ausgabe, hg. von Karl Robert Mandelkow, München 1982.
Goethes Briefwechsel mit seiner Frau, hg. von Hans Gerhard Gräf, Frankfurt a.M. 1916.
Briefwechsel zwischen Goethe und Zelter, hg. von Gerhard Fricke, Nürnberg 1949.
Briefwechsel Goethe-Zelter, hg. von Werner Pfister, Zürich München 1987.
Briefwechsel zwischen Goethe und Zelter, hg. von Hans-Günter Ottenberg, Leipzig 1987.
Briefwechsel zwischen Goethe und Zelter in den Jahren 1799–1832, hg. von Ludwig Geiger, Leipzig 1902–1904.
Briefwechsel zwischen Goethe und Zelter, hg. von Max Hecker, Leipzig 1913–1918.
Briefwechsel zwischen Goethe und Zelter in den Jahren 1796–1832, hg. von Friedrich Wilhelm Riemer, Berlin 1834f.
Goethes Gespräche. Eine Sammlung zeitgenössischer Berichte aus seinem Umgang auf Grund der Ausgabe und des Nachlasses von Flodoard Freiherrn von Biedermann ergänzt und hg. von Wolfgang Herwig, Zürich und Stuttgart 1965.
Goethe. Gedenkausgabe seiner Werke, Briefe und Gespräche, hg. von Ernst Beutler, Zürich 1948ff.
Goethe. Sämtliche Werke. Briefe, Tagebücher und Gespräche. Frankfurter Ausgabe, hg. von Dieter Borchmeyer u.a., Frankfurt a.M. 1985ff.
Goethe. Sämtliche Werke nach Epochen seines Schaffens. Münchner Ausgabe, hg. von Karl Richter u.a., München 1985ff.
Goethes Werke. Hamburger Ausgabe, hg. von Erich Trunz, München 1982 (1948ff.).
Goethes Werke. Weimarer Ausgabe, hg. im Auftrag der Großherzogin Sophie von Sachsen-Weimar, Weimar 1887ff.
Gundolf, Friedrich. Goethe, Berlin ⁵1918 (1916).
Hankamer, Paul: Spiel der Mächte. Ein Kapitel aus Goethes Leben und Goethes Welt, Stuttgart 1960 (1943)
Harnack, Otto: Goethe in der Epoche seiner Vollendung 1805-1832, Leipzig ²1901 (1887).
Hecker, Max: Goethes Tod und Bestattung, in: GoetheJb 14(1921), S.208–229.

- Vater und Sohn. Briefe Carl Friedrich Zelters an seinen Stiefsohn Carl Flöricke, in: Funde und Forschungen. Festgabe für Julius Wahle, Leipzig 1921, S.17–36.
- Zelters Tod. Ungedruckte Briefe, in: Jahrbuch der Sammlung Kippenberg 7(1927/28), S.104–172.

Herder, Johann Gottfried: Briefe zu Beförderung der Humanität, hg. von Hans Dietrich Irmscher, Frankfurt a.M. 1991.

Hermann, Helmut G.: Goethe-Bibliographie, Stuttgart 1991.

Hermann, Rudolf: Die Bedeutung der Bibel in Goethes Briefen an Zelter, Berlin 1948.

Hillebrand, Bruno: Die Hoffnung des alten Goethe, Mainz 1983 (=Abhandlungen der Akademie der Wissenschaft und der Literatur, Mainz, Nr.5).

Jappe, Georg: Vom Briefwechsel zum Schriftwechsel, in: Merkur 23(1969), S.351–362.

John, Hans: Goethe und die Musik, Langensalza 1927.

Koch, Franz: Goethes Stellung zu Tod und Unsterblichkeit, Weimar 1932 (=Schriften der Goetheges. 45).

Koranyi, Stefan: Autobiographik und Wissenschaft im Denken Goethes, Bonn 1984.

Kräupl, Irmgard: Die Zelter-Bildnisse im Goethe-Museum Düsseldorf mit einem Verzeichnis aller übrigen nachweisbaren Porträts, in: Jb der Sammlung Kippenberg NF 1(1963), S.70–100.

Kühne, F.G.: [Rezension des Briefwechsels zwischen Goethe und Zelter], in: Jahrbücher für wissenschaftliche Kritik 1835, Nr.118, S.953–960; Nr.119, S.961–965; Nr.120, S.969–970.

Lepenies, Wolf: Probleme der historischen Anthropologie, in: Reinhard Rürup (Hg.): Historische Sozialwissenschaft. Beiträge zur Einführung in die Forschungspraxis, Göttingen 1977, S.126–159.

Lukács, Georg: Der Briefwechsel zwischen Goethe und Schiller [1934], in: G.L.: Kunst und objektive Wahrheit, Leipzig 1977, S.261–302.

Mandelkow, Karl Robert (Hg.): Goethe im Urteil seiner Kritiker. Dokumente zur Wirkungsgeschichte Goethes in Deutschland, München 1975–1984.

Mann, Golo: Der Brief in der Weltliteratur, in: NR 86(1975), S.631–649.

Marquard, Odo: Schwierigkeiten mit der Geschichtsphilosophie, Frankfurt a.M. 1973.

Mattenklott, Gert, Hannelore Schlafer, Heinz Schlaffer (Hg.): Briefe 1750–1950, Frankfurt a.M. 1988.

Mayer, Hans: Zur deutschen Klassik und Romantik, Pfullingen 1963.

Meuer, Peter (Hg.): Abschied und Übergang. Goethes Gedanken über Tod und Unsterblichkeit. Mit einem Nachwort von Werner Keller, Zürich 1993.

Meyer, Herman: Zarte Empirie. Studien zur Literaturgeschichte, Stuttgart 1963.

Milltitz, Karl Borromäus: [Rezension des Briefwechsels zwischen Goethe und Zelter], in: Allgemeine Musikalische Zeitung, Berlin, 9.7.1834, Sp.458.

Mommsen, Katharina: Goethes Gedicht »Nähe des Geliebten«. Ausdruck der Liebe zu Schiller, Auftakt der Freundschaft mit Zelter, in: GoetheJb 109(1992), S.31–44.

Mommsen, Momme: Die Entstehung von Goethes Werken, Berlin 1958.

- Goethes Freundschaft mit Zelter. Zu Zelters 200. Geburtstag am 11. Dezember 1958, in: GoetheJb NF 20(1958), S.1–5.

Morawe, Bodo: Goethes Briefe in den Jahren 1805–1814, Diss. Kiel 1965.

Mosel, J.G.F. Edler v.: [Rezension des Briefwechsels zwischen Goethe und Zelter], in: Jahrbücher der Literatur Nr.74 (April, Mai, Juni 1836), S.102–138.

Müller, Joachim: Drei Briefe Goethes an Zelter. Taedium vitae und fortdauerndes Leben. Eine Kommentierung im Kontext beider Briefwechsel, in: Zeitschrift für Germanistik 1(1980), S.166–182.

Müller, Klaus-Detlef: Autobiographie und Roman. Studien zur literarischen Autobiographie der Goethezeit, Tübingen 1976.

Müller, Wolfgang G.: Der Brief, in: Klaus Weissenberger (Hg.): Prosakunst ohne Erzählen. Die Gattungen der nichtfiktionalen Kunstprosa, Tübingen 1985, S.67–87.

Müller-Blattau, Joseph: Karl Friedrich Zelters Königsberger Briefe (1808), in: Altpreußische Forschungen 12(1935), S.256–276.

Müller-Seidel, Walter: Maximen und Reflexionen. Der Aphorismus als Form der Bewußtseins- und Kulturkritik, in: GoetheJb 97(1980), S.114–123.

Nager, Frank: Der heilkundige Dichter. Goethe und die Medizin, München Zürich 1990.

Neumann, Gerhard: Ideenparadiese. Untersuchungen zur Aphoristik von Lichtenberg, Novalis, Friedrich Schlegel und Goethe, München 1976.

Nickisch, Günter: Der Brief, Stuttgart 1992.

– Briefkultur. Entwicklung und sozialgeschichtliche Bedeutung des Frauenbriefs im 18. Jahrhundert, in: Gisela Brinker-Gabler (Hg.), Deutsche Literatur von Frauen, Bd.1, München 1988, S.389–409.

Niggl, Günter: Geschichte der deutschen Autobiographie im 18. Jahrhundert. Theoretische Grundlegung und literarische Entfaltung, Stuttgart 1977.

Pfotenhauer, Helmut: Literarische Anthropologie. Selbstbiographien und ihre Geschichte – am Leitfaden des Leibes, Stuttgart 1987.

Rehm, Walter: Der Todesgedanke in der deutschen Dichtung, Halle 1928 (=DVjs Buchreihe 14).

Rellstab, Ludwig: [Rezension des Briefwechsels zwischen Goethe und Zelter], in: Vossische Zeitung Nr.299 (21.12.1833).

Reuter, Hans-Heinrich: »Die Weihe der Kraft«. Ein Dialog zwischen Goethe und Zelter und seine Wiederaufnahme bei Fontane, in: Helmut Holtzhauer und Bernhard Zeller (Hg.): Studien zur Goethezeit. Festschrift für Lieselotte Blumenthal, Weimar 1968, S.357–359.

Rintel, Wilhelm: Carl Friedrich Zelter. Eine Lebensbeschreibung nach autobiographischen Manuscripten bearbeitet, Berlin 1861.

Rückert, Friedrich: Gesammelte poetische Werke in zwölf Bänden, Frankfurt a.M. 1868.

Runge, Anita, und Lieselotte Steinbrügge (Hg.): Die Frau im Dialog. Studien zu Theorie und Geschichte des Briefes, Stuttgart 1991.

Sapir, Edward: Die Sprache, in: Wilhelm Emil Mühlmann und Ernst W. Müller (Hg.): Kulturanthropologie, Köln Berlin 1966, S.108–136.

Schillers Werke. Briefe. Nationalausgabe Bd.28, hg. von Norbert Oellers, Weimar 1969; Briefe an Schiller. Nationalausgabe Bd.36, hg. von N. Oellers, Weimar 1972.

Schings, Hans-Jürgen (Hg.): Der ganze Mensch. Anthropologie und Literatur im 18. Jahrhundert, Stuttgart 1994.

Schmidt, Gerhart: Die Krankheit zum Tode. Goethes Todesneurose, in: Forum der Psychiatrie 22(1968).

Schmitz, Hermann: Goethes Altersdenken im problemgeschichtlichen Zusammenhang, Bonn 1959.

Schöne, Albrecht: »Regenbogen auf schwarzgrauem Grunde«. Goethes Dornburger Brief an Zelter zum Tode seines Großherzogs, in: Jb d. Wiener Goethe-Vereins 81–83 (1977–1979), S.17–35.

– Soziale Kontrolle als Regulativ der Textverfassung. Über Goethes ersten Brief an Ysenburg von Buri, in: A.v. Bormann (Hg.): Wissen als Erfahrung, Tübingen 1976, S.217–241.

– Über Goethes Brief an Behrisch vom 10. November 1767, in: H. Singer und B.v. Wiese (Hg.): Festschrift für Richard Alewyn, Köln Graz 1967, S.193–229.

– Versuch über Goethes Humanität. Oder zum Gebrauch des Konjunktivs Plusquamperfekt in einem Brief an Johann Friedrich Kraft, in: G. Gillespie und E. Lohner (Hg.): Herkommen und Erneuerung, Tübingen 1976, S.103–126.

Schottländer, Johann Friedrich (Hg.): Carl Friedrich Zelters Darstellungen seines Lebens, Weimar 1931 (=Schriften der Goetheges. 44).

Schrimpf, Hans Joachim: Goethe – Spätzeit, Altersstil, Zeitkritik, Pfullingen 1966.

Schüddekopf, Karl, Oskar Walzel (Hg.): Goethe und die Romantik. Briefe mit Erläuterungen, Weimar 1898 (=Schriften der Goetheges. 13)

Schünemann, Georg: Die Singakademie zu Berlin 1791–1941, Regensburg 1941.

Schuler, Reinhard: Das Exemplarische bei Goethe. Die biographische Skizze zwischen 1803 und 1809, München 1973.

Sengle, Friedrich: Das Genie und sein Fürst. Die Geschichte der Lebensgemeinschaft Goehes mit dem Herzog Carl August von Sachsen-Weimar-Eisenach, Stuttgart Weimar 1993.

Spranger, Eduard: Goethe als Greis [1932], in: E.S.: Goethe. Seine geistige Welt, Tübingen 1967, S.318–349.

Staiger, Emil: Goethe, Stuttgart 1959.

Stifter, Adalbert: Der Nachsommer, München 1978.

Trunz, Erich: Ein Tag aus Goethes Leben. Acht Studien zu Leben und Werk, München 1990.

Victor, Walter: Carl Friedrich Zelter und seine Freundschaft mit Goethe, Berlin 1960.

Wellek, Albert: Zur Phänomenologie des Briefes, in: Die Sammlung 15(1960), S.339–355.

Wolzogen, Karoline von: Schillers Leben, Tübingen 1830.

Zastrau, Alfred (Hg.): Goethe-Handbuch. Goethe, seine Welt und seine Zeit in Werk und Wirkung, Stuttgart 1961.